英语翻译理论及翻译教学实践研究

左广明 裘莹莹◎著

吉林出版集团股份有限公司
全国百佳图书出版单位

图书在版编目（CIP）数据

英语翻译理论及翻译教学实践研究 / 左广明，裘莹莹著 . -- 长春：吉林出版集团股份有限公司，2023.3
ISBN 978-7-5731-3119-5

Ⅰ.①英… Ⅱ.①左… ②裘… Ⅲ.①英语—翻译—教学研究 Ⅳ.① H315.9

中国国家版本馆 CIP 数据核字 (2023) 第 051169 号

英语翻译理论及翻译教学实践研究
YINGYU FANYI LILUN JI FANYI JIAOXUE SHIJIAN YANJIU

著　　者	左广明　裘莹莹
责任编辑	黄　群
封面设计	李　伟
开　　本	710mm×1000mm　　1/16
字　　数	251 千
印　　张	14
版　　次	2023 年 9 月第 1 版
印　　次	2023 年 9 月第 1 次印刷
印　　刷	天津和萱印刷有限公司

出　　版	吉林出版集团股份有限公司
发　　行	吉林出版集团股份有限公司
地　　址	吉林省长春市福祉大路 5788 号
邮　　编	130000
电　　话	0431-81629968
邮　　箱	11915286@qq.com
书　　号	ISBN 978-7-5731-3119-5
定　　价	84.00 元

版权所有　翻印必究

作者简介

左广明 男,1966年12月出生,江苏省沭阳人,毕业于南京师范大学,硕士研究生学历,现任淮阴工学院副教授。研究方向:应用语言学、跨文交际与翻译。

裘莹莹 女,1981年8月出生,江苏省淮安市人,毕业于南京师范大学,博士研究生学历,现任淮阴工学院副教授,硕士生导师。研究方向:应用语言学,外语教学。

前　言

随着现代化步伐的加快，对外交往中对于英语的使用越来越广泛和深入，参与英语交流的人也越来越多。这对英语翻译理论研究与实践教学提出了更高的要求。翻译理论是人们对翻译实践的经验总结，能更好地指导和服务于翻译教学实践，使翻译教学取得良好效果。本书从多个层面对当代英语翻译进行了理论分析，并从多个角度进行了教学实践方面的阐述。关于英语翻译理论与翻译教学实践的研究，可以为广大英语教学者及英语学习者提供一定的理论参考及方法指导。

全书共六章。第一章为翻译概述，主要阐述了翻译的内涵、翻译的原则、翻译的过程、译者的素质等内容；第二章为翻译的基本理论，主要阐述了国内翻译理论研究、国外翻译理论研究等内容；第三章为文化与翻译实践，主要阐述了物质文化的翻译实践、自然文化的翻译实践、社交文化的翻译实践、生活文化的翻译实践等内容；第四章为英语翻译的主要方法，主要阐述了英语翻译的技巧、不同文体类型的翻译方法等内容；第五章为英语翻译的教学实践，主要阐述了词汇翻译教学、句子翻译教学、语篇翻译教学等内容；第六章为英语翻译教学的未来，主要阐述了当代英语翻译教学改革与发展、英语翻译教学的全面转型、英语翻译教学的实现途径等内容。

在本书撰写的过程中，借鉴了国内外很多相关的研究成果以及著作、期刊、论文等，在此对相关学者、专家表示诚挚的感谢。

由于本人水平有限，书中有一些内容还有待进一步深入研究和论证，在此恳切地希望各位同行专家和读者朋友予以斧正。

目 录

第一章 翻译概述 ... 1
- 第一节 翻译的内涵 ... 2
- 第二节 翻译的原则 ... 12
- 第三节 翻译的过程 ... 26
- 第四节 译者的素质 ... 36

第二章 翻译的基本理论 ... 41
- 第一节 国内翻译理论研究 ... 42
- 第二节 国外翻译理论研究 ... 61

第三章 文化与翻译实践 ... 77
- 第一节 物质文化的翻译实践 ... 78
- 第二节 自然文化的翻译实践 ... 94
- 第三节 社交文化的翻译实践 ... 102
- 第四节 生活文化的翻译实践 ... 109

第四章 英语翻译的主要方法 ... 123
- 第一节 英语翻译的技巧 ... 124
- 第二节 不同文体类型的翻译方法 ... 127

第五章 英语翻译的教学实践……153
  第一节 词汇翻译教学……154
  第二节 句子翻译教学……167
  第三节 语篇翻译教学……185

第六章 英语翻译教学的未来……195
  第一节 当代英语翻译教学改革与发展……196
  第二节 英语翻译教学的全面转型……198
  第三节 英语翻译教学的实现途径……201

参考文献……213

第一章
翻译概述

　　语言作为文化的载体，是人类交流的重要工具。翻译作为语言交流的媒介，在我国居于重要的位置，其不仅在一定程度上促进了文化的传播、发展，还加强了国际间的交流与合作。学好翻译，对于自身发展和社会发展都具有十分重要的作用和意义。本章分为翻译的内涵、翻译的原则、翻译的过程、译者的素质四部分。

第一节　翻译的内涵

一、翻译的定义

周领顺在其专著《译者行为批评：理论框架》中提出了译与非译两个概念，所谓"依赖原文、再现原文意义的语码转换是翻译""改造原文、部分再现原文意义的语码转换并加入译者自己私念的翻译是'半翻译'""完全摆脱原文意义的'翻译'是'非译'"。这里周领顺把译和非译视为连续体的关系，把是否"再现原文意义"作为衡量标准。这两个概念在其专著中虽毫不起眼，却在读者的脑海中翻腾了好几年。到底什么是翻译？我们又该如何界定翻译？"完全摆脱原文意义"的语码转换真的就不是翻译吗？意义是界定翻译不可或缺的因素吗？中文电影片名《金陵十三钗》和其对应英语篇名《The Flowers Of War》到底是"译"还是"非译"的关系？语篇在界定翻译中有什么作用？换言之，在界定某个语篇要素（如标题、句子）时，翻译时需要在语篇的观照下进行吗？这些问题都涉及对翻译的界定，值得深入思考。

其实对翻译定义或翻译本质的思考一直没有停止过，历史上多以比喻的方式出现，如翻译如绘画、翻译是竞赛、译者是桥梁等。谭载喜对中西翻译比喻曾做过系统的研究，认为其有助于领悟翻译活动的多面性，增进对翻译本质的认识[①]。翻译比喻虽能生动形象地揭示翻译的某一个或某些属性，但算不上严格意义上的翻译定义。

从20世纪至今，翻译的生态发生了重大变革（如出现了职业化翻译、机器翻译等），翻译研究的范式发生了多次转变（如语言转向、文化转向等），翻译的定义"遍地开花"，给人一种难以适从的感觉。有人强调翻译的规定性，也有人强调翻译的描写性；有人强调翻译的忠实性，也有人强调翻译的叛逆性；有人强

---

① 谭载喜. 翻译比喻中西探幽[J]. 外国语（上海外国语大学学报），2006（04）：73-80.

调翻译的经验性，也有人强调翻译的超验性；有人认为翻译的本质是唯一的，也有人认为翻译的本质是多元的。

　　鉴于此，谢天振在国内发起了三次有关"翻译的重新定位与定义"高层论坛[①]，其中的代表性成果在《中国翻译》《东方翻译》设有专栏发表，在国内产生了积极影响，也引发学界进一步思考新时代翻译的定义问题。正如蓝红军所言，"论坛的召开并非要寻找一个放之四海而皆准、历经万世而不破的翻译定义，更不是试图将新的阶段性的认识装点成毫无破绽的完美的'真理'去规定所有人对翻译的理解和阐释，而是希望通过从各种不同角度切入对翻译本质、功能和在新形势下翻译形态的变化的讨论，来触发译学界对翻译基本问题的深入思考，引导人们深化对翻译的发展性、复杂性和历史性的认识，进而调整当今社会的翻译理念和翻译教学理念，回应翻译现实发展对翻译研究所提出的描写和解释新的翻译现象的需要，拓展翻译认识的维度，延伸译学理论的发展空间。[②]"这种观点体现了翻译定义的历史性，也昭示了对之进行深入探讨的必要性。那么，翻译有没有一个历时而不变的本质属性呢？如果有的话，其与翻译的其他属性是什么关系？在新时代语境下，我们又该如何定义翻译？

二、翻译的本质属性

　　在漫长的翻译历史中，人们大多从语言层面从事和认识翻译，这被王宁视为"语言中心主义"的思维模式，强调"读图的时代"对翻译定义的突破与拓展[③]，并试图从七个方面重新界定翻译：作为一种同一语言内从古代形式向现代形式的转换；作为一种跨越语言界限的两种文字文本的转换；作为一种由符码到文字的破译和解释；作为一种跨语言、跨文化的图像阐释；作为一种跨越语言界限的形象与语言的转换；作为一种由阅读的文字文本到演出的影视戏剧脚本的改编和再创造；作为一种以语言为主要媒介的跨媒介阐释[④]。美国语言学家雅各布森

---

① 谢天振. 翻译巨变与翻译的重新定位与定义——从2015年国际翻译日主题谈起[J]. 东方翻译,2015(06): 4-8.
② 蓝红军. 翻译本质的追寻与发现——"何为翻译？——翻译的重新定位与定义"高层论坛综述[J]. 东方翻译, 2015（02）: 92-95.
③ 王宁. 走出"语言中心主义"囚笼的翻译学[J]. 外国语（上海外国语大学报）,2014,37（04）: 2-3.
④ 王宁. 重新界定翻译：跨学科和视觉文化的视角[J]. 中国翻译,2015,36（03）: 12-13.

（R.Jakobson）提出过翻译的三分法，即语内翻译、语际翻译和符际翻译，把语际翻译视为正宗的翻译，并把符际翻译界定为用非语言符号系统中的符号对语言符号的解释。雅各布森的三分法也有"语言中心主义"的倾向，其开创性意义在于提出了符际翻译的概念，扩大了翻译的外延。王宁继承与发展了雅各布森的三分法思想，对翻译的分类更加详尽，也拓展了其关于符际翻译的概念。但他提出的七种翻译形式归根结底都是包括语言符号在内的广义的符际翻译，也就是不同符号或符号变体之间的转换。不妨认为，翻译的对象就是符号的所指，以语言为代表的符号在界定翻译上具有不可替代的作用。

（一）翻译的界定

历来有很多翻译定义，哪种属性才是翻译的本质属性呢？换言之，哪种属性是翻译的区别性特征，从而能把翻译和其他活动区分开来呢？本文认为是符号转换性，没有符号转换就不足以言翻译，也会取消翻译的存在。唐代贾公彦曾提出过一个经典定义——"译即易，谓换易言语使相解也"，所谓转换也就是贾公彦所说的"易"或"换易"，也是界定翻译中所谓的"跨界"。

在规定性翻译定义中，忠实或对等往往是其关键词。张培基等认为"翻译是运用一种语言把另一种语言所表达的思维内容准确而完整地重新表达出来的语言活动"，这里的"准确而完整"类似于忠实，"重新表达"也就是语言转换。翻译研究的语言学途径经常把对等或等值作为界定翻译的核心话语，英国翻译理论家卡特福特（J.C.Catford）把翻译定义为"用另一种语言（目的语）中对等的文本材料来替代一种语言（源语）中的文本材料"。如果把忠实或对等视为翻译定义的重要特征，那么不忠实于原文、不完整地再现原文内容的就不是翻译了吗？现实中的节译、编译又该在何处安身呢？西方翻译学界研究者勒菲弗尔（Lefevere）把翻译视为一种重写，很大程度上说明了翻译的复杂性。所以忠实性或对等性不足以成为翻译的区别性特征。翻译研究出现文化转向之后，翻译定义的描写性得以凸显，也就是从现实现象来界定与描述翻译，如描写学派的代表人物图里（Toury）把翻译视为目的语文化中的事实，不管基于何种理由，在目的语文化中作为或被视为翻译的所有话语都是翻译，哪怕是伪翻译。很多学者把文本视为界定翻译的关键词，如一些外国学者把翻译视为"由文本诱发的文本生成"。一般而言，文本只限于语言符号，很难囊括其他非语言符号之间的转换。所以把语篇作为界定翻译的核心词主要是出于理论的需要，并不能囊括现实中所有的翻译现象。不妨认为忠实的全译是翻译的原型，但这并不能排除其他广泛存在的翻译形态，包括各种形式的变译与符际翻译。所以翻译定义中不宜强调翻译的应然要求或规定性特征，而应从实然出发去寻找翻译的本质属性。

人是使用符号的动物，符号转换也是使用符号的一种表现。许钧认为"要认识翻译、理解翻译，有必要先谈符号问题。符号的创造，是人类最重要的创造或者是最伟大的创造，如果没有符号，人类无法认识自身、认识世界、表达世界与创造世界。语言符号仅仅是符号的一种，而翻译，最本质的特征就是符号的转换性。因此，想要对翻译有本质的认识，就必须正确认识符号创造在人类社会中的地位以及对于人类自身发展与社会发展的重要贡献。符号的创造、使用与转换，是人类存在的一种根本性的方式。[①]"一些学者非常认同这些观点，尤其是把"符号的转换性"视为翻译"最本质的特征"。许钧对翻译也有一个经典定义——"翻译是以符号转换为手段，意义再生为任务的一项跨文化的交际活动"，并归纳出翻译的五个"本质特征"——社会性、文化性、符号转换性、创造性和历史性。在这五个本质特征中，许钧是并列论述的，似乎也没有轻重之分，2015年把"符号的转换性"视为翻译"最本质的特征"，要比之前定义中的"以符号转换为手段"更具合理性，一定程度上体现了他对翻译本质思考的逐渐深入。一些学者认为翻译的本质属性只有一个，也就是符号转换性，其他属性皆可视为符号转换的衍生属性。如果给翻译下定义的话，不妨说"翻译是一种符号转换活动"。这里没有说是"跨文化的交际活动"主要在于并非所有的翻译都是跨文化的，如语内翻译、符际翻译等。

翻译有多重内涵，可以指翻译主体、翻译过程、翻译产品、翻译职业等，为什么要用活动作为翻译的属概念或上位概念呢？张柏然认为，"翻译正是在一种特殊的人类的'生命—精神'的活动中方才显现其身，这种活动虽然不是实体性的在者，却是翻译作为一种对象存在的终极根据[②]"。如果没有翻译活动，就没有翻译主体，也不会有翻译产品，翻译职业更不会存在，所以活动相对于翻译的其

[①] 许钧. 关于新时期翻译与翻译问题的思考 [J]. 中国翻译, 2015,36（03）：8-9.
[②] 张柏然. 翻译本体论的断想 [J]. 外语与外语教学, 1998（04）：45-48, 56.

他意义更具本体性。这也是本文把翻译界定为"一种符号转换活动"的根本原因。这里对符号也需要说明一下，符号根据是否有物质介质可分为有形符号和无形符号，其中"具有物质承载介质的载意符号为有形符号，不具有物质承载介质而存在的符号为无形符号[①]"。贾洪伟认为从翻译符号学视角而言，符号活动有三种转换，即有形符号转换为有形符号、有形符号转换为无形符号以及无形符号转换为有形符号。把无形符号纳入翻译之中，从学理层面而言，这种探讨很有启发意义，不过笔者倾向于把上述定义中的"符号"理解为可见的有形符号，但保留向无形符号开放的可能性。首先，是因为无形符号主要是心智运作的载体，人们用来思考、思辨、构思的东西，目前还有一定的不可知性；其次，无形符号的介入会无限度地扩大翻译的外延，如写作变成了翻译（把无形符号转换为有形符号），拈花一笑式的心领神会也变成了翻译，针对现阶段的翻译学科建设而言，似乎没必要如此"超前"。从这里对翻译定义中符号的分类也不难发现，定义越简洁，越能保留阐释的开放性。

（二）符号的转换

翻译的符号转换性还引发了诸多翻译研究的基本问题，如谁来转换、转换什么、如何转换、转换单位、转换目的、转换效果、转换价值等，对这些问题也需要深入思考，涉及翻译主体、翻译对象、翻译方法、翻译策略、翻译单位、翻译批评等研究领域。

1. 符号转换的主体

有关翻译主体学界引发过一定的争议与讨论，有人认为译者是唯一的翻译主体，也有人认为作者、译者和读者都是广义的翻译主体。这里的争议主要是由不同的翻译观引起的。如果承认翻译涉及有形符号和无形符号之间的转换，那么作者的写作与读者的阅读也都变成了翻译，把这两者视为广义的翻译主体也未尝不可。从另一角度来思考翻译主体的问题，也就是除了人之外还有其他翻译主体吗？在科技快速发展的今天，机器能作为翻译的主体吗？其他动物能作为翻译的主体吗？黄忠廉认为"翻译是人或机器将甲符文化变化为乙符，以求信息量相似

---

① 贾洪伟. 论翻译符号学的符号分类与转换 [J]. 山东外语教学, 2018, 39（01）: 111-118.

的智能活动和符际活动[①]"。这里黄忠廉显然也把机器作为翻译主体了。一些学者并不认同这种观点，毕竟机器本身不会主动翻译，其执行翻译的过程必须由人来操作，所以毋宁说机器是翻译主体，不如说机器是翻译工具。蓝红军提到过"狗语翻译机"以及翻译的"跨物种"问题。当然，就像机器翻译一样，狗语翻译机的翻译主体也是人，这里值得思考的是翻译的"跨物种"问题。试想，人和动物之间的交流是不是翻译？不同动物之间的交流是不是翻译？如果是的话，翻译的主体也就不限于人了。其实也有学者开始思考把各种各样的动物交流纳入符际翻译，甚至把翻译视为"宇宙存在、运行的基本行为和过程"。对这些问题的思考要基于对符号的理解，由于我们无法彻底认识动物所使用的符号，暂时只能存而不论了。

2. 符号转换的对象

翻译对象也是一个非常复杂的问题。在进行翻译或符号转换的过程中，我们转换的到底是什么？意义、信息、内容、形式、风格、神韵、文化、知识等都被视为转换的对象。美国语言学家奈达（Nida）提出过一句名言——"翻译就是翻译意义"，要求译者正确理解原文和有效再现原文的意义。英国著名翻译理论家纽马克（Newmark）也强调"传达文本的意义"，许钧对翻译的定义也有以"意义再生为任务"的说法。从（文本）意义视角来界定翻译是比较通行的做法。翻译也经常被视为信息传递的过程，尤其是符号学视角，信息在翻译定义中的出现频率不次于意义，甚至有过之而无不及，如方梦之主编的《译学辞典》就把翻译界定为"传递信息的语言文化活动"。学界定义翻译时经常以文学翻译为主要参照，所以内容、形式、风格、神韵、意境、文化等也经常会出现在翻译定义中。李瑞林从知识论视角认为"知识是统合多元翻译观的主导概念，是翻译行为作用的核心对象"[②]。杨枫认为"翻译是跨语言的知识加工、重构和再传播的文化行为和社会实践。[③]"杨枫、李瑞林等提出的知识翻译学不仅把知识作为翻译的对象，同时也认为跨语言知识加工、知识迁移、知识传播、知识生产等是翻译的本质。这些观点都有一定的道理，毕竟信息、意义、内容、文化、知识的所指都比较模

[①] 黄忠廉. "翻译"定位及其名实谈 [J]. 东方翻译,2015（03）：14-17.
[②] 李瑞林. 关于翻译终极解释的知识论探索 [J]. 东方翻译,2015（03）：9-11.
[③] 杨枫. 知识翻译学宣言 [J]. 当代外语研究,2021（05）：2,27.

糊，相互之间有很大的重叠，只是不同的学者强调不同的角度而已，也有在自己的定义中同时强调两个或多个对象的，如奈达同时强调意义与风格，黄忠廉同时强调文化与信息等。但必须明确的是，不管以什么作为翻译对象，其载体都是符号，如果没有符号，翻译的对象也就无所依附。

3. 符号转换的方法与方式

如何进行符号转换涉及翻译技巧、翻译方法、翻译策略、翻译伦理、翻译单位、翻译工具、翻译方式等问题，包括直译与意译、归化与异化以及一些具体的翻译技巧等。其中，归化与异化在最近二三十年引发了很大争论，也发展成为翻译研究的一对核心术语。归化和异化主要涉及三个层面，即句子上的方法层面、语篇上的策略层面和对待异域文化态度上的伦理层面，这三个层面都涉及如何转换的问题。在翻译过程中如何处理语言差异、文化差异、诗学差异、思维差异不只是方法与策略问题，也体现了译者的伦理。译者对同异关系的处理是如何转换的重要问题，也是翻译伦理的有机组成部分，对此学界也一直在思考与探索。语篇常作为界定翻译的关键词，也常被视为重要的翻译单位。冯全功从原型理论视角对翻译单位进行过探讨，认为句子是操作层面的翻译单位原型，语篇是理论层面的翻译单位原型，操作层面侧重于转换，理论层面侧重于分析，两者统一于具体的翻译行为之中[①]。针对翻译转换单位而言，句子的典型性大于语篇，也不妨把句子视为翻译转换单位的原型。对这些问题的思考都有一定的语言（文本）中心主义倾向，基本上没有关注符际翻译。这不足为怪，毕竟人们对翻译的理解大都从经验出发，语际翻译是翻译的原型，最为常见。试想，在"读图的时代"，如果将来符际翻译更为常见，变成翻译研究的中心话题，会不会有新的有关符号转换的话语出现来取代目前具有语言中心主义的译学话语呢？"翻译的重新定位与定义"的发起人谢天振认为之所以要重新定义翻译是因为职业化时代的翻译发生了巨大的变化，包括翻译的主流对象、翻译的方式、翻译的工具与手段、翻译的方向、翻译的内涵与外延等。这里的翻译方式、翻译工具与手段也都涉及如何进行符号转换的问题，如采用机器翻译与译后编辑、计算机辅助翻译、团队协同翻译、机器口译、众包翻译等工具与方式。但这些理由不足以改变翻译的本质属性，

---

① 冯全功. 原型理论观照下的翻译单位辨析 [J]. 中国翻译,2021,42（01）：21-29，190.

只能说翻译的外延扩大了,不宜视为重新定义翻译的直接动因。

4. 符号转换的效果评价

符号转换的效果涉及翻译批评,译文的效果评价是翻译批评的重要任务。如何评价在学界争议较多,大多以是否忠实于原文(意义)为评价标准,造成了评价标准的单一性。忠实标准之所以非常流行,源自人们根深蒂固的认识——忠实是译者的天职,这在很多翻译定义中也有所体现,包括"等值""确切""准确而完整"等一些变体说法。翻译定义的忠实要素很大程度上预设了翻译以及翻译批评的忠实观,就像王理行所言,"全面忠实于原作,既应是译者追求的目标,也应当是批评者评判译作的标准[①]"。这种观点值得商榷,毕竟"翻译批评的标准并不限于忠实,还应该考虑译者的翻译目的、翻译观以及外部环境因素对译文面貌的影响"。值得一提的是,翻译目的在评价翻译效果时极其重要,以目的论为代表的德国功能主义把目的原则视为翻译的首要法则,这不无道理,尤其是在语言服务行业。所以关于翻译转换效果的评价要持多元批评观,不能把是否忠实于原文作为唯一的评判标准,唯有如此,才能真正体现翻译的多重价值,如林纾翻译的西洋小说、严复翻译的《天演论》,都是广泛存在的各种"变译"作品。还有在评价译文效果时,不管采取何种标准,要尽量从语篇视角出发,看译文的整体效果如何,独立存在的价值如何,在具体的历史语境中发挥了什么作用,而不应斤斤计较于译文片段对原文是否严格忠实。这就是语篇翻译批评观,在翻译教学中同样适用,也是部分学者之所以把语篇纳入翻译定义的重要原因。语篇翻译观本质上是一种整体观,整体质大于局部质,局部也会染上整体的性质,类似于格式塔心理学中的完形组织法则。从这种意义而言,周领顺所谓的"译"与"非译"从语篇视角来界定会更具合理性,如果这样的话,《金陵十三钗》的英语标题《The Flowers Of War》又何尝不是翻译呢?何况这个英文标题也是由原标题诱发的符号转换行为,只是表层语义上不对等而已,两者存在一定的符号转换性。还有零翻译,也就是直接移植原文而不加任何处理的形式,从局部而言,其并不涉及符号转换,但从语篇整体而言,其也染上了整个语篇的翻译性质,故也可归在翻译的

---

① 王理行. 忠实是文学翻译的目标和标准——谈文学翻译和文学翻译批评 [J]. 外国文学,2003(02):99-104.

范畴。彭利元把零翻译归为"非翻译"的范畴,称之为"直接挪用①",如果从语篇整体或格式塔心理学来看零翻译归属的问题,零翻译又何尝不是翻译呢!再回到前面提到的伪翻译,伪翻译之所以不是翻译是因为其不存在语篇层面的符号转换,而零翻译却是针对语篇的话语片段而言的。所以语篇在翻译定义中不一定要出现,在翻译批评中却是一个极端重要的因素。

翻译的形态随历史的发展而丰富,翻译的外延也不断扩大,各种形式的符际翻译、机器翻译与译后编辑、职业化口笔译、字幕翻译、创译与变译、本地化翻译等都是翻译大家族的成员。然而,无论翻译的形态如何丰富,无论翻译的外延如何扩大,翻译的符号转换性是历时不变的,至少在可预见的未来不会发生变化。

三、翻译的衍生属性

翻译的其他属性是由翻译的本质属性衍生而来的,是符号转换带来的结果或伴随出现的特征。翻译的衍生属性很多,如许钧在《翻译论》中提到的社会性、文化性、创造性、历史性等,也很大程度上体现了翻译的多重价值。蓝红军认为翻译的本质不是非此即彼的单一性存在,而是一种由多种属性特征构成的复杂性存在,在不同历史阶段以不同的现象或面貌呈现,从某一层面或角度去剖析翻译的本质,都会呈现出亦此亦彼的多维性,并提出了翻译新定义,即为跨语信息传播与跨文化交流过程中遭遇异语符号理解与表达障碍的人们提供的语言符号转换与阐释服务②。蓝红军的观点体现了翻译的历史性、复杂性与辩证性,但一些学者并不认同他把翻译本质归为"由多种属性特征构成的一种复杂性存在",只有符号转换性才是翻译的本质属性,翻译的本质属性是"单一性存在"。蓝红军把"服务"作为翻译的属概念,其实服务也是由符号转换活动引发的,或者说服务属性(或称之为经济属性)是符号转换的衍生属性。陈大亮从翻译定义的多元性或多层次性认为翻译的本质具有"不可定义性",或者说"翻译是一个大家族,其中每一个成员只有家族的相似性,没有共同的本质③"。陈大亮的观点具有明显的反

---

① 彭利元. 零翻译非翻译——兼与译界同仁商榷 [J]. 中国翻译,2017,38(05):86-91.
② 蓝红军. 何为翻译:定义翻译的第三维思考 [J]. 中国翻译,2015,36(03):25-30,128.
③ 陈大亮. 翻译本质的形而上反思 [J]. 天津外国语学院学报,2007(01):24-30.

本质主义倾向,一方面认为翻译"没有共同的本质",一方面又声称其反对的"不是要取消本质"。如果这样的话,翻译的本质属性还是本质属性吗?翻译的定义可以多元化,翻译的本质则是唯一的,也是翻译大家族所有成员共享的根本属性,多元化的定义只是囊括或凸显了一些衍生属性而已。

  翻译的衍生属性包括但并不局限于以下属性——社会属性、语言属性、文化属性、交流属性、创造属性、审美属性、历史属性、经济属性、认知心理属性、人工智能属性等。这些属性依附于符号转换性,反映了翻译的复杂性,也都从某个角度揭示了翻译的重要特征。社会属性主要体现在翻译涉及各种社会关系,包括各种人际关系和群体关系。很大程度上是一种社会化的行为,社会翻译学或翻译社会学的兴起也很大程度上说明了翻译的社会属性。语言属性主要体现在翻译本身主要是一种语言符号转换活动,翻译对民族语言的革新、丰富与发展具有重要作用,也是保护语言多样性的重要手段。翻译常被视为一种跨文化交流行为,在目的语文化的丰富与发展、世界各民族文化的交流与融合以及人类文明的互学互鉴方面发挥着重要作用,同时翻译也是保护文化多样性和促进世界和平文化建设的重要手段。翻译的交流属性是翻译之所以存在的主要目的或者说是翻译的主要功能,也就是贾公彦所谓的"使相解也"。这种交流经常是跨语言、跨文化、跨地域、跨时空的,如果不是交流的需要,翻译基本上也就没有存在的必要了。翻译的创造属性主要体现在意义层面,翻译往往不是被动地传达原文的"客观意义",文本的意义是主客体相互作用的产物,译文会不可避免地存在译者创造的成分,尤其是文学翻译,这也许是许钧把"意义再生"而不是"意义再现"作为翻译任务的主要原因。从自我与他者的关系而言,翻译"本身就孕育着一种求新求异的创造精神",如通过翻译对民族语言文化以及自我精神世界的丰富与革新。翻译的审美属性不只是体现在文学翻译领域,也包含在其他符际翻译之中,尤其是各种艺术形式之间的符号转换,译者的审美转换也伴随着审美创造,或者说翻译的审美属性与创造属性往往是相伴而生的。翻译的历史属性主要指人们对翻译的认识随着社会的发展逐步深入,翻译的形态会随之变得更加丰富,人类的翻译能力也变得越来越强大。在全球语言服务行业快速发展的今天,翻译的经济属性主要体现在绝大部分的翻译活动是作为语言服务或无形商品存在的,翻译的经济价值造就了翻译的职业化与职业化译者。翻译的认知心理属性主要体现译者在进行翻译时必然会伴随着各种认知心理活动，如注意、记忆、直觉、想象、思维、推理、问题解决、信息加工等。西方关于译者的大脑是如何运作的实证研究从关联理论视角来研究翻译也都在很大程度上体现了翻译的认知属性。翻译的人工智能属性主要体现在现代科技发展所带来的翻译工具的革新上，如机器翻译、计算机辅助翻译等，翻译工具的革新很好地体现了翻译的历史性，可以扩大翻译的外延与形态，但并不能改变翻译的本质属性。

翻译的衍生属性还有很多，如政治属性、伦理属性、生态属性、娱乐属性等，此不赘述。这些衍生属性围绕本质属性相互交织在一起，共同组成了翻译的多元属性。对这些属性的认识，也可从不同的学科视角对之进行深入探索，故学界也出现了很多翻译学的"分支学科"，如翻译美学、翻译符号学、翻译经济学、社会翻译学、文化翻译学、认知翻译学等。翻译的衍生属性很大程度上体现了翻译的功能与价值，许钧就根据他对翻译本质特征的认识论述过翻译的社会价值、文化价值、语言价值、创造价值和历史价值。不管是翻译的衍生属性还是翻译的多元价值，都是由符号转换性引发与生成的。

第二节　翻译的原则

一、目的论原则

（一）目的论理论简介

1. 目的论的发展过程

20世纪70年代，德国兴起了功能翻译理论，它打破了语言学和对等理论视角的束缚，认为翻译应遵守"目的决定方式"的宗旨。德国功能派目的论的发展主要经历了以下四个阶段：初始阶段，提出了功能主义翻译批评理论，即文本性理论；第二阶段，即核心奠基阶段，提出了目的论及其三原则；第三阶段，提出了翻译行为理论；第四阶段，提出了功能加忠诚理论。四个阶段联系紧密，以目的论为核心，互相补充。

2. 目的论的三个原则

目的论包含三个重要原则，即目的原则、连贯原则、忠实原则。其中首要原则为目的原则，连贯原则与忠实原则属于服从地位，且忠实原则又要服从于连贯原则。目的论认为，翻译活动应遵循的首要原则就是"目的原则"。翻译活动目的通常分为三种：译者的基本目的、译文的交际目的、使用某种特殊翻译手段意欲达到的目的。德国著名翻译理论家弗米尔（Vermeer）认为"目的论所规定的是：译者必须自觉地、前后一致地、按照有关译文的特定原则进行翻译。目的理论并未说明是什么原则，这应视具体情况而定"。因此，译文的第一要务是明确表达源语目的，要在特定目的语接收者的文化环境与交际情境中发挥作用，而至于所采用的翻译手段，译者可在尊重委托人意图的前提下进行主体性选择。连贯原则，也就是语内连贯，指译文内部要连贯。译文要在表达上顺畅流利，在逻辑上有序清晰，同时确保和译文接收者文化之间保持连贯、前后一致，在目的语环境中为读者所采纳和理解，兼具可读性与可接受性，从而实现在目的语交际情境中产生意义。忠实原则指译文与原文之间要符合语际连贯的标准，译文要忠实于原文，二者之间应在语际上连贯一致。原文的语言特色、文体风格应尽量在译文中体现出来，使译文接受者感同身受。而目的论中的忠实程度需根据译文的目的与译者的理解来衡量定夺，并非完全地、绝对地忠实。译者在翻译过程中应依据目的论的三个原则灵活选取翻译方法，最终实现译文目的与原作者意图的统一。

（二）目的论对于翻译研究的适用性

翻译目的决定翻译行为和翻译策略，翻译目的决定翻译手段。可以说翻译目的决定翻译的整个过程。首先是前言奠定基调，以便观众跨越语言障碍，理解其内涵这一根本目的。其次是转移外国文化。作为文化交流的一部分，翻译可实现源语言与目标语言之间的文化转型。最后是传递异国风情和介绍习俗。通过理解作品源语中的情感基调，获得生动的体验，感受真实的异域风情。目的主导着整个翻译行为，译者应根据目标语言的习惯与传统进行信息的处理，以达到翻译的目的。

（三）目的论三原则下英语翻译手段研究

1. 目的原则

目的论认为翻译应遵守"目的解释手段"的准则，译者应在各种目的指导下实现整个翻译。就英语翻译而言，其目的则是指在有限的时间和空间内，让读者得以迅速地、最大程度上捕捉到作品中所提供的信息。基于此法则，译文采取了意译和释译的翻译手段。

（1）意译

意译是指根据原文真实意思，不拘泥于逐字逐句的刻板翻译，着重强调相对独立的原语文化体系与译语文化体系。翻译时结合具体语言环境和背景知识，翻译结果可只保持原文内容，不保持原文形式。在翻译中，因文化差异而造成的语义缺省或语义冲突，译者可适当采用意译、直译、缩译等手法。

以影片名的翻译为例，【示例】The Queen's Gambit.

后翼弃兵。

影片名翻译的主要功能和最终目标是帮助观众了解影片的主要内容，激发人们的观看欲望。该名原直译为"女王的棋局"。"Gambit"在国际象棋中指"开局让棋法或弃兵局，是一种以取得优势的开局棋法"，直译为"棋局"，模糊了该词原有含义。纵观全剧，哈蒙通过不断舍弃以求得成功。而"后翼弃兵"本为象棋术语，指国际象棋的一种封闭性开局方式，此译文体现"Queen"含义之际，又不显死板，涵盖了女主所用策略、暗示了题材同时，兼顾隐喻了本剧是有关牺牲和换取优势的故事。译本在时间和空间的限制下，满足了英语翻译即时性的鲜明特征，既不执着于字对字的僵化译法，使原文译文意义对等，又考虑到文化负载，达到了表达多重意义且符合语域的目的。

（2）释译

释译即对源语进行解释说明性翻译。由于源语和译语根植于不同的文化环境和历史背景，所以某些涉及源语文化的词汇很大程度上会致使目标语观众理解困难。为避免因专业化、特色化等词汇误解国外文化，在翻译时译者需对源语加以解释说明，从而减少目的语接收者的阅读障碍。

例如，【示例】That's called the Scholar's Mate.

这叫学者将杀（也称为四步将杀，即四步将死对方，常用于与新手对决时开局）。

"Scholar's Mate"是国际象棋中的特有词汇，属于专业术语，指"学者将杀"。对于没有接触过国际象棋或对其接触甚少的观众来说，该词理解困难。所以译文运用释译，以简洁的措辞对术语进行了额外解释说明。这样的处理既忠实了原文、作者目的，又极大地减少了阅读障碍，使读者能具体了解源语文化的目的，为下文再次出现该词或该棋面做下铺垫。

2. 连贯原则

连贯原则，也就是篇内一致，它要求译文保持语内连贯，使译文拥有意义，译文的表达需流利顺畅，符合接受者的用语习惯与语言逻辑。在连贯法则的指导下，译文运用归化策略和增词技巧，经巧妙处理后使译文摆脱了原文束缚，令其表达在尊重原文的前提下，实现了内容更为清晰、表述更加自然流畅的效果。

（1）归化

归化是指把源语本土化，使用目标语言的行文规则和习惯来进行翻译。语言属于文化的一个部分，不论何种文本，其意义都是在直接或间接地反映与其相对应的文化，而所用词语的意义最终也只有在其对应的文化中才能找到。归化要求译者向目的语读者靠拢，译文尽量使用目的语接受者符合目的语表达规范的语言形式，变成地道的本国语言，达到原作者和读者直接对话的效果，增强自身可读性和欣赏性。

例如，【示例】You've got to stay open, if you get locked into one idea, it's death. 你必须保持开放的心胸，如果你钻牛角尖，那就是死路一条。

此处为哈蒙棋友在帮她分析下棋时的问题，劝其打开思路，不可盲目固执。若"get locked into one idea"直译为"锁定一个想法"，译文没有任何感情色彩，读者也无法准确捕捉主人翁当时的情绪，而且不符合目的语表达方式。而在中国文化下"钻牛角尖"既是俗语，也立刻能让观众体会到当时女主的状态，感受到其执拗，贴合语境的同时契合了翻译的情感化特点，符合中文表达习惯，表达更为连贯地道。

（2）增词

增词指增加原文中省略的部分，主要包括增加范畴词以明确语义，增加关联词或与上下文有关的实词以加强联系，增加的解释性词语以满足结构平衡、逻辑合理或修辞需要等。

【示例】What you know isn't always what is important, but living and growing. Living your life. Treating yourself. Adventure.

一个人有专长不见得是最重要的，重要的是生活和成长。享受人生，善待自己，勇于冒险。

英语为避免重复，用词多简洁达意，而汉语则善用排比结构增强韵律。此处英文后半部分前两小句均采用动词加名词或代词的表达形式，但末尾却直接使用单个名词成句，在翻译为汉语时，出于结构平衡的需要，译文补充了动词"勇于"，这样三组"四字词"的排列，读起来抑扬顿挫、朗朗上口，既符合了搭配习惯，又保持了格式一致，使文字具有观赏性，同时也使整体表达更为连贯完整，提升了语言的可读性、流畅性。

3. 忠实原则

忠实原则强调翻译要尊重原文作者，使译文的目的和原文作者的意图保持一致。在翻译过程中，译者不可擅自增删内容，改变句子意思，译文应尽可能地保持源语的风格、结构、修辞等。因此，基于此法则的要求，译文选取了直译的处理手段。直译对应意译，是指译文在内容上和形式上与原文保持一致。直译是忠实原则下最为直接的翻译方法。它要求译者在句子结构和表达形式上做到原文和译文相符，不可任意增删内容或思想，应保持原文风格，还要实现译文的目的与原作者的意图相一致，既有可信性又有可读性。

【示例】US Americans, we work alone because we're all such individualists.

美国人只会独善其身，因为我们都是个人主义者。

译文中的"个人主义"是指一种强调个人，包括个人自由和个人利益，强调自我支配的政治、伦理学说和社会哲学。虽然该词现已为我们所熟知并被广泛应用，但它实际来源于西方，个人主义是伴随着西方生产资料私有制的出现而产生的，并随着私有制的发展而发展。我国几千年来一直是封建社会、农民社会，催生个人主义的资本主义、资产阶级在中国不具备深厚基础和发展空间，直到近代才逐渐萌发，而"个人主义"在此前的中国难以找到对应身份，它是西方文化的负载。所以此处选择直译，保留了其原始表达，这既忠实反映了源语文化，实现了源语文化的输出，还促进了源语文化与目的语文化的交流。

二、语用学理论原则

"语用学"一词首先是由美国哲学家查尔斯·莫里斯（Charles William Morris）在其《符号学理论基础》一书中提出来的，后发展成为独立的语言学分支。语用学研究语言的意义以及在特定环境下如何理解和使用特定的语言。人们在交流中的语言意义是动态的，需要听话人根据不同的情景和语境，做出心理推断，理解说话人的真实含义。在关于语用学的定义中，除了意义外，语境也是基本的核心概念。话语意义离不开语境，一个词语在新的语境中可能会被赋予新的含义，交际者要表达清楚自己的意图，就要根据不同的语境，灵活地选择不同的语言表达方式，而听话人如果脱离语境，只理解语言的表意，就会导致交际的失败，因此，听话人只有正确理解语言所传达出来的真实意义，才能做出适当的反应，顺利完成交际。翻译是一种跨文化交流的活动，涉及语言的转换，将语用学理论运用于翻译实践中，对英汉翻译具有指导作用。

（一）合作原则

合作原则最早是由美国著名语言学家格莱斯（Herbert Paul Grice）于1967年提出的，他认为人们在交谈中总是会有意识或无意识地遵循一定的原则，以便使交际顺利完成。格莱斯后来发表了"Logic and Conversation"，提出合作原则的四个准则。质量准则指说话人在交际中说的话语应该真实；数量准则指话语提供的信息应适量；方式准则指交际者的话语应简洁明了；关联准则指说话人的话语应和交流内容相关。翻译是一种跨文化的交际活动，合作原则对成功地实现跨文化交际具有非常重要的指导作用。合作原则虽常应用于口译，同时对笔译也具有指导作用。在翻译过程中，译者始终处于中心地位，为顺利实现源语作者与目标语读者的跨文化交流，译者就需要遵守合作原则。数量准则要求译者完整地传达源语信息，不能随意增删内容，质量准则要求译文忠实于原文，关联准则要求译者联系原文上下文，并考虑译文与目的语读者的关联性，方式准则要求译文清晰、简洁，避免歧义和冗长。

（二）顺应论

语言顺应论由比利时语言学家、国际语用学会秘书长耶夫·维索尔伦（Jef Verschueren）在其著作《Understanding Pragmatics》中提出，为语用学研究提供了一个新的视角。顺应论指出，语言的选择体现在语言结构层面和语言策略上。语言具有以下三个特性：变异性、商讨性和顺应性。说话人在使用语言时要能够做出恰当的选择。变异性指语言提供了多种选择的可能性；商讨性指说话人在语言的选择上，会极其灵活地选择语言策略；顺应性指人们可以从各种语言变体中，选择适应于交际需要的语言。其中，顺应性是目的，为了使说话人之间的交流顺利进行，需要在变异性和商讨性的基础上，恰当地选择语言，来满足交流的需要。Jef Verschueren 把语境分为交际语境和语言语境，语言语境分为篇内衔接、篇际制约和线性序列。篇内衔接需要各种语篇衔接手段来实现，篇际制约指语篇受语用风格等制约，线性序列是语言选择要注重上下文的逻辑关系，按先后顺序排列话语。这些原则对于翻译而言，都是需要考虑的因素。译者在翻译中，需要注意运用衔接手段来使得译文流畅自然，同时还需要注意文本的文体风格、情境因素、上下文的语义、逻辑关系等因素。译者应顺应原作，还需要顺应译语读者所处的语言和社会文化语境，培养较高的翻译能力，不断优化和选择目标语言，提高翻译质量，使译文达到最佳的语境效果。

（三）语用学在翻译中的运用

1. 语用失误分类

语用失误一词最早由英国著名语言学家托马斯（Jenny Thomas）提出，他认为当受话者所感知的语言意义与说话者自身想要表达的或认为受话者应该感知到的意义不同，就会产生语用失误。托马斯将语用失误分为语言语用失误和社交语用失误。语言语用失误指将本族语对某一词语或结构的语用意义不适当地套用到目的语中，或者在特定的语境中，未能恰当地选择语言表达形式，正确表达用意从而造成的语用失误。社交语用失误指交际双方不够了解不同文化的差异，或者在交际中忽视不同的文化背景所产生的语用失误，这两者通常也是翻译中常出现的语用失误。

2. 语用失误及合作原则、顺应论的体现

翻译过程是以译者为中心来实现跨文化交际的过程,通过译者建立起源语发送者与目标语接收者之间的交流。顺应论提出,为了满足交际需要,人们可以在具体语境下,恰当地选择语言来进行表达。在翻译中,为了完整准确地传达出原作的内容和意图,实现成功的跨文化交流,译者就需要在充分理解原作的基础上,注重原文的语境,同时发挥译者主体性,顺应译语读者的语言语境和交际语境,选择恰当的语言,忠实准确地传达出源语信息。笔译是一种特殊的交际过程,这一过程的参与者包含原作者、译者和目标语读者,合作原则体现了说话人与受话人为使交际顺利进行、完成交际任务而在交谈中所遵循的原则。

(1) 语言层面

英语中的很多词汇常常存在一词多义现象。例如"shot"一词,在不同的情景和语境下有不同的含义,在翻译中,如果忽略语言语境因素,便会产生词汇的语言表达失误。

【示例】The terrorist took a shot at an old man.

恐怖分子朝一个老人开了一枪。

【示例】He shot his friend an angry glance.

他生气地朝他朋友开了一枪。

【示例】He told me the shot was great in the movie.

他告诉我电影中的开枪很好。

在上述例子中,"shot"一词都被译成了"开枪",除第一句外,后两例都未顺应语言语境,造成了词汇表达的语用失误,且违反了合作原则的数量准则与质量准则。应根据原文语境,顺应其词汇意义,分别将后两个例子翻译成"他生气地瞪了他朋友一眼""他告诉我,电影中的这个镜头很好"。这两句翻译既顺应了句子内部的语义逻辑,同时也符合合作原则所体现的内容。

在英汉翻译中,译者如果对汉语与英语的语篇结构缺乏足够的了解,在笔译时,就无法顺应目标语的语言形式,翻译出来的译文会显得生涩累赘,不符合目的语表达规范。例如,More and more people uses the Internet to play games, chat with friends, and so on, which increases the possibility of criminals committing cyber fraud. However, it's difficult to crack down on cyber crimes because of weak supervision by relevant departments.

翻译时，译者如果对英语的语法结构了解不全面，就有可能忽略上下文语义逻辑，采取直译的方式，译成"越来越多人使用网络打游戏，聊天等，增加了不法分子进行网络诈骗的可能性。但是，很难打击网络犯罪，因为相关部门监管不力"。该句译文既未顺应汉语的语篇结构，也未做到忠实通顺。英语属于"树形结构"，长句较多，多用连词，重视逻辑，因此重"形合"；而汉语是"线性结构"，短句居多，重"意合"，强调上下文之间的意义关联。因此，在翻译该句时，可适当增词，根据上下文逻辑调整语序，使译文清晰明了，"越来越多的人上网打游戏、和朋友聊天等等，这加大了不法分子实施网络诈骗的可能性。而且，由于相关部门监管不力，因此，要打击网络犯罪是很难的。"在英汉互译时，应灵活采取不同的翻译方法，运用合作原则，忠实准确地传达原文信息，同时要顺应目的语的语篇特征及表达习惯，使译文能够被译入语读者理解并接受。

（2）社会文化层面

美国语言学家海姆斯（Hymes）认为，社交语用失误主要指的是人们在交际过程中因不够了解或忽视交际双方的社会文化背景差异所造成的语言表达方面的失误。由于英汉民族的心理及价值取向不同，因此，在英汉翻译时，文化差异会使得相同的比喻意义在不同的文化中采用不同的意象来表示。为了实现语用等效翻译，达到功能等值转换，译者可能会灵活变通，处理原文中的意象时，转换成受译语读者所理解和接受的意象。在这种情况下，为了符合译入语的表达习惯，准确传达原文意义，会对原文意象进行更改，虽然表面上违反了合作原则，但其目的是更深层次地遵守该原则，使得跨文化交际获得成功。例如，"tread upon eggs"的翻译为"如履薄冰"，该译文在理解该词组语言意义的基础上，对其意象进行了转化，将"eggs"鸡蛋转换成了"薄冰"，用中文的四字成语来对应其意义，可以说是成功的翻译。但若译者将其直译成"踩在鸡蛋上"，就只译出了词的表层意义，未实现语境的动态顺应，因此，会造成信息及文化内涵传递的失败。在广告翻译类文本中也会出现翻译失误，例如，"Coca Cola"在刚进入中国市场时，其译文最初为"蝌蚪啃蜡"，晦涩难懂，销量较差，后来译成"可口可乐"以后，在中国销路甚广。可以看出，其原名与译名都是由两个词组成，译名保留了源语的形式，且采用音译的方式，保留了原文朗朗上口的特点，同时也暗示了其可口、可乐的特点，完全符合合作原则的数量、质量、关联与方式准则，且顺应了中国读者的心理感受，在中国广受消费者喜爱，取得了成功。

因此，在翻译时，译者不能望文生义，应理解原文意欲表达的意义，运用与原文在语用功能上对等的词翻译出来，同时顺应目标语接收者的社交世界和文化语境。通过分析翻译中出现的语用失误，可以看出语用学理论对英汉翻译实践的指导意义，将语用学相关理论运用于翻译实践中，有利于帮助译者提升语境意识，实现等效翻译。

三、功能翻译理论原则

（一）功能翻译理论原则概述

功能翻译理论原则主要以语言功能性为基础，注重脱离语言原本含义的约束，以译者现实需求所展开的翻译活动，进而实现英语翻译的目标。与此同时，功能翻译理论视角下，还需要对目标语言以及源语言的要求进行充分思考，使翻译双方需求获得极大程度满足。传统翻译理论一般是依照字面意思展开翻译，尽管译文和原文有着较高的匹配度，但是其灵活性不强。而功能翻译论能够弥补传统翻译理论中存在的不足，可以立足于译者层面赋予翻译全新的生命力。功能翻译理论视角下，翻译者需要将读者和客户需求有机结合并对二者之间的关系进行充分思考，促进其交流互动，所以对于翻译工作来说，其存在一定的目的性特征。与此同时，功能翻译理论创立者表示，该理论需要结合文本理论和翻译策略，使译者能够对翻译途径进行合理选择。

（二）功能翻译理论视角下英语翻译应遵循的原则

1. 目的性

翻译要实现语义的直接转换，在英语翻译中，在功能翻译理论视角下展开翻译，不仅可以实现翻译目标，同时对语言交际功能的实现也有着非常重要的作用。由于英语和汉语这两种语言所代表的文化存在显著差异，为了能够使翻译表达的正确性获得充分保障，需要对语言的文化特征进行充分重视，同时严格遵循语言表达规律。所以翻译者不但需要对翻译技巧进行了解和掌握，同时还要针对翻译方法展开研究和探析。当前，随着世界文化的发展，翻译作为文化沟通和交流的重要渠道，需要确保最大限度还原原文，同时这也是对功能翻译的重要体现。

2. 忠诚性

翻译是对不同文化背景下语言交流以及被取代过程的充分反应，所以翻译中需要对语言特点进行充分思考，旨在实现还原原文文化的目标，使翻译后语义的准确性得到保障。所以翻译需要和文化相互结合，确保语言转换的真实性，拉进译文和原文语义表达的差异性，使原文真实含义得到充分呈现，体现翻译的价值和意义。而对功能翻译，则需要对原文意义进行充分思考，翻译之后不应产生明显改变并在译文中将原文有价值的信息进行还原，保持语意的一致性。

3. 连贯性

在对英语文本进行翻译的过程中，需要对语境的连贯性进行保证，这不但是功能翻译理论的基本要求，同时也是学生在翻译过程中需要熟练掌握的重要技能，这样一来，不仅可以使翻译要求获得充分满足，同时对于促进翻译水平的进一步提高也有着非常重要的作用。所以在翻译过程中，学生需要增加对连贯性原则的重视程度，使其能够和译文要求相符。反之，若作者并未对连贯性提出要求，学生则只需要确保翻译合理性和文本语境保持一致，对翻译展开综合性思考，进而使其能够和人们的阅读习惯充分匹配。

4. 协调性

协调性主要指的是对原作者、译者、读者之间的关系进行有效处理，在对文本所进行的翻译中，译者需要依照翻译内容保持认真严谨态度，以尊重原作者思想为基础对读者要求进行充分思考。这样一来则可以在确保译文内容合理性的同时强化读者对文本的了解和掌握。

（三）功能翻译理论视角下的英语翻译技巧

1. 口译技巧

在英语翻译中，口译有着非常重要的地位和作用，需要译者依照文化背景以及现实语境充分思考英语语言的深刻内涵,而不是逐字逐句地分析语句。事实上,口译也是一种意译,其强调揣摩对方语言具有的内涵,除语言本身,还可以将对方的衣着打扮、面部表情、肢体动作等相互结合,思考并揣摩对方所要表达的思想、目的等,所以对于口译人来说,不但需要具备一定的英语翻译能力,同时还需要对对方表现进行充分观察,具备较强的语言表达能力。在功能翻译论视角下,口译工作需要对文化理念以及语言表达方式进行关注,确保其能够和语境保持一致性,因此,对于口译人员来说,需要对其自身口译能力和水平进行强化。通常情况下,口译在政务环境、商务环境中有着较为广泛的应用,翻译环境相对正式,在口译过程中,需要对词语进行合理选择,同时采取科学有效的处理措施,如词语增减、合并、重复等。在应用英语翻译技巧的过程中,需要对全文中语境的中心点进行明确、掌握文章的中心思想,尤其是要对文章中语境和语言进行深入思考,立足于文化背景层面探析文化语境、情景语境等。对于功能翻译理论创始者而言,其主要是对翻译中语言文化思想及用法的准确性进行了关注,要求翻译水平和目的语言水平保持统一。而对于语言理论学家而言,其重点强调语言的句式、词性以及结构的准确性和完整性,重点关注译文的系统性以及严谨程度。所以因为口译可以对英语翻译的即时性和实用性获得充分展现,其重要位置也就获得了突显。口译期间,翻译者不需要对交流双方原话进行重复,而是要对其所要表达的意思进行理解和翻译,进而使语言为交际服务这一目的获得充分展现。英语翻译过程中,口译可以使翻译者脱离交流语言上的束缚,可以对交流方向所要表达的意思进行准确掌控,进而在翻译时组织语言,使英语翻译技巧获得充分展现。

2. 意译技巧

在英语翻译中,意译是一种较为主流的翻译方式,其主要是立足于宏观层面翻译的中心理念。在功能翻译理论视角下,英语翻译需要坚持忠诚性的基本原则,但是并不需要依照英语词句展开逐字逐句翻译。中国文化囊括了大量歇后语以及成语,是一种具有简化性特征的短句和定型词组。相同地,在英语文化中也存在英语歇后语或者是短语,能够在一定程度上与中国文化相对应。例如,"Spare no effort; go all out; do one's best."译为"不遗余力"。在功能翻译理论视角下,英语翻译需要对中英文化之间的差异进行深刻了解和掌握,对原文表达方式进行调整,找出可以充分表达语句内涵的方式,通过调整、增减语句这一形式展开翻译,使其可以和语言文化背景相符合。在英语翻译语言的发展中，语境以及文化背景极为关键。尽管一些翻译者并没有对文章中的全部词汇进行掌握，但是凭借其自身对源语国家文化的认识和了解，能够在一定程度上对原文所要表达的含义、情感等进行推测，从而促进翻译工作的顺利进行。并且在意译中，其更为关注忠诚性，这主要是因为不管是国语还是英语都存在一定的成语，所以需要对中西方文化之间的差异性进行了解和掌握，进而使原文翻译的有效性和准确性获得保障。

3. 综合翻译技巧

立足于功能翻译理论，在英语翻译过程中，可以对多种翻译模式的综合翻译进行应用，以便对复杂性语句或者是语篇进行翻译。若翻译原文相对较长并且语句重复，则可以对翻译技巧进行合理调整。在综合翻译中，需要及时确定原文所要表达的重点内容并以此为中心，在重新整理的基础下通过更为科学的语言模式进行展现，可以改造原句，立足于原作逻辑展开组合和树立。也可以以中英文化背景为中心，对中英文化中的诗歌、成语以及俗语等进行合理应用，为了防止英语翻译过于生硬，则可以对各种修辞手法合理应用，如排比、比喻等。例如，"A journey of a thousand miles begins with a single step"，翻译过程中如果将其翻译成"一千里的旅程从第一步开始"则过于生硬和冗长，而将其翻译成"千里之行，始于足下"不但简洁明了，而且对仗工巧，能够和汉语言使用方式以及逻辑等契合。翻译期间，译者很容易遇到原文语句复杂、冗长这一现象，而只是通过精简词语、删减等并不能使原文意思获得有效表达。因此，需要重视翻译方法的综合运用，合理改动原位语句。通过译文的表达方式以及语言特色展现原文内涵。因为译文读者和原文读者所处的文化背景存在显著差异，在通过综合翻译法翻译原文的过程中，需要合理取舍，使其意思不变。采用本土化语言翻译原文词语，更容易获得读者认可。

4. 形合与意合的翻译技巧

英语和汉语所属的语系不同，在句法上也存在明显差异。有学者表示，对于汉语和英语来说，在语言学层面，其最为本质的区别就是形合和意合之间的差异。英语主要是形合，也就是在句子中各意群成分之间需要连接词构成复合句或者是并列句；而关于汉语，主要是意合。关于英语主语，一般并不会主动发出动作，但是在汉语中，主语一般是立足于人的层面描述有关事物，因此，所选择的主语可以主动发出动作。简言之，在汉语语境中，人称化用法有着较为普遍的应用。

5. 静态和动态的翻译技巧

就语态层面而言，英语的表现形式以静态为主，而汉语存在一定的动态性。这也就说明在英语语境中，其动词的应用相对较少，在翻译之前需要对动词进行寻找，进而对句子主干进行及时确定。

6. 互动关系以及灵活变通的处理技巧

对于功能翻译理论，在其起源、发展以及深化等阶段都需围绕两种文化间的相互转换为中心，对交际者的互动保持重视。在翻译活动中，存在多个交际互动者包括读者、译者、原文作者等，其交流互动不只是存在于肢体表达以及语言交流等层面，而是和彼此之间的文化背景有着密切关联。所以对翻译工作产生影响的重要因素在于原文作者所处的文化背景以及作品中所蕴含的思想情感、读者心理需求以及翻译活动的主要目标等。翻译活动要求在人际交流的过程中展开互动，和原文作者、读者以及译者等多个主体都有着较为密切的关联，翻译结果需要确保各主体之间保持协调性关系。立足于交际者互动层面分析可知，功能翻译理论能够在一定程度上包含所有翻译活动，同时提出科学有效的翻译手段，不但能够拓展译者思维和眼界，同时还可以在翻译过程中使翻译技巧和方法更具多样性和丰富性。这不单单是使用一种语言对另外一种语言进行替代，而是以保留原文神韵为基础使另外一种语言文化所具有的特色获得充分展现。功能翻译理论表示，翻译需要人际关系之间的互动，翻译期间，交际者的影响更为明显。翻译工作不能只是立足于语言层面翻译原文，而是需要对原文作者思想以及文化背景等进行分析。原文所处的语言环境能够辅助译者对原文思想内涵的辅助因素进行更好地掌握，而关于译文，其所处的语言环境能够在一定程度上对翻译技巧和方法产生决定性作用。翻译工作的重点在于为译文读者提供便利，使其现实交际需求获得充分满足，所以，在翻译过程中，就需要译者对译文读者的理解方式以及文化背景等进行了解和掌握，同时对翻译方法进行合理选择。

（四）功能翻译理论下的英语翻译应注意事项

为了能够使翻译的合理性和科学性获得有效保障，需要了解中文句子中的句型框架，从本质上对复合句、简单句进行判断。关于简单句，需要对主、谓、宾、定、状、补等修饰语进行鉴别，而关于复合句，则需要立足于句型层面展开划分。一般情况下，大部分句子中都存在一定的词组搭配，若读者对这一短语进行记忆或者应用存在困难，即使其能够明确意思，也不能对全新的组合进行判断。同时还需要对括号中的提示语进行重视，确保搭配的合理性。在翻译时，语态、时态很容易受到忽视，一些句子尽管其时间状语较为显著，但是在翻译时只能依照字里行间传达的意思判断语态以及时态。这样一来则会增加翻译难度，这就需要译者在翻译期间对语态和时态这一问题进行充分思考，尤其是要对时态的前后呼应进行关注。除此之外，翻译期间需要突破母语对潜意识带来的影响，应对两种语言之间的交换进行关注，尤其在俗语和成语方面，若翻译存在偏差，则会对整体翻译效果产生不利的影响。

第三节　翻译的过程

翻译过程有狭义和广义之分：狭义的翻译过程指译者将源语文本转换成最终的译入语文本的过程；广义的翻译过程超越了从语言到语言、从文本到文本的过程。它关乎文本选择、文本研究、文本理解与阐释、文本生成、文本接受等紧密相连、环环相扣的过程。

一、理解阶段

正确地理解原作，这是整个翻译过程中不可缺少的前提。没有对原文的理解，就谈不上翻译；理解不深不透，翻译就会出差错。"理解"这个词是含糊不清的。它可以表示两个主体以同样的一种方式理解一个语言学表达；也可以表示两个主体之间对相关背景下的话语正确性存在着某种协调；还可表示两个参与者对世界上某种东西达成理解，并彼此能使自己的意象为对方所理解。为此，处在交往行动中的人必须满足若干有效性要求：说出某种可以理解的东西；提供给听者某种东西去理解；由此使自己成为可理解的；达到与另外一个人的默契与认同。因此，翻译活动要获得有效性，只有在作为翻译主体的译者承认自己提出的有效性要求已得到验证的情形下方为可能。译文能被理解，同时能提供译文读者可理解的东西，而且译者作为翻译主体能得到译文读者认同，不仅如此，还需获得与所有时代的译文读者的默契与认同。翻译的实质不是对原文意义的追索或还原，而是翻译主体能动理解和诠释原作的过程。

翻译是把一个语言所表达的思维内容用另一种语言表达出来的一种活动，它包含着一个对原文含义理解逐步深入，对原文含义表达逐步完善的过程。即尽可能地了解源语及译语民族的文化，包括他们的政治、经济、历史、地理、风俗习惯、社会生活等方方面面，通过对比，做出真正对等的传译。尤其是那些表达新事物的词句，让自己的译文准确、地道翻译是对原作进行一个创造性的整体设计，涉及内容的落实，作品的结构问题。真正意义上的翻译不是只简单地考虑一下翻译什么，更重要的是"怎么翻译"的问题。下面以具体例子分别从词法和句法两个层面来探讨。

（一）词法层面

【示例】Liquid and Powder nail enhancements first became popular in the early 1970s, and originally included the use of dental polymers to sculpt on a form, lengthen and protect natural nails.

译文1：溶剂与水晶粉指甲的改善首先流行于七十年代早期，原本包括了硬质树脂的使用，因为它能使人造指甲成形，变长并保护真指甲。

译文2：液体与粉末美甲开始流行于七十年代早期，原本使用牙科聚合物雕在指模上，加长并保护真指甲。

要做到真正理解原文确非易事。我们以为的许多已经理解的东西，其实往往并没有了解得很清楚，这就造成了一些晦涩难懂的译文或者误译。对于一部作品而言，无论原文还是译文都不是一个孤立的语言单位。它们的意蕴、主题和风格都完整体现在上下文的语境之中。语言所表达的内容分属于不同层次的文化，翻译也就是不同文化层次的内容的翻译。对原文透彻的理解是确切翻译的基础和关键。因此，理解过程中的语言分析、逻辑分析、艺术分析、主题分析等各个层面上，都要充分重视上下文的作用。由于对原文缺乏透彻的理解，译文1让人感到不知所云。原文中"nail enhancement"的意思为"美甲"而不是译文1中的"指甲的改善",其次译文1中的"溶剂与水晶粉指甲"择词不妥,应该译成"液体与粉末美甲"。而且,"硬质树脂"的翻译显得不够严谨;"form"在美甲业中是美甲的一种,称为"指模",指戴在手指尖的尖长鹰爪状指甲套,并非"成形";最后,"变长"不如"加长"或"延长"妥帖。

(二)句法层面

【示例】结合项目自身特点,在分析了利益相关方期望及需求,确定项目目标的基础上,明确过程负责人,以及各个流程在项目中的作用,建立了如图5.2所示的"××隧道项目管理流程体系"。

译文1:In view of the native feature of the project, it defines the principal, role of each process for the project, and establishes "ABC Tunnel Project Management Process System" shown by Fig.5.2 after analyzing the related expectation and demand, as well as determining the target of the project.

译文2:In view of the feature of the project itself, the project team determined the responsible person for each process and the role of each process in the project, and established "Shiziyang Tunnel Project Management Process System" shown by Figure.5.2 based on the analysis of the expectations and demands of the parties involved, as well as the objective determined for the project.

翻译中的理解阶段就是结构由模糊到清晰的过程,真正解决了结构的问题才算是翻译的最终完成。从这个角度看,很多时候并不是理解以后才能动笔,而是理解与表达同时进行。或者说,理解作为翻译的先期阶段,其并不是与后期阶段的表达截然分开的。其实,理解与表达在本质上是有先有后的,但在运行和操作过程中却时有交错,这是因为理解没有绝对固定的形态,它在表现的过程中发生一些临时性变化是正常现象,理解与表达存在着互动关系,只有进入结构和文字的定型时才较为稳定。理解离不开结构,其中有两个方面应特别引起注意,一方面是突出重点内容,抓住关键之点;另一方面是注意统摄全局,保证作品的整体性。无论是哪类体裁,在理解时都应抓住主要方面,从重点内容开始,理清线索,这样容易取得良好的理解效果。在例文中,native用来表示自身不妥;it指代不明确,此处指项目组或项目管理团队;"过程负责人"应该指明是每个过程的负责人，因此，"each process"需要写出，不能省略；表示图表的 Figure 在全文中有时全拼，有时简写，最后统一改为全拼的写法；"利益相关方期望及需求"是指"the expectations and demands of the parties involved"，而不是"相关的期望及需求"；目标一词在全文中统一采用"objective"。

（三）语境阶段

对原作品的理解过程不仅仅局限于对每个词、每个句的语义系统的理解，还包含了对语境的正确理解。语境，也称作"上下文"，包含广义和狭义两层含义。狭义的语境是指某个语言现象所在的具体语言环境。比如，一个词的语境就是与之相邻的词语、它所在的句子、段落、章节乃至整部作品。广义的语境则是指作品之外且与该语言现象密切相关的事物，一般称之为非语言或超语言语境。从某种意义上说，广义的语境包罗万象，人类创造的一切精神产品无不是理解的线索和依据，它们构成了一个更加复杂、庞大的语义系统。初学翻译的人往往由于缺乏对语境的考虑，会犯一些较为明显的错误。例如，"9.11"发生后，美国总统布什就这一事件发表了讲话。开头第一句话是这样说的。

【示例】Today, our fellow citizens, our way of life, our very freedom came under attack in a series of deliberate and deadly terrorist acts.

在学生翻译的过程中，不少学生是这样翻译的："如今，我们的市民，我们的生活方式，我们的自由受到了恐怖分子一系列蓄意的、致命的攻击。"

由于缺乏对语境的考虑，学生把"today"译成了"如今"，把"fellow citizens"译成了"市民"。其实这篇演讲是"9.11"当天布什发表的，所以句中的"today"只能译成"今天"，而"fellow citizens"指的是在事件中不幸遇难的人，所以考虑到布什当时总统的身份，译成"市民"是不恰当的，如果用"国民""公民"的话，又显得有距离感，不如用"同胞"亲切、真挚。

有时，不考虑语境也会导致逻辑上的错误。

【示例】Boeing reported a 179% increase in profits last year. The Seattle company recently signed a ＄6.7 billion deal to supply one airline with 106 jets over the next ten years.

前一句中的"Boeing"和后一句的"the Seattle company"实际指的是同一家

公司，即"波音"公司，这是英语中常见的指称替代。初学者正是因为缺乏对语境的考虑，造成了逻辑上的错误和理解的偏差。

【示例】Of remoter ancestors i can only discover one who did not live to a great age, and he died of a disease which is now rare, namely, having his head cut off.

有一个译本是这么翻译的："至于稍远的亲戚，我只发现一位没能长寿的，他死于一种现已罕见的病症：被杀头。"译者将原句中的 remoter ancestors 理解为"稍远的亲戚"。找一下 remote 的英文注解，其中一项是：distant in relationship or kinship 意思是"（亲属关系）远的"。似乎，这个译文并没什么问题。但是上文有相关交代。

【示例】In spite of the title, this article will really be on how not to grow old, which, at my time of life, is a much more important subject. My first advice would be to choose your ancestors carefully. Although both my parents died young, I have done well in this respect as regards my other ancestors. My maternal grandfather, it is true, was cut off in the flower of his youth at the age of sixty-seven, but my other three grandparents all lived to be over eighty.

从这段文字可以看出，作者是想说父母、祖父母的寿命对子孙后代的寿命是有影响的，因此要慎重地选择自己的祖先。当然，作者是带着诙谐的口吻说这番话的。所以，"稍远的亲戚"会影响自己的寿命，这在逻辑上显然是说不通的。如果再仔细查阅一下词典，可能会找到 remote ancestor 这个词条，翻译过来是"远祖"。但直接译为远祖也不是十分妥当，一般我们对远祖的理解都是时代非常久远的祖先，是十几代、甚至几十代以前的祖先，而原作者所指的"remoter ancestors"似乎并没有这么年代久远。这句话可以这样翻译："向上追溯，更早的祖辈中，我只发现一位没能长寿的，他死于一种现已罕见的病症：被杀头。"

二、表达阶段

（一）增译法

"增"指的是添加，添加并不是译者根据自己的理解来随意添加，"增译一定是添加了原文中没有明确的词汇表达但有明确此意的单词、短语或句子。译者通过使用"增"的变通手段是为了更好地传递译文信息，帮助读者理清人物关系、提供背景知识以及情感倾向，避免出现词不达意、读者难以接受、无法理解译文的情况发生。在运用增译这个变通手段时，很容易出现词汇短语层面和句子层面的增译两大部分。词汇短语层面的增译。

【示例】In Hungary the Turks were too near to make it easy for Matthias to refuse concessions to a people who might, at any time, throw themselves into the arms of the enemy, and in Austiia he was driven, after some resistance, to agree to a compromise.

初译：匈牙利紧挨着土耳其，境内的新教徒随时会投向敌人的怀抱，马蒂亚斯不得不做出各种让步，在奥地利，经过几次反抗之后，他被迫同意妥协。

改译：匈牙利紧邻土耳其，境内的新教徒随时会投向敌人的怀抱，所以马蒂亚斯不得不事事迁就他们。在奥地利，经过与新教徒几番斗争后，马蒂亚斯也被迫向新教徒做出了妥协。

因为读者对原文中的文化背景、人物关系、时代背景等信息可能并不清楚，所以在翻译过程中，译者有必要对其进行解释，不少译者会采取在译文下面做注释的方法，当然这个翻译策略很好用，但改译采用的是将增译的部分融合到译文中。从上述例子可以看出，其一，改译增加了关联词"所以"表明了原文的逻辑关系，使得上下文语义连贯；其二，改译增加了反抗的人是"马蒂亚斯和新教徒"这一信息，补充了原文的主语缺失。而原译是直接按照原文的语序来直译，没有进行任何变通和调整，如果读者阅读这段话时，会搞不清楚对抗双方指的是谁？他又指代的是谁？句子层面的增译就是把原文中存在的隐藏信息通过增译直接表达出来，这样一来，读者便可以不用自己去猜测原文作者的意图，而是直接获得原文信息。

【示例】For the first time for many a long year, a friendly voice had been heard urging the Emperor in the only wise direction.

原译：在漫长的一年中，第一次出现友好的声音，也是敦促皇帝走向正确方向的唯一明智的解决办法。

改译：这么多年来，第一次有人向皇帝建议用一种友好的方式去解决宗教分歧问题，这也是唯一明智的解决办法。

从上述例子来看，原文是"a friendly voice had been heard"在原译中单单翻译为"第一次出现友好的声音"，而改译是"第一次有人向皇帝建议用一种友好的方式去解决宗教分歧问题"。很明显，与原译相比，改译增加了"第一次有人向皇帝建议"以及"去解决宗教分歧"，不仅巧妙地将"heared"翻译出来，而且把建议的目的是解决宗教分歧这一隐藏信息表述明确。这样一来，译文更加流畅，更加连贯，读者在阅读译文时会非常轻松，直接了解了原文内容。

除此之外，原文中的"many a long year"在原译中出现了误译的现象，不是"在漫长的一年中"，而是"这么多年来"的意思。

（二）删减法

译者从读者的角度出发，在产出译文时，要注意把原文中重复的信息删去或者说对原文思想没有意义的内容省译。汉语是意合语言，英语是形合语言，英译汉的过程就是从形合到意合的一个翻译过程，英译汉的第一要务是把原文要表达的思想，原句的主体部分先传递出来，这是前提。对于无意义的信息，译者是有权力去删减一些不必要的冗余信息的。

【示例】Eggenberg was easily persuaded, and when Eggenberg was won, Ferdinand was won.

原译：埃根伯格很快就被说服了，埃根伯格被成功说服，意味着斐迪南也被成功说服。

改译：埃根伯格很快就被说服了，这也等于说服了斐迪南。

从上面这句话我们可以看出，改译直接省去了"and when Eggenberg was won"的翻译，这样的变通手段并没有将重要信息落下，呈现的译文和原译相比，反而更简单直接，节省读者阅读时间不说，而且帮助读者迅速得到原文的中心思想。

【示例】Ferdinand, turning aside from the promotion of a sectional policy, was, if he would listen to Wallenstein, to place the unity of the Empire above the interests of the princes, by resting it on the basis of religious equality.

原译：斐迪南将推行教派保护政策搁置一边，如果他愿意采纳华伦斯坦的建议，那就意味着他必须把帝国统一置于各诸侯的利益之上，把它放在宗教平等的基础上。

改译：斐迪南抛开了教派保护政策，如果他采纳华伦斯坦的建议，就意味着他必须将帝国统一大业置于各诸侯的利益之上，对所有教派一视同仁。

从这句话的原文来看，"turn aside from"确实有"把……搁置一边"的意思，"on the basis of"则是"在……基础上"，但若将这些词组全部翻译出来就会像原译那样啰嗦冗长，死板僵硬，变通之后，用"抛开"代替"把……搁置一边"句子会精简不少，原文中的"if"和"on the basis of"也删减不去翻译，因为这两个删减的内容是和宏观的中心思想没有关系的附属性的内容，删去之后原文原意不会有任何改变，反而使得译文简练灵活。

（三）编译法

编就是编辑，通过编写的变通手段使得译文内容更有条理、有顺序，让译入语读者在阅读时思路更加清晰。不合格的译文通常会让读者感觉思想非常混乱，人物关系不清楚，句子复杂，主语不一致等。想要使译文更地道，读者读起来很舒服的话，那"编"写的变通手段则是必要的。编写的变通手段主要体现在句子结构的翻译实践中，可以简单分为两种：一种是原文是一个句子，译文也是一个句子；另一种则是原文中有两个或两个以上的句子，译文则需要根据实际情况对句子意群进行结构与内容的调整。

例如，【示例】All that was know of Wallenstein in Germany was that he was master of an army more numerous and more oppressive than that of Tilly.

原译：在德意志，人们所知道的只是，瓦伦斯坦所领导的军队比蒂莉的军队人数更多，更让人难以忍受。

改译：德意志人民只知道华伦斯坦的军队在人数上多于蒂利的军队，在暴虐程度上也远超蒂利的军队。

原文是一整个句子，简单分析原译改译，就可以看到原译把 in Germany 直接译为在德意志，地点写出来之后再说人们所知道的只……而改译则是把地点和主语合二为一，编写为"德意志人民"；除此之外，改译还增添了"more oppressive"的主语，其实是采用了形容词变通为名词的手段，把"oppressive"（难以忍受的，压迫的）译为暴虐程度，很巧妙而且很通顺。

再如，【示例】And then Ferdinand would be master in Germany. The whole of the Empire would be brought under contribution.

原译：胜利后，斐迪南将成为德意志真正的主人。整个帝国都将做出自己该有的贡献。

改译：胜利后，斐迪南将顺理成章成为德意志真正的主人，接受万方朝拜。

通过对比上述原译和改译，可以看到改译对原文中两个句子的句群进行结构与内容的调整，把原文中整个帝国都做出自己该有的贡献改为接受万方朝拜。改译后的句子不仅仅从英语的形合和汉语的意合角度出发，让译文更地道；而且改译的句子对原文进行分析，确定主语，调整句子意群。

（四）译文流畅性与翻译变通

在翻译实践过程中多次出现译文不流畅的问题，后来在校对时意识到，对译文语序进行适当调整可以使译文更连贯，意义也更完整一点，另外注意主动被动的转换对译文质量的提升也有很大帮助。下文通过实例对所使用的变通手段进行阐述：

1. 语序转换

【示例】It was significant of the change of feeling in Germany that the ecclesiastical electors, who had seen nothing amiss in the deprivation of Frederick, had not a good Word to say for this concession to Wallensten.

原译：这种情感变化意义重大，教区选帝侯们就腓特烈的选帝侯资格被剥夺一事没觉得有何不妥，但他们认为皇帝迁就华伦斯坦一事却有失妥当。

改译：关于腓特烈的选帝侯资格被剥夺一事，教区选帝侯们没觉得有何不妥，但他们认为皇帝迁就华伦斯坦一事却有失妥当。这是一种值得关注的情感变化。

汉语和英语的表达习惯不同，主要是因为讲两种语言的人们的逻辑思维存在差异。讲汉语的人通常情况下都会先讲解内容，陈述事实，然后说明结果；英语表达则不同，一般情况下会先把主旨句写出来，首先亮出个人观点，再来陈述理由，摆明自己的论点，有理有据。也正是因为上述内容，在英译汉的时候，译者要注意表达方式。原文"It was significant of the change of feeling in Germany that..."属于带有总结意义的中心句，按照汉语的表达习惯，"这种情感变化意义重大"放在这里并不妥当。改译把"这是一种值得关注的情感变化。"单独成句放在句尾，不仅仅符合汉语的正确表达，而且考虑到了读者的阅读感受，不会觉得突兀，先阐述了内容再点明了结果，思维连贯，非常有条理。这样一来，译文读起来就不会有翻译腔了。

2. 语态转换

一般情况下，在翻译课程中，老师们都会讲到语态转换的翻译方法。英语和汉语在语态上都有主动句和被动句，但在句法上仍存在区别。如果译者一看到"be done"结构，就用"被"字来译的话，属于死译或硬译。另外，汉语中用"被"字还是比较少的，主要因为英语思维者往往严格区分主客体，认为主体与客体是不能浑融的，而我们汉民族对于主客体并不严格区分。因此加深对主客体概念的理解，体会其在遣词造句的作用，认识对两种语言转换过程中所产生的影响，是纯正地道语言表达的关键。翻译过程中主体与客体的识别和转换，实质上是思维模式的转换。

【示例】Intimidation was used to assist the argument, and men in the confidence of the court whispered in the ears of those who refused to be convinced that it was to be hoped that they had at least two heads on their shoulders.

原译：恐吓手段被运用到声明中，他让自己的亲信送话给那些拒绝被说服而顺从他意志的人，称"除非他们肩上至少有两颗脑袋"。

改译：做此番声明时，马蒂亚斯甚至使用了恐吓手段，他让自己的亲信送话给那些拒不顺从他意志的人，称"除非他们肩上至少有两颗脑袋"。

原译中"被运用到""被说服"都是语态硬译的结果，这样的译文表述生硬、不地道，和中文句子的表达习惯不相符。另外，使用"被"字来翻译的话，原译句子中的主语就会出现变化，到底是"恐吓手段做主语"还是"他"做主语和后面的谓语动词"称"无法搭配。在英汉翻译的文本中，译者要学会对译文进行分析，如果出现上述问题时，有必要对译文做出相应调整。

三、审校阶段

对于学术著作译文的基本要求为：术语统一、忠于原文以及行文通顺。需要注意的具体事项有：数字表达、专业名词、计量单位、标点符号、缩略词等。审校工作在翻译项目中具有极为重要的地位，能够发现并修改译文内容的不准确或错误之处，从而提高学术著作的水平和质量。在学术著作译文的初稿完成后要进行一轮轮严谨的审校工作，这不但体现了对原著作者与读者的尊重，同时也是译者与审校人的职责所在。在审校阶段，需要着重审核以下方面：人名、地名、时间和数字，译文中是否有词或句子的遗漏，表达不准确的句子、词组或词汇，有无错别字，标点符号是否错误，引文、注释及参考文献。

第四节　译者的素质

一、译者基本素质

社会对翻译人才的要求越来越高，尤其是高素质的翻译人才。高校教学要把握市场需求，加强翻译教学的研究，提升翻译人员的核心素养，以满足语言服务行业发展的需求，翻译人才素养主要集中在语言素养、人文素养、翻译能力和创新能力等几个方面。

（一）语言素养

我国的翻译研究者与文学批评家都主张译文必须作者化与学术化。译者要具有运用熟练的双语运用的能力和丰富的文化想象力。熟知源语是译者必须具备的基本要求，译者应该透析语意的微妙差别、词汇的内涵和外延。翻译中最普遍的错误大多是由于不熟知源语所导致的错误，译者必须完全理解所译的主题，必须具有"移情"的本领，即能感受原作者的意图，译文能够效仿原作者的语言风格。译文是利用某种语言来把另一话语所表现的思想内涵正确而全面地再次表达出来的话语教学活动。译者需要同时熟练掌握本民族语言和外文，这也是提高译文品质的一项基础要求。译者能够客观、准确、忠实地翻译出原著以及源语中的具体内容，但一些译者常常在描述所译的具体内容中，掺入了自己的想象，隐含着个人的观点和意思。但是合格的翻译人员，一定要忠实于说话者的讲话意思，才能给出对听者最真实的判断信息。尤其指出，就算在翻译过程中触及本人的权益时，也应当将说话者的意愿客观说明，而不要增加自己意见。

余光中先生曾讲过，"译文家其实是不写文字的学者，而是非创作的文人。"这就是说，译文家必须饱学，善于使用语文，而且要求能力两个以上：第一，他要能尽窥其妙；第二，他要能使用自如。翻译汉语水准的高低是判断翻译品质的关键。所以，翻译需要大量查阅汉语原文，并不断进行汉语写作，以做到更加娴熟、自如地掌握汉语。

（二）人文素养

译者需要具备广博的背景知识，译者需要追踪国内外局势，熟悉世界各地的外交政策、我国和海外的社会政治经济关系等各方面状况。掌握的知识越多越广，翻译的时候就会越得心应手。翻译人才其实就是"杂家"，要对方方面面的知识都有涉猎，包含经济、政治、法学等。在翻译过程中会触及许多应用领域，如若对此一窍不通，将很难迅速翻译出译文，给翻译工作造成了不必要的困难。因此翻译人员必须是一个用心人，在实践工作中不断扩充自己的知识面。可以按照自身的兴趣，选定一门或若干门学科，并加以精读、深入研究，如技术翻译、经济翻译等。此外，掌握必要的翻译基本理论可以培养和增强译者对翻译活动的理解，从而建立正确的翻译观念，进一步提升译者的实践能力和技术水平。

（三）翻译能力

翻译能力包括智力因素和非智力因素，智力因素包括语言能力、知识能力和口译能力，非智力因素包括心理因素、健康素质和职业素质。翻译人才要有很强的逻辑性思维能力，即分析能力。每一个人的说话都有其相应的逻辑结构，这就需要译者在翻译时对话语的逻辑部分要了解，并进行合理组合，把讯息通过目标语言传达给听众。出现误解、错译，或漏译等问题，并不仅仅是由于译者的语言能力较弱，而是思维能力有待提升。

（四）创新能力

"从翻译的认知心理过程来看，高阶思维涉及创新能力、问题求解能力、决策能力和批判思维能力。"随着人工智能的发展,各种翻译软件和智能学习平台的陆续推出以及慕课等网络共享资源的丰富,现代社会翻译的需求和模式都发生了改变,传统的手工翻译工具已无法适应日益扩大的翻译需要,翻译人员要熟练掌握电子翻译平台和工具,利用计算机处理文本,方便编辑、保存,利用网络能够与外部信息保持交流,直接与国外一流专家展开学术讨论,掌握最新译学动向,利用各种电子资料快速方便地检索资料和一些尚未编成字典的新词语,计算机还能够帮助检验翻译成果。

二、翻译人才素质培养策略

随着改革开放的深入,社会对翻译人才的要求越来越高,尤其是高素质的翻译人才,人们也逐渐认识到学外语与做翻译不能画等号。我国一些高校也由此率先关注到翻译专业人才培养的重要性,并开始在英语专业高年级阶段开设翻译方向的课程,如广东外语外贸大学、厦门大学均率先增设翻译专业课程。在复合型外语人才培养盛行的二十一世纪初,国内很多高校的外语学院都开设了多语种的翻译专业方向课程,开启了本科阶段专业化翻译人才培养的探索之路。

怎样帮助学生逐步熟悉翻译技能,并形成明确的译员角色意识、优秀的道德素质、扎实进取的教学作风、自觉的团体协作精神,以及处乱不惊的良好心理品质?怎样更高效地提高学生的双语技能、翻译技巧、相关专业知识,以及社会人文素质等核心素养?高校翻译专业的教学需要客观分析经济与社会需要,全面掌握市场经济发展动向,完善课堂教学,优化实践环节,建立大数据化信息库,创建职业化实习平台,完成翻译人才核心素养提升的结构调整和教学质量的提高,服务于社会发展与国家需要。

高校教学要把握市场需求,加强翻译教学的研究,提升翻译人员的核心素养,以满足语言服务行业发展的需求。探讨如何适应社会需要,提高翻译人员的核心素质,使教学优势最大化,突破传统线上教学与线下课程相互融合的瓶颈,寻找新途径,以达到二者的相融增效,为翻译教学改革与学科建设赋能。在语言素质、人文素养、翻译能力、创新能力等方面,高校翻译专业教学要研究如何提高翻译人员的核心素质,并整合了线上与线下两个教学路径,以进行二者的融通与增效,把专业特色和新经济时代文化振兴的大背景下紧紧地联系在一起，巧抓时机、守正创新，积极探索翻译学科建设与翻译人才培养创新的模式。

（一）加快翻译教学质量评价体系创建

建设多维立体的评价机制，利用网络资源、互动环节、教学活动、课程考察、现代技术、学生实践能力等多维评价。运用科学合理的评价方式，邀请语言服务行业及跨行业的专家共同参与评估活动。采用全面视角的教育评价类型，将评估对象从教师与学校关系拓展到教务体系的有效性、教育资源的可获得性、网络支撑的安全性、教育学科发展与支撑体系的建构问题等。

（二）创建翻译实践立体化产学研管理平台

以学校课堂教学与科研工作的紧密结合为基础，实行了一体化教学模式，即课堂教学内部、校园外和线上线下的平衡融入，同时发挥平台的教育实验与学习功能，使国内外专家学者等与学校教师队伍融入，开展更广泛的教学翻译实验、教育研究与科研等工作，为不断提升人才培养质量提供了可能。针对社会单位人才培养的需要，学校主动拓展社会教学资源领域，与企事业单位横向协作，共同打造社会翻译平台，积极引入新项目先进教材，扩大学习者的实习就业机会。以学科规范为准绳，努力培育知识基础牢、翻译素质高、学习能力强、祖国情感浓、全球视野广的社会特色化翻译人才培养。

随着中国新一轮的经济振兴，国际市场需求逐步向多元化、精细化和专业化的方向发展，但人力资源储备问题仍不能有效缓解，对翻译人员的需要量也日益增加，对翻译人员的核心素质也提出了具体需求。高校作为高素质翻译人才培养的重要基地，必须紧随经济社会发展，进一步强化教学方式变革，以帮助学生掌握更多、更全面、更实际的英语翻译专业知识，从而使得学校毕业生可以更轻松地胜任岗位工作。客观分析社会需要，掌握市场经济发展动向，为思考人才培养问题提供真实基础，也有利于学校及时动态地调整学科与人才培养方法，进一步探索本土化的人才培养模式，完善课堂教学方法，优化实验环节，为经济社会发展积极输送翻译技术素质与专业素质较高，跨文化交流与语言服务能力较强的翻译人才。

第二章
翻译的基本理论

　　随着时代的更迭，世界各国对英语翻译的需求迅速扩大，对英语翻译质量的要求逐渐提高，对英语翻译理论的探讨与研究也愈发深入。从古至今，国内与国外都有不少翻译家阐述了自己的翻译理论。本章分为国内翻译理论研究、国外翻译理论研究两部分，主要包括国内翻译理论的发展历程、国内翻译理论的特色、国外翻译理论的发展历程、国外翻译理论的核心概念等内容。

第一节 国内翻译理论研究

一、国内翻译理论的发展历程

（一）古代早期国内翻译理论

东汉时期，大量展开佛经翻译活动，为国内翻译理论的萌发提供了大量实践基础。自支谦首谈典翻译之始，至宋代高僧赞宁总结历代佛经译论，经历近千年，佛典译家们对翻译的认识也逐渐深入。

中国翻译理论认识发源于佛经翻译时期。这一时期的翻译理论大多散见于佛经译序以及高僧传记中，少见专文阐述翻译问题。佛经翻译理论涉及的问题有汉语译文的文与质，即是意译还是直译问题，译文之雅与俗的问题，翻译方法问题，译者条件问题，原语与译语差异问题等。这一阶段佛经译家的翻译论虽然零散，而且观点缺乏详细阐述，但谈及的翻译问题却涉及翻译本体方面，这为后世继续深入探索打下了基础。

1."文饰雅正"的翻译理论

此类翻译理论认为佛经翻译其辞要雅，不失藻蔚，颇丽其辞，曲从方言，胜其辞，尽其意。简而言之，"文饰"观认为翻译标准在于辞胜意尽，译文通顺地道，言辞雅丽。持此类翻译理论的主要译家有支谦、鸠摩罗什等人。

支谦的《法句经序》最早阐述了翻译的理论问题，同时也触及了翻译标准思想。支谦认为前人译胡为汉"审得其体"，后之译者"粗得大趣"，今竺将炎之译"近于质直"。在他看来，竺译"其辞不雅"。"文饰"则求"辞雅"，即现在的意译，表达形式上靠近译语。

2."质直存旨"的翻译理论

该类理论认为佛经翻译贵在质直，要因循本旨，勿失厥义，依其义不用饰，应不嫌胡言方质，不可改俗适今，不可改易经文自有之巧质，案本而传，不损言游字，实录胡言梵语。简而言之，"质直"观认为翻译在于译文因循本旨，案本而传，忠实于原文形式。此类翻译理论的主要代表译家有维祇难、道安、彦琮、僧睿、僧肇、阙名等人。

道安继支谦之后对佛经翻译理论问题进行了较多阐述，他比支谦的阐述更为深入，提出了佛经翻译的"五失本""三不易"，被钱锺书推为"吾国翻译术开宗总明义"。道安的翻译论属于质派的观点。他指出译胡为秦有五"失本"，这里所指的"失本"即失去原文之本真，本来面貌。"五失本"中第一个"失本"是"胡语尽倒而使从秦"。所谓"胡语尽倒"，是指胡文与汉语存在语序相反的结构性差异。为了便于中土人士理解，译经者不得不将胡文语序调整为汉语语序。考察释道安之前诸如安世高、竺法护等人的译经，其语法结构均是采用汉语语序。即使释道安本人在组织翻译《鞞婆沙论》和《十诵比丘戒本》时，同样也对胡本"时改倒句""倒时从顺"。可知"一失本"乃是包括释道安在内的译经者普遍采用的翻译方法。第二个"失本"是"胡经尚质，秦人好文，传可众心，非文不合"，讨论的是佛经翻译语言风格的"文""质"问题。据释道安《鞞婆沙序》中所载："昔来出经者，多嫌胡言方质，而改适今俗。"这句话是说译经者在翻译佛经时厌恶"方质"偏好"文饰"，与释道安"二失本"内容异曲同工。这句话所针对的对象是"昔来出经者"，可证翻译佛经"非文不合"乃是长期以来汉地译者的普遍做法。其三，后面三种"失本"，主要针对的是在翻译过程中对胡本佛经中重复性经文、义说、腾辞等内容的大面积删减。这种现象在当时也很常见。

彦琮也倾向于质直本旨观，其著作《辩证论》被称为"今存我国历史上第一篇正式的翻译专论"。彦琮虽以此文提出的翻译"八备""十条"为人熟知，但他在文中的一些论说也反映了其翻译理论。他提出佛经翻译应该"意者宁贵朴而近理，不用巧而背源。"不背源就是忠实原文，贵朴就是质直即直译，不用巧即不用文派之意译。由此可见，彦琮主张翻译的理论是朴而近理，不巧背源，也即忠实佛理，语言质朴。

此外，僧肇、阙名、道朗等人亦持"质直存旨"观，认为译经要存旨，不加文饰。僧肇指出"陶练覆疏，务存论旨，使质而不野，简而必诣"，阙名曾说："辞旨如本，不加文饰，饰近俗，质近道。文质兼，唯圣有之耳"，道朗也说："拽研正本，务存经旨"，"随意增损，杂以世语，缘使违失本正，如乳之投水"。三人都指出传经要务存其旨，僧肇、阙名二人还指出译经应不加文饰，都属质派观点，认为佛经翻译应案本、质直存旨。

3."厥中调和"的翻译理论

"厥中"翻译理论认为佛经翻译不可一味求文或求质，佛经自有其文质、雅俗，以文应质、以质应文都失其本。佛经翻译不可文过其意，理胜其辞，而应参通晋胡，详其大归，善译方言，以裁厥中，令质文有体，义无所越。译文应传经深旨，务从易晓，苟不违本。简而言之，"厥中"观认为翻译标准在于译文忠实于原文义旨，通晓畅达。提倡此类翻译理论的主要译家有慧远、玄奘等人。

慧远主张文质"厥中"。他认为以往众多佛经译者要么文过其意，要么理胜其辞，即文派过于注重意译，而质派则过于注重直译，二者皆有缺失，文过则损原文之"质"，质过则损原文之"意"。因此，慧远认为译经应文不害意，依实去华，务存其本。可见慧远认为可以求"文"，但不可因此害意，务必存其本真。他认为文与质皆有可取之处，也各有缺失，因此宜取二者之长，以此考彼，相互参照两者之长，深入研究两种语言，掌握其基本规律，然后结合"文质"两译"以裁厥中"，方为"善译"。他在《大智论钞序》中进一步指出，译经时应"寻所由，求其本"，因为圣人传言时"依方设训，文质殊体"，佛经本有其文质，因此译经时不能简单地一律求文或求质，须依经文本旨而定，其文则文，其质则质，因此，慧远指出翻译经文时应"简繁理秽，以详其中。令质文有体，义无所越。輙依经立本，系以问论。正其位分，使各类有属。""依经立本"即根据原文之文质确定译文之本质，不可一律以文应质，也不可以质应文，应"正其位分"，弄清原文之本来面目，以令译文"各类有属"。

玄奘为人熟知的翻译论虽是"五不翻"之说，但他也有一些反映其翻译理论的论说。他在《大唐西域记》序言中写到"佛兴西方，法流东国，通译音讹，方言语谬，音讹则义失，语谬则理乖。故曰'必也正名乎'，贵无乖谬矣。"可见他认为译经必须音不讹、语不谬，以确保义不失、理不乖，译经贵在无乖无谬。简而言之，玄奘认为译经必须忠实于经文原义、佛理。

（二）明末清初国内翻译理论

在明末清初的翻译大潮中，译书总量虽不如佛经翻译，但种类却不少，涉及内容相当广泛，各学科都有各类大量术语，原语也涉及好几种。大量的翻译实践理应成为理论探讨的实践基础，但有关翻译理论问题探讨的记载却不多，对翻译问题的认识也基本没有发展，不能不说是一大遗憾。虽然这一时期翻译理论探讨很少，也没有实质性突破，但是参与翻译的传教士和士大夫们仍有些零星言说反映了他们的翻译理论。

1. 传教士的翻译理论

（1）达意存旨

早期传教士由于汉语水平不够，翻译时多采取与士大夫合作的方式，或由其口授，士大夫笔录，或由其初译，士大夫润笔。他们对翻译问题的零星言说主要见于译序中。这些言说往往谈及中西语言差异及其带来的翻译困难等问题，利玛窦（Matteo Ricci）、利类思（Ludovic Bugli）等人都指出了中文与西方语言的巨大差异以及由此带来的翻译困难。虽然如此，也有少数传教士谈及了更为深入的问题，反映了他们的翻译理论。

利类思 1654 年在其《超性学要》译序中说："下笔维艰，兼之文以地疏，言以数限……加增新语……然犹未敢必其尽当于原文也"。他认为其译文没能与原文完全相当，这可以说点出了译文与原文的对等程度，其"尽当于原文"是在什么方面"当于"原文虽未言明，是思想内容，还是语言表达？从其"文以地疏，言以数限，加增新语"等论说来看，应是"当于语言表达"。

另一位传教士高一志（Alfonso Vagnone）谈到了译文文体表达问题。他 1627 年在《圣人行实》译序中说其译"言之不文，趣易通耳"，表明他认为译文语言要通俗易懂，可见他遵循的翻译理论是译文通俗易懂。

后来罗雅各（Giacomo Rho）也说："中西音阻，辞未达意，朴陋寡文，所不能免。幸谅我于语言文字之外可也"，可见罗雅各也不重译文文采表达，而重原文内容。

这些传教士的翻译活动发生于明朝末期。当时的传教士来华不久，汉语水平差，甚至有初通汉语来华的，此时也没有汉语词典供其学习汉语，因此其翻译在文采、通顺等方面差了许多。他们在译序中对有关翻译问题谈论的多是语言差异导致的翻译之难，将"达意"居于首位，以使"经旨"不损。

（2）通俗达义

清初以后来华传教士的汉语水平一般高于前期来者，他们要么来华之前就有汉语基础，要么来华之后有早期来华传教士编写的汉外对照词典，供其汉语学习及翻译参考之用。所以后期传教士的译文质量较前期有所提高，而且有前人翻译经验可借鉴。此时对翻译的要求也提高了，不是求之前的"粗达言义"，而是讲求"兼通雅俗"。

冯秉正于1733年在《盛世刍荛》卷首《仁爱引言》篇中说："所虑理本精微，辞多华藻……何以兼通雅俗？……必须俗语常言。此《刍荛》之所由作也……语甚简明……况穷乡僻壤……得此一编，各人自己披阅……若系不识字之人……只须一位识字之亲友，看书朗诵"。从冯秉正上述言论可知，其主张译文通俗易懂，语言简明，而且要运用普通民众的"俗语常言"，而非文人之华丽辞藻，以便"穷乡僻壤"之民能够"自己披阅"，即使有不识字者，也可找能识字之亲友"看书朗读"便可习得书中之理。

（3）保存本文文意

贺清泰（Louis Poirot）在《古新圣经》译序中指出"翻译《圣经》的人……唯恐背离《圣经》本意……那些翻译的名士……完全按着《圣经》的本文文意，不图悦人，惟图保存《圣经》的本文文意……圣贤既然都是这样行，我亦效法而行……贵重的是道理"。贺清泰的这些言说意在表明其译法有古法可依，圣贤皆如此，故效法而行，古人依《圣经》本文文意，不求译文华丽，"不图悦人"，不顾译语文理习惯，不求译文通俗，因为原文道理更紧要宝贵。据此可见，贺清泰认为翻译应直译原文语言以保存"本文文意"。

总体而言，清初传教士的译文比明末传教士的译文在语言表达上有了提高，不止求"粗达言义"，还求"兼通雅俗"，而且重视普通民众"俗言常语"的使用。此阶段传教士的翻译理论基本上是提倡译文能够通俗易懂。结合前期传教士的翻译认识，可以发现传教士随着自身汉语水平的提高以及翻译实践经验的积累，其翻译理论也有了进步。

2. 士大夫的翻译理论

（1）通俗明晓

在明末清初，翻译虽以传教士为主力，但也有不少士大夫参与，尤其是初期，传教士都有固定的士大夫合作者。这些通西学的士大夫中较有影响的主要有徐光启、李之藻、杨廷筠、王征等人，但他们的主要功绩在于科学翻译实践，鲜有翻译理论问题阐述，仅有的翻译问题相关论说也多是关于翻译之目的功用、译书种类之选择等方面。例如，徐光启的"裨益民用""会通超胜"说，王征的"资耳目""资手足""资心"说，杨廷筠、李之藻的"译西书广文教"说，都是阐述翻译的目的、功用等问题。尽管如此，也有少数认识谈及了更为深层的问题，反映了他们的翻译理论。王征在其笔录邓玉函口授的《远西奇器图说录最》译序中写到"余则信笔疾书，不次不文，总期简明易晓，以便人人阅读"。从其表述来看，王征在翻译中遵循的原则与理论是不文、简易、明晓，以供人阅读，简单来说就是通俗易懂。

（2）"正译"存意顺气

如前面所述，明末清初虽出现翻译的新高潮，但翻译的理论认识却并无多大发展，多数翻译论说主要谈论翻译的目的、功用以及迫切性等问题，触及翻译标准的本体论说比较少见。但是在清朝中叶乾隆时期，翻译理论出现了新的发展。

魏象乾于乾隆庚申年（1740）作《繙清说》，阐述了翻译的标准或原则要求、翻译之术的习得经验、清文译书评价等问题，其论说是明末至清朝中期极为少见的翻译问题本体认识。有关翻译标准或原则，魏象乾开篇指出，"窃惟翻译之道……信乎千变万化、神妙莫测也……遂有出入失正之弊……夫所谓正者：了其意、完其辞、顺其气、传其神；不增不减、不颠不倒、不恃取意。"可见魏象乾认为好的翻译即"正译"，需了意、完辞、顺气、传神，也就是译文要在意义内容、风格神韵等方面忠实于原文，这可谓接近后来的信达雅、忠实、通顺、美等翻译理论。对于正译的不增不减、不颠不倒，他进一步指出，"盖增者，以汉文之本有含蓄也，非增之，其意不达；减者，以汉文之本有重复也，非减之，其辞不练……非颠倒，则扞格不通，非取意，则语气不解。此以清文之体，有不得不然者，然后从而变之……殊不知愈显其长，而愈形其短；愈求其工，而愈失其正矣"。这表明魏象乾虽然认为译文也应在语言风格上忠实于原文，但因为汉满两种语言在语言表达、文体风格等方面存在的各种差异，必要时也必须恰当地增减、颠倒，以"意达、辞练、气解"，同时也不能因为满语"稍优"而过于意译，否则也是失其正。他认为，满文译书之中，不出不入，得汉文之奥旨、清文之精蕴者，要数《资治纲目》《四书大注》译本。"不出不入"表明魏象乾认为翻译在内容上要忠实于原文，"得汉文奥旨、清文精蕴"则说明他认为译文在语言表达上要符合译入语表达习惯与风格。魏象乾之"正译"与后来马建忠之"善译"有异曲同工之妙。《繙清说》作为此阶段仅有的翻译本体问题专论，将翻译理论认识推向了新的阶段。

（三）近代国内翻译理论

1. 洋务派与传教士的翻译理论

这一时期早期不少翻译理论延续和发展了明末清初的观点，例如，林则徐、魏源、徐继畬等"开眼看世界"之人强调翻译的社会功用，冯桂芬撰文专述翻译之重要，呼吁翻译西书，提出创办翻译公所培养译才等。

这一时期，也有传教士发表的翻译论反映了一定的翻译理论。江南制造局翻译馆的傅兰雅在其28年的译馆生涯中，翻译了大量西书，他是这一时期传教士中仅有的对翻译理论认识有贡献者。在《江南制造总局翻译西书事略》一书中，傅兰雅专辟章节阐述了翻译问题，《论译书之法》与《论译书之益》两章系统地阐述了其翻译认识。他详细论述了汉语翻译中的科技译名问题，指出科技翻译中要统一译名，提出"必须做到词义正确，不易误解，使用方便，表达贴切"。他认为科技翻译不可失原书要旨，要易于领会。

2. 维新派的翻译理论

前面提及的翻译人士，无论是中士还是西士，谈论翻译时要么是在译序中提及为止，要么是谈其目的与功用，鲜有论述翻译本体问题，触及翻译标准时也只是只言片语。而就翻译本体的认识而言，中国近代对翻译理论做出最大贡献的，主要是维新派人士。其中马建忠、梁启超、严复等人都对翻译理论认识有重大贡献，尤其是严复。

（1）马建忠之"善译"

马建忠对翻译理论发展的最大贡献在于1894年的《拟设翻译书院议》。他在文中明确阐述了其翻译理论认识，提出了为人熟知的"善译"，认为译文如果其读者所读之感受如同阅读原文之感受，则该译文可称之为"善译"。如其所言，"夫译之为事难矣！……必先将所译者与所以译者两国之文字深嗜笃好，字栉句比，以考彼此文字孳生之源，同异之故……务审其音声之高下，析其字句之繁简，尽其文体之变态，及其义理精深奥折之所由然……确知其意旨之所在，而又摹写其神情，仿佛其语气……适如其所译而止，而曾无毫发出入于其间。夫而后能使阅者所得之益与观原文无异，是则为善译也已。"

马建忠认为翻译不是一个简单的过程，想要翻译好，就需要深入了解并比较两种语言的差异与共同点，弄明白两者各自的特点，对比两者句子、文章等方面的异同之处，在翻译的时候一定要彻底弄明白原文的含义，然后尽量不要改变原文的语气、风格、神韵等。只有这样，读者才能体会到原文想要表达的含义。

（2）严复之"信达雅"

这一时期最为著名的译家当属严复，其译作《天演论》影响深远。康有为曾赞严复"译《天演论》为中国西学第一者也"，蔡元培也曾说："五十年来介绍西洋哲学的，要推侯官严几道为第一"。严复不仅有不少译作，也有重要译论。严复虽未撰文专论翻译，但其译作都附有译例言，介绍译书之内容、翻译之困难等问题，也阐述了其对翻译本身的认识。国际知名学者刘宓庆曾言，"信、达、雅"作为翻译正法，是近代以来数百年中国翻译实践的理论升华，具有不可替代的理论价值，且在翻译理论界得到继承与发展。著名翻译理论家刘重德就将"信、达、雅"同泰特勒的三原则相对比，取其精华，结合实践，把翻译原则发展为"信、达、切"（faithful-ness, expressiveness and closeness），认为"信是保全原文意义，达是译文通顺易懂，切是切合原文风格"，全面清晰地界定了这三个翻译原则。

严复最重要的翻译理论主要见于《天演论》译例言，他正是在该文中提出了影响译界深远的"信达雅"三字。该文指出，"译事三难：信、达、雅。求其信，已大难矣！顾信矣，不达，虽译，犹不译也，则达尚焉……译文取明深义，故词句之间，时有所颠倒附益，不斤斤于字比句次，而意义则不倍本文。"由此可见，严复认为翻译要达到信达雅十分不易，做到信于原著本就很困难，而如果信于原文却又使译文不通顺、不晓畅，译了就如同没译一样，因而信的同时也要注重达。

严复理论中的达是就译文语言表达而言，要通达晓畅，不执着于原文措辞句序，要符合译语习惯；信则是就原文内容而言，要不背原文，即忠实于原文内容。他认为西文句法，少者二三字，多者数十百言，假令仿此为译，则恐必不可通，而删削取经，又恐意义有漏。此在译者将全文神理，融会于心……凡此经营，皆以为达；为达，即所以为信也。严复在《群己权界论》译凡例中也指出，原书文理颇深，意繁句重，依文而译则让人难以理解，因而不得不略为颠倒，此乃中文译西书之定法。可见，严复认为西文与中文句法相异，仿写西文句法会令译文表达不通，删减又会遗漏原意，因此先须透彻理解原文全部精神，然后融会贯通，下笔时适时颠倒附益，不纠结于原文措辞句序，而且他指出，这是中文翻译西书的"定法"，如此方可得译文之达，译文之达也就是于原文之信。

由此可见，严复认为信与达二者不可分。对于雅，严复指出，古人认为文章必须遵循"诚、达、文"原则，即文字准确、流畅、优美，这不仅是做文章遵循的正轨，翻译也须以此为标准，因此译文只是信和达还不够，还要有文采，要尔雅，这样便可影响长远。简而言之，严复认为翻译的信达雅要求译文内容上信于原文，译文表达上要达于译语，文采上要求其尔雅。其信、达、雅三字虽是从翻译之难的角度论述翻译，但却反映了他的翻译理论，后世也将其视为翻译标准，可以说严复开了翻译标准明确论述之先河，对后世翻译标准思想影响深远。

（3）梁启超之"不失西义、不梗华读"

梁启超在《变法通议》中专辟《论译书》一章阐述了翻译理论问题，反映了他的翻译标准思想。他指出"译书有二敝，一曰徇华文而失西义，二曰徇西文而梗华读……凡译书者，将使人深知其意，苟其意靡失，虽取其文而删增之，颠倒之，未为害也。"梁启超认为徇华文失西义和徇西文梗华读都是翻译之弊端，皆不可取，翻译要令译文让人深知其意，苟使其意靡失。从翻译标准角度而言，梁启超上述之言表明他认为翻译应不失原意，不梗华读，不失西义，从现代认识来看就是意义内容忠实于原文，译文表达符合译语习惯。在《新中国未来记》中，梁启超写到"谓必取泰西文豪之意境之风格，熔铸之以入我诗，然后可为此道开一新天地……顾吾以为译文家言者，宜勿徒求诸字句之间，惟以不失其精神为第一义。"他在此指出文学翻译取泰西文豪之意境风格熔铸我诗，开辟我诗之新道，同古罗马时期安德罗尼柯等人译介希腊戏剧有异曲同工之妙。他认为文学翻译第一要义是不失原作精神，不可求字句之等同。

(四)现代国内翻译理论

中华人民共和国成立后,各行各业亟待发展,由于技术匮乏,中国开始了向苏联学习的发展时期,在翻译实践与理论方面也是如此。这一时期,大量的无产阶级思想通过翻译的形式引进和传播,让人民逐渐了解了苏联的工人运动和工人生活方式。由于多语种翻译实践的大量开展以及受国外翻译理论,例如,苏联语言学派译论的影响,这一时期我国译者的翻译作品日趋系统化,学者们的翻译研究也更为科学丰富,开始从翻译的各个角度进行论述逐渐形成体系。

中华人民共和国成立后到改革开放前的这段时期一般被认为是中国传统译论的转型期。这一时期主要是以文学翻译为主,各位译者与学者的翻译研究逐渐形成体系,开始更多地关注原文与译文之间的关系,包括原文的写作风格及美学特征等,译者主体性等问题也开始受到重视与研究。总之,这一时期的中国传统译论更为客观成熟与全面科学。

改革开放后,中国传统译论的发展曾陷入一段时间的瓶颈期,到八十年代后半期,谭载喜等人主张建立翻译学,他认为,"由各种理论构成的知识体系,其任务是揭示翻译过程的客观规律,探求关于翻译问题的客观真理,给实际翻译工作提供行动指南。"此外,译诗成就极高的许渊冲的翻译理论是传统与现代的结合,是忠实与创造的统一。他就翻译诗歌提出了作为本体论的"三美论"(音美、意美、形美)、作为目的论的"三之论"(知之、乐之、好之)和作为方法论的"三化论"(等化、浅化、深化),对诗歌翻译具有高度的指导意义,同时极大地丰富和完善了中国传统译论,使之更为系统化,具有更高的科学性。

1. "直译"翻译理论

茅盾的"直译"翻译理论观及发展脉络主要可通过以下六篇文章进行把握:在《致宗白华》中,茅盾声称,"完全直译的缺点是一般人不能十分懂,而对于西洋文法毫无门径者更甚",他指出完全采用直译的方法可能使译文晦涩难懂。

在《译文学书方法的讨论》中,茅盾肯定了直译的重要性,认为"翻译文学之应直译,在今日已没有讨论之必要",翻译文学书时要注意两点,即"单字的翻译正确"和"句调的精神相仿"。但他同时也指出,"直译的时候,常常因为中西文字不同的缘故,发生最大的困难,就是原作的形貌与神韵不能同时保留。"

针对这一困难，茅盾的意见是"与其失神韵而留形貌，还不如形貌上有些差异而保留了神韵"，强调神韵比形貌更为重要。

在1922年的《"直译"与"死译"》一文中，茅盾将"直译"与"死译"进行了区分，认为"看不懂的译文是死译的文字，不是直译的"，直译这一方法本身没有问题，但是需要译者认真对待，"不要把'直译'看作一件极容易的事"。同时，茅盾从深浅两个层面阐释"直译"，认为"直译的意义若就浅处说，只是'不妄改原文的字句'；就深处说，还求'能保留原文的情调与文格'"。

1934年，在《直译·顺译·歪译》中，茅盾指出"直译"不等同于"顺译"或"歪译"，因为"歪译"会歪曲原作的思想和风格，但"直译"是为了让人"看得懂"，其"原则并不在'字对字'一个也不多，一个也不少。'直译'的意义就是'不要歪曲了原作的面目'"。

1937年，在《〈简·爱〉的两个译本》中，茅盾再次强调直译的重要性，认为"翻译界的大路还是忠实的直译"，同时指出"直译方法如果太拘泥于'字对字'便容易流为死板，使译文缺少了神韵，变成死译"。

1980年，在《〈茅盾译文选集〉(序)》中，茅盾写道，"五四运动前后开始用白话文翻译……'直译'这名词，就是在那时兴起的，这是和'意译'相对而说的，就是强调要忠实于原文，在忠实于原文的基础上达到'达'和'雅'"。他同时指出，"字对字"的译法不是"直译"而是"死译"，"直译""不要歪曲了原作的面目，要能表达原作的精神"。虽然茅盾几乎一直都主张直译的方法，但在这篇文章中，他认为译诗应采用意译的方式，而且这个"意译"是"对于死译而言的意译，不是任意删改原作的意译；换句话说，就是主要在于保留原作神韵的译法"。同时，茅盾提出意译也应该有些限制，"除了要有原诗的神韵外，还要不任意删节原文，合乎原诗的风格"。

由此可以总结出茅盾"直译"翻译理论的核心内容有以下几点：

首先，直译的方法值得肯定，完全可以应用于文学翻译，其重要性不容忽视。

其次，"直译"从本质上来说不等于"死译""歪译"或"字对字翻译"，理应和这些概念加以区分。

最后，直译的意义从浅层次来说是要做到单字翻译正确，句调精神相仿，从深层次来说则要保留原文面目，传达原作精神。

客观来讲，茅盾对"直译"的论述其实是有缺陷的。最明显的一点就是，茅盾并未对"直译"进行明确的定义，而只是阐述了它的性质和意义，无法让人直接把握住茅盾"直译"思想的根本内涵。这一点其实也反映了传统译论普遍存在的问题。另一个缺陷在于，茅盾关于"直译"的论述非常零散，缺乏一定的理论体系，存在着被断章取义或者被误读的可能。但与此同时也必须看到，茅盾的"直译"翻译理论有着极大的进步意义。首先，上述的第二个缺陷，换一个角度来看，却也恰恰反映了茅盾"直译"翻译理论的连续性。茅盾在提出对"直译"的论述之后并没有置之不理，而是在前后六十多年的时间里不断修正，使其逐渐发展成更为完善的翻译理论。其次，茅盾能够辩证地看待直译的优点与不足。他一方面肯定了直译的必要性，另一方面也指出了仅靠直译可能带来的问题，例如，过度的直译会导致读者看不懂译文，或者无法同时保留"形貌"与"神韵"等。十分难得的是，茅盾虽然在《〈茅盾译文选集〉（序）》中认为"直译"是和"意译"相对而说的，但他并没有将这两者置于水火不容的两端，而是在肯定直译时也未否定意译，并且还承认译诗时应采用意译的方法。这一点不同于与其同时代的其他一些学者的观点。例如，周作人在1918年《答张寿朋》一文中写道，"当竭力保存原作的'风气习惯，语言条理'；最好是逐字译，不得已也应逐句译，宁可'中不像中，西不像西'，不必改头换面"；傅斯年对直译的支持也略带偏激，认为"直译没有分毫藏掖，意译却容易随便伸缩……直译便真，意译便伪；直译便是诚实的人，意译便是虚诈的人"。综上所述，茅盾对"直译"的论述更为客观全面，没有将"直译"与"意译"视作泾渭分明的两个概念，而是上升到了辩证统一的高度，带有传统的中庸智慧，给当时以及当前的直译意译之争均提供了良好的借鉴。

2. "化境"翻译理论

钱钟书提出了翻译的"化境说"。他指出，"讹""化""囮"是同一个字，"译""诱""媒""讹""化"这些字一脉通连，意义彼此呼应，把翻译的作用、难于避免的毛病、向往的最高境界都一一道出。这最高境界就是翻译的最高标准，也即钱钟书所说，"文学翻译的最高标准是'化'"。这最高境界的化，他认为是"把作品从一国文字转变成另一国文字，既能不因语文习惯的差异而露出生硬牵强的痕迹，又能完全保存原有的风味，那就算得入于'化境'"。译文不牵强生硬也就是表达通顺地道，完全保存原文风味就是忠实于原文风格神韵，这样的译文就如原作的"投胎转世"，虽然躯壳换了，但精神依然保留如故，看不出翻译痕迹，忠实得让人读起来根本不像是译本。然而他指出，由于两国文字之间的距离，译者的理解与译文风格与原作内容与形式之间也难免产生距离，译者的表达与理解体会之间又时常存在距离，这诸多距离的产生，使得一种文字表达的内容要安稳达到另一文字里会是艰辛的历程，不免会有遗失或受些损伤，最终的译文难免不能完全贴合原文，这就是翻译之"讹"。钱锺书之化境与茅盾之神韵、傅雷之神似都强调传达原作之"气质"，可谓一脉相连。罗新璋认为钱锺书之化境可视为神似的进一步发展。在罗新璋看来，佛经翻译时期的理论认识到钱锺书的化境说的发展，构成了中国翻译理论认识发展的一条脉络，即按本——求信——神似——化境，四者既各自独立，又相互联系，渐次发展，构成一个整体。

3. "三美"翻译理论

翻译家许渊冲指出忠实与通顺即信与达现在还是大家都认同的翻译标准与理念，忠实对原文而言有两方面，内容与形式，二者有时一致，有时矛盾，存在矛盾时，应忠实于原文的内容，不用拘泥于原文的形式。

值得一提的是，三美理论并非许老先生首创，此理论最早可见于鲁迅先生《自文字至文章》："诵习一字，当识形音义三：口诵耳闻其音，目察其形，心通其义，三识并用，一字之功乃全。其在文章，……遂具三美：意美以感心，一也；形美以感目，二也；音美以感耳，三也。"许渊冲关于这个观点的看法在《翻译的艺术》一书中讲道："我觉得这个原则不但可以用于写诗，而且可以用于译诗。精炼就是要传达原诗的意美，大体整齐就是要传达原诗的形美，押韵就是要传达原诗的音美"。虽然"三美"并非其首创，但"三美"第一次作为翻译理论提出是在许渊冲1979年发表于《上海外国语学院学报》第1期的《毛主席诗词译文研究》一文中的。他认为译诗不但要传达原诗的意美，还要尽可能传达它的音美和形美。这就是他主张的"三美论"。详细来说，三美理论是指意美、形美和音美。意美，指翻译后的诗歌表达的意境和原文一样能打动读者的心；形美，指翻译后的诗歌在格式上注意对仗，保持整齐；音美，指翻译后的诗歌能押韵，读来琅琅上口。

总的来说，许老先生认为忠实的译文最好要做到正确、精确、明确"三确"，也要做到通用、连用、惯用"三用",就是使用我国目前所通用的语言,用词能够和上下文连用,符合汉语的惯用法。他认为忠实和通顺一般是一致的,如果二者之间出现矛盾,那么"应该把忠实于原文内容放在第一位,把通顺的译文形式放在第二位,把忠实于原文的形式放在第三位"。可见,许渊冲认为三者之中,内容为首,原文形式必须让位于内容忠实与译文通顺。他认为翻译中不仅要坚持忠实通顺这必要条件,还要扬长避短,发挥译文优势这一充分条件,这一优势发挥得越好,译作就越好。如前面所述,他在论毛主席诗词翻译时首次提出"三美"翻译标准主张,"意美以感心,一也;音美以感耳,二也;形美以感目,三也",诗歌翻译就需要达到这三美,不仅要传达原诗之意美,还要尽力传达其音美与形美。他指出,意美、音美、形美的基础是意似、音似、形似,三者之中,意美最重要,音美其次,形美最次要,在意美的前提下应求音美,意美、音美前提下再求形美,力求三美具备,若三者不可兼得,则可不求形似与音似,但要力求传达原文之意。

4. "信达切"翻译理论

湖南师范大学教授刘重德从译者立场提出了"信达切"三原则,即"信——保全原文意义;达——译文通顺易懂;切——切合原文风格。"在他看来,信于原文意义就是严复所说的不背原文,就是翻译家泰特勒(A. F. Tytler)的完整地再现原著思想内容,自然应是翻译的第一个最重要的原则,达于译语使其通顺易懂是第二个最重要的原则,若译文结结巴巴让读者不知所云,那便失去翻译的意义了。这两条原则无论是称之为忠实和通顺,信和顺,还是信和达,都是译者必须遵循的最基本的两项原则。在既忠实又通顺之基础上,必须进一步探求风格的切合,如此方可使译文尽善尽美。他指出,这三原则要圆满地实现并非易事,尤其是切合原文风格更是难上加难,但译者必须尽最大努力,唯有如此,才能使译作达到忠实于作者、忠实于原文、忠实于读者这三忠实。可见,刘重德认为翻译的首要任务是忠实,他认为忠实性是翻译的准则。其忠实性就是保存原文意义、通顺易懂、切合原文风格,就是信达切三原则的概括。刘重德后来反复阐述其信达切原则,将最初的通顺易懂之达修订为"达——译文明白通顺",此后他继续将此三字的解释简化为"信——信于内容;达——达如其分;切——切合风格"。达如其分就是译文在文字通顺的基础上,表达的深浅也要与原文接近或者类似。

5."等值、对等、等效"翻译理论

上海外国语大学教授黄锦炎提出了信息等值观。他认为,翻译是语际间的信息传递,是将一种语言话语结构蕴含的各种信息贴切等值地传递到另一种语言话语结构中的语言活动,这种语际信息传达活动的目的就是把原语的信息尽可能等值地传达给译语的读者,翻译中尽可能使语际信息传递达到等值,也就是翻译应达到的标准,即信息等值。在他看来,翻译要传递的话语信息是一个由内部信息和外部信息构成的信息集,前者包括语义信息、文化信息和逻辑信息,与意义内容相关,后者包含语法信息、语音信息、节奏信息和风格信息,与语言形式相关。他认为语义信息是话语结构的主要信息,构成话语信息的核心,文化和逻辑信息包含于语义信息中,外部信息相对而言是次要的附带信息,体现语言的特色,是美学信息载体,在翻译特别是文学翻译中,不可忽视。他指出,翻译不仅要忠实地传达内部信息,而且还要尽可能地传递外部信息,如果译文传达的信息与原文等值,也就实现了对原文的忠实,因而可以说等值标准与忠实标准二者完全一致。

6."正确、准确"翻译理论

著名教育家林汉达较为明确地探讨了翻译标准,提出了"正确"翻译理论。在他看来,信、达、雅、忠实、通顺、美、形似、意似、神似,都把翻译标准分裂为三,这是不妥的,信、忠实、形似是翻译的基本要求,不能算作标准,而达、通顺、意似或雅、美、神似更不能算作翻译的标准,而是中文语法问题。在他看来,翻译不能分裂直译与意译,真正的直译并不反对真正的意译,真正的意译也不反对真正的直译,正确的翻译不应有此之分,正确的翻译既是直译也是意译,分不出直译或意译,正确的翻译不必完全依据中文心理,必要时可以采用外来字句和表达法,但也不是无边的采用外来词句法,尽可能使其符合中国语文习惯,若能极力保存原文结构,忠实传达原文意思,又使译文通顺符合中文习惯,这就是最理想的。

林汉达认为就翻译的原则而言,唯一原则就是正确,就是尽可能按照中国语文习惯,忠诚地表达原文意义。这是林汉达的"正确"标准。

7."神似"翻译理论

"神似"是中国的主流翻译话语,沉淀了中国式翻译的经验和智慧,一直被视为文学翻译的最高境界。著名法语翻译家罗新璋曾将"神似"视为中国翻译思想史中的一个标志性节点——"案本→求信→神似→化境"。

实际上,一百多年来译界围绕"神似"的讨论和争议远远超过其他翻译话语,论者从各自的立场和理解出发,形成了各种说法。但是他们大都用感性模糊的词语来描写"神似"的感觉,或者用隐喻性的语言将这种感觉化虚为实,带有较强的主观性和随意性;后来的论者对"神似"进行了系统梳理、逻辑推究和学理思辨,并且融入一些现代性元素,以语言结构、修辞和格调等为依据,围绕"神似"与"形似"来阐述两者之间的关系,进一步强调了"神似"在翻译中的作用和意义,但其研究视角没有根本性改变,其结果仍然是一个模糊概念替换另一个模糊概念。浙江大学教授许钧就认为翻译中的"形"与"神"问题,是讨论最多、意见也最难统一的根本问题之一。翻译中的"神似"发端于中国传统美学。传统美学是在"观象制器,观物取象;近取诸身,远取诸物"式的感性思维和隐喻思维上形成的。一百多年来"神似"论者基本上依样画葫芦地将之继承在翻译论之中,因此"笼统、融浑,全凭妙悟自得,只能神而明之"仍然是这一话语的主体面貌。

如前面所述,傅雷提出了翻译的神似观。他认为中西方不同民族的思维和美学原则相差很远,西方语言有很强的分析性、散文性,而中文则有很强的综合性、诗性。这两种不同的美学原则使得双方的词汇表达存在很多差异,因此不能迁就原文字面、句法,而要从原文的主旨出发。他同时也认为不能完全不顾原文句法,而要在最大限度内保持原文句法,但又要确保尽管句法新奇却不失为中文。这表明傅雷认为原文句法的保持要以符合中文句法为前提,以传达原文意义和神韵为前提。在他看来,翻译与临画虽然都求神似,前者却更难,临画所用素材与法则均相同,而翻译中,译本与原作在文字和规则上都有很大差异,诸多困难决定了要在翻译中传神达意绝非死抓字典照搬原文句法所能济事,所以翻译之事难,即使是最优秀的译文,与原文相比,其韵味仍然难免过或不及。但也不可因此而生畏难之心,翻译时尽量缩短过或不及之距离,尽力使译文不仅完好地传达原文之意义精神,更要流畅完整,不至于以辞害意,或以意害辞。

当然,关于"神似"的翻译理论,我国不同学者也都各抒己见。文学翻译家王科一认为"译诗的起码的、但也是首要的要求,是传达原作的境界,要入神,这也可以说是译诗的'极致'"。可见王科一译诗的首要要求也就是译诗的标准,在于入神地传达原诗境界。他认为诗歌翻译中，原作形象切不可更改，句法结构也要尽可能少的变通，要力求在貌似与神似之间达到辩证统一。句法结构少变通也就是尽量保持原文语言形式特征。可见他认为在传境界的同时要存原作形式，不仅传其神也存其形，译诗要以传达境界为主，其次也要移植形式。诗歌翻译在此前有郭沫若、闻一多等人进行过探讨，他们都指出诗歌翻译标准应是求神似、传神韵，王科一的境界为主也即神韵为主，他还认为要在境界传达的前提下尽量保存形式。

翻译的神韵、神似标准最早在20世纪20年代提出。刘半农最早提出文艺作品的情感、语言文字的神情在翻译中的传达；茅盾则最早明确提出翻译不可失神气句调，与其失神韵存形貌不如留神韵失形貌；郭沫若提出风韵译，不走失原作的风韵；成仿吾提出理想的译诗，其原作情绪的传译不可少；闻一多提出诗歌翻译须捉住原作精神气势；曾虚白认为翻译应求神韵、求达；陈西滢提出形似、意似、神似三境界；朱生豪指出，翻译力求保持原作神韵，必求晓畅、忠实意趣；金岳霖提出译意与译味；至傅雷时提出翻译要重神似。这些论说尽管名称有异，其本质却相同，都是强调"神"先于"形"，求重现原作之"气质"而不仅仅是其"衣帽"。20世纪50年代，翻译家王以铸也阐述了神韵问题，他认为好的翻译不只是逐字硬搬原文字句，而是注重传达原文神韵。要传达这原作神韵，必须深入了解原文内容，尽一切可能切实地研究原作写作的外国语言，这是"把握原作神韵的先决条件"。王以铸认为要在翻译中保存神韵，不能使译文躺在纸上半死不活，而是要使每字每句都跃然纸上生龙活虎，要用我国口头上的生动语言，不仅正确地传达原作内容，而且要充分地传达原作精神，力图使译文读者与原作读者获得相同收获。可见，王以铸认为神韵之译是符合译语习惯的通顺地传达原作内容与精神的翻译，译文读者与原文读者所获效果相同的翻译。这种好的翻译虽非一蹴而就，但不可不以这一标准来要求翻译工作，如此方能"取法乎上，仅得其中"，这是提高翻译质量的必由之路。

8. "真善美"翻译理论

翻译理论家张今提出了文学翻译的"真善美"翻译理论。他指出，在翻译中要坚持三项基本原则，即真实性原则、思想性原则、内容和形式和谐统一或叫艺术性原则。他认为真实地再现原作艺术意境是衡量文学翻译艺术价值的主要标准，真实性包括细节真实、社会真实和艺术真实。实现真实性原则也就达到同等的艺术效果。思想性原则要求用最先进的世界观来处理文学翻译中的各种问题,要有为政治、经济、文化进步服务的效果。艺术性原则要求在翻译中真实地再现原作的艺术意境。张今认为文学翻译的标准就是这三项原则,即"真实性原则——真;思想性原则——善;艺术性原则——美"。"真"相当于信达雅之信,"善"相当于达雅,"美"相当于雅。文学翻译的最高境界是"真善美",三者互相包含,辩证统一。

9. "忠实、通顺"翻译理论

复旦大学外文系教授丰华瞻认为翻译必须忠实原作,这是一个原则,否则便不算翻译,只能算是"译述"。翻译所要忠实的是原作的意义,而非原文之字句形式。他认为诗歌翻译应该忠实于原诗的意义,而不是其语法结构与词汇,也不是其行数、韵律,原诗的结构、韵律等形式方面都可以改变,而意义必须忠实;除了意义之外,还要传达原诗的"诗情",因为这是诗之所以成为诗所必须具备的特点。在他看来,诗歌翻译比散文翻译更具灵活性,诗歌往往将思想内容与语言的音韵之美结合起来。翻译时要做到既传达原诗思想内容又保留音韵之美并不容易,因此在忠实于意义与诗情的前提下,译诗可以比译散文更灵活一些,但是这种灵活也并非漫无边际的灵活,而是要以传达原诗思想内容与其诗情为依归,把诗译成诗。

二、国内翻译理论的特色

(一)与社会历史环境相伴生

在中国遭受外国列强侵袭,国门被迫打开的时期,人们在危难之中认识到了改革开放的重要性,也认识到了语言交流的重要性,发现了翻译的意义,与和平时代的文化交流不同,中国的翻译理论往往对语义的准确性要求更加严格,翻译与现实社会的联系更加紧密,中国的翻译较之国外显得更加务实和严密,更能反映翻译的实践价值。

中国的翻译理论常常会出现对文体形式的选取,多次翻译论述的情况,之所以会出现这些现象，是中国翻译存在的社会历史环境所导致的文化差异性。中国的文化博大精深，写不同的内容往往会使用不同的文体、不同的论述方式，因此，在翻译时，也会不同于其他的翻译形式，中国的翻译学要深深植根于民族文化的土壤。

（二）中国特色翻译理论将翻译上升到艺术

在中国，翻译更多地被定义为一种艺术而不是科学，自古翻译就具有艺术性，中国佛经翻译家提出的"依实出华"，19世纪末严复提出的"信达雅"都是很经典的艺术译作。

后来林语堂在《论翻译》首次提出了翻译的艺术性这一概念，被广大学者所广泛接受。运用主观创造力去进行翻译，把翻译当作一种特殊的创作活动，是翻译工作者所追求的一种境界，就像中国学者对文学作品的阅读，比起精确，更喜欢追求其中的意境，更向往文学作品中的"雅"。虽然后来也有争议，认为追求艺术性部分时候不符合翻译理论讲求准确的特点，但是这一争议并没有占据主要的思想，创作活动是为表达或抒发情感而进行的，"神韵"依然是翻译界长期讨论的核心问题，后来的翻译作品更是充分表明中国的翻译理论侧重于传达文字背后的艺术价值，侧重于体现翻译活动背后的人类情感和灵魂的交流。

（三）中国特色翻译理论仍有发展空间

对于中国特色的翻译理论，一个较为被动的问题是其理论的系统性还不够完备，翻译活动与其他社会、经济、政治等的衔接还不够顺利，基本范畴缺乏，传统译学多数借用中国传统哲学和文艺学的术语，理论难以深入和展开翻译是一种社会活动，受到多方面因素的影响。在建设自己的理论体系的过程中，还有待于传承优势，加强其结构框架构建，增强理论意识，形成有效的理论体系。

（四）中国特色翻译理论朝着多元化方向发展

翻译理论的研究已经开展多年，在前人研究成果的基础上，不断创新。中国的翻译理论体现了翻译活动的能动性、复杂性、人文性、动态性，具有多元发展的趋势。一直以来，中国的翻译理论研究都在试图做出更深入的探索。

第二节 国外翻译理论研究

一、国外翻译理论的发展历程

（一）古代的国外翻译理论

西方有关翻译问题的阐述出现在约公元前5世纪。古希腊作家希罗多德（Herodotus）记述了不同语言文化的人是如何成功交流思想的，这相当于今天的跨文化交际，但这还不是对翻译的真正意义上的认识。

约300年后的《阿里斯狄亚书简》（记录了圣经《旧约》的《七十子希腊文本圣经》）翻译活动。该书简记录到，神父和部落首领认为该译本"译文译得好而虔诚，各方面都十分准确，因而必须保持原状不可修订"，从其"准确"（accurate）——词，以及译者受到神的感召、神的旨意不可曲解与更改等阐述来看，其遵循的翻译标准当是"准确"，即准确传达原文的一切，表面看来这类似于现在的"对等"或"忠实"标准，但此译本的准确或忠实在于原文的词语表层意义和句子结构，使用直译甚至死译方法，追求表层的形式对等。

1. 意义忠实翻译理论

这类翻译理论以原文的意义为出发点，力求在翻译中传达原文的内容或意义，而非表层形式。译文不拘泥于原文形式，措辞组句灵活，寻求符合目的语习惯的表达。持此观点的代表人物是首次提出了类似现代"直译"与"意译"观的古罗马著名政治家马尔库斯·图利乌斯·西塞罗（Marcus Tullius Cicero）他在《论演说家》中提到他灵活地翻译希腊伟大演说家们的演说，用最好的、读者最熟悉的拉丁语词将希腊语译入拉丁语，还通过类比创造了合适的新词。可见西塞罗主张译文需符合译入语习惯，让"作者走向读者"，以译入语的表达习惯忠实地传达原文意义和内容。

这一阵营的另一位重要人物是罗马翻译家昆图斯·贺拉斯·弗拉库斯（Quintus Horatius Flaccus），在《诗艺》中，他提出翻译中"用自己的话进行模仿"的观点，可见他也认为翻译中不能逐词译。他还明确提出了"意译"翻译的概念，认为忠实的译者，不要逐词译，而要意译。

至此，逐词译或直译与意译的概念明确提出，成为后世一直争论不休的两种翻译方法。之后的神学家哲罗姆（Jerome）提出区别对待文学翻译和宗教翻译，在世俗文学的翻译中，他也主张意译，在《论最优秀的译者》中，他指出，在翻译希腊作品时，除了就连句法都包含神秘玄义的《圣经》外，我都采取意译（sense for sense）而非直译（word for word）的方法，他一直力图译出原文的内容，而非字面语言表述。这些沿着直译与意译两种分法展开的阐述都反映了意义忠实标准的观点。

2. 形式忠实翻译理论

当时讨论的另一主题是翻译的形式忠实问题。与意义忠实不同，形式忠实力求紧扣原文表达形式，在操作层面采取逐词译法，译文拘泥于原文表层特征，措辞死板，句子结构僵硬，容易陷入死译泥潭。这种观点与后世的形式对等有些类似。斐洛·尤迪厄斯（Philo）就持这种主张。他是早期颇有影响的圣经翻译家，认为圣经翻译需受上帝感召，只有神学者才能翻译圣经。在他看来，神的旨意不可更改、不可歪曲，就连具体的词序、措辞方式等都不能变动，因此他在翻译中采取逐词直译的方法。他在《七十子希腊文本圣经的创作》一文中谈到，"如同数学和逻辑的严谨一样，已表达出的意义不允许其译文在表达上有任何改变，必须保留原文的原本形式"。可见尤迪厄斯认为要忠实于原文语言形式。其后的奥古斯丁（Augustine）也支持直译，他在《论如何翻译》中指出，"在检验那些试图同时译出词语意义和形式的译文正确与否时，必须参考那些逐词翻译、直译的译文"。在他看来，古拉丁译本《圣经》是最好的译本，因为此译本遵循原文的词语形式，而且在意义表达上也十分准确。由此可见，奥古斯丁也主张翻译中采取直译法，遵循形式忠实的标准理念。

3. 译文"达"翻译理论

"达"在此处意为译文表述通顺、通达，即在翻译中采取符合译入语的词法、句法习惯，并且视翻译为创造，试图与原文争高下。这种观点源于意译，又高于意译，力求充分展现译语的特征和优势，与原作竞争，有走向极端自由译的倾向，故此处单列为一类。此种观点的代表人物当属昆体良（Marcus Fabius Quintilianus）。他在《演说术原理》中谈到，"不会让释义成为简单的翻译，而要试图让译文在表达同一思想时与原文竞争"，在翻译中可以用最好的词，不必因为在译语中找到了比原文更好的表述而感到害怕。可见，昆体良主张翻译不仅要活译、意译，而且要"活译得彻底、意译得彻底"，要与原文一争高下。

（二）中世纪时期国外翻译理论

中世纪国外翻译实践继续发展，但理论方面的建树却不如古代。从事翻译的人大多只埋头翻译，少有发表理论观点，因此鲜有新的观点出现，对于翻译问题不是重复过去的观点，便是避而不谈。

1. 延续形式忠实翻译理论

中世纪也有人认为翻译要注重原文的形式，采取直译、逐词译的方法，这实际上是重复古代的直译观。其中，欧洲中世纪思想家波爱修斯（Boethius）是该推崇理论的代表人物。波爱修斯在《忠实译者的骂名》中谈到，"我恐怕要背上忠实译者的骂名了，因为我采取逐词对译的方法翻译原文的每个词，因为译文要表达的是无误的真理，因此，如果翻译时没有丝毫遗漏，那就是最大功劳了"，表明波爱修斯在翻译中力求逐词对译以确保毫无遗漏地表达原文真理。

2. 译语通俗翻译理论

"译语通俗标准"是指译文采取面向人民大众的通俗语言的原则，这与古代意义忠实标准的意译、活译有交叉之处。尽管两者都提倡活译，忠实于意义，但后者的核心在于使译文符合目的语表达习惯，前者强调的是要运用人民大众使用的通俗语言。这也与两者各自的社会背景密切相关，前者处于中世纪中后期，是译为欧洲当时的英语、德语等各民族语言，相比希腊语和拉丁语，这些语言都是普通大众、下层民众使用的通俗语言，而后者处于古罗马时期，是译为处于较高地位的拉丁语。持此类标准思想者以英国散文作家埃尔弗里克（Aelfric）为代表，他在《译为我们的大众语言》中谈到，"我翻译时采用我们的大众语言，不使用难词生词，而用平实的英语表达，以利于那些未学习其他任何语言的普通大众阅读或聆听"。这表明埃尔弗里克遵从译语通俗标准而使用大众的平实语言是有其特定目的，即要让译文更快、更容易地传入大众读者之中。

（三）文艺复兴时期国外翻译理论

文艺复兴时期不仅产生了大量翻译实践，理论研究也推上新的水平，不仅有较多关于翻译问题的探讨，还开始出现较为系统的翻译问题专论，形成初期的系统的翻译理论。至此，许多翻译观点也反映了当时遵循的翻译标准或原则。此阶段对直译或逐词译的形式忠实的关注不如此前，翻译认识着重于原文意义和译文通顺问题，基本可归为通顺标准与通俗标准，前者与古代活译的意义忠实标准一脉相承，后者是中世纪的符合大众语言的通俗标准的延续。

1. 译文通顺翻译理论

"通顺标准"在此指译入语取向的译文表达的通顺，要求译文符合译入语的语言规范和表达习惯。要达到译文表达的通顺，就要求意译、活译，以原文的意义而非形式为翻译对象。这实际上是古代意译观的发展。古代重在争论译出原文的意义还是形式的问题，而此时着重于用符合译入语表达习惯的语言译出原文的意义。两者差别在于意译所用语言并非一定符合译入语习惯，遵循通顺标准的翻译既能传达原文意，也符合译入语规范。翻译家乔治·查普曼（George Chapman）等人持译文通顺标准。查普曼认为，翻译中不能采取严格的逐词译，也不可走向过分自由的活译，他在《伊利亚特》译本《读者前言》中指出，"凡是有卓见而又谨慎的译者都不应遵循原文的词数与词序，而应追求其实质内容，仔细斟酌句子意义，要用最符合译入语的词汇、风格和形式来表达意义、装饰译文"。可见，查普曼认为翻译应该遵循译文通顺，符合译入语风格、表达习惯。翻译家汤姆·霍兰（Tom Holland）以大量翻译实践著称，他在翻译中"力求译文地道，不带外国腔"，他指出"我没采取矫揉造作的语言，而采用通俗的风格"，表明霍兰持译文通顺标准思想。这是当时译者们遵循的主要理论或原则之一：符合目的语习惯，力求译文通顺。

2. 译语通俗翻译理论

始于中世纪的译文语言大众化的通俗标准在本阶段得到了更大的推广，这得益于欧洲各民族语言的进一步发展，逐渐取得主导地位，希腊语、拉丁语等贵族语言逐渐失去中心地位。这在翻译中体现为力求译文符合各民族的语言习惯，使用人民大众的通俗语言，译法上采取活译意译，目标读者群体指向普通民众。此类翻译标准思想的主要人物有马丁·路德（Martin Luther）、艾蒂安·多雷（Etienne Dolet）等。

路德的宗教改革影响了德国甚至整个欧洲，他的德译本圣经被认为是"西方翻译史上对民族语言的发展造成巨大而直接影响的第一部翻译作品"。不仅如此，他的翻译理论认识对今天仍有启发。总体而言，他持译语通俗标准思想，力求使用普通民众的语言，采取活译、意译的方法。他在《论翻译的公开信》中指出，"只有白痴才会求助于拉丁字母以学习如何说好德语，你必须去询问家里的主妇、街上的孩子、市场上的市民，观察他们如何讲德语，然后以那样的方式翻译"。可见，路德坚持译文语言的通俗化、民众化，使用普通人看得懂、听得明白的通俗译文。

同时期的多雷也主张意译、活译，反对直译。他在《一种语言通向另一种语言的最好途径》中阐述了他的翻译观，论述了翻译的诸多方面，因此被一些学者认为是"西方翻译史上第一个比较系统提出翻译理论的人"。他在此文中指出"在翻译中不能屈服于直译、逐词译""应尽量避免采用过于拉丁化并且较生僻的词语，而要选用符合大众的通俗语言表达"。可见多雷也认为译文要符合目的语表达，要通俗易懂，使普通民众易于理解。

（四）近代国外翻译理论

近代，国外翻译理论相比此前有了一定突破，不再只是重复或延续以往的观点，可以说，在此阶段，翻译理论研究在西方翻译界出现了前所未有的黄金时代，翻译研究除了延续直译与意译等二分法论战之外，还出现了翻译的"三分法"。这些观点反映出了西方对翻译标准的新认识，并且出现了翻译标准意识，产生了有关翻译标准或原则的提法。总体而言，这一阶段主要的翻译标准思想可以分为延续并发展过去的意义与形式的忠实标准思想，归化与异化取向标准思想，和"三分法"的标准思想。

1. 翻译的忠实翻译理论

古代的直译与意译之争实际上是忠于形式还是忠于意义的问题。到了近代，学者们不再严格区分这对术语，认为两者往往难以截然分开，合理结合也许才是最佳途径。风格、思想、精神、整体效果等概念走进翻译理论研究的中心。人们认识到翻译中再现的是这些要素,而要再现这些要素,并非单纯直译或意译能实现。于是,忠实取代了直译、意译,人们也明确提出了"忠实"概念。忠实于原文成了翻译最终要达到的目标。不少学者都谈到翻译要忠实于原文。

翻译学家于埃·瓦图(Huet)在《论最好的翻译》加中讨论了翻译方法的优劣。他认为最好的翻译方法是紧跟原文,首先是意义,其次是用词表达,在两种语言表达允许的条件下,也紧跟原文,最后是尽可能地复现原文风格,归结为一点就是忠实地呈现原文,不增不减,整体风格与细枝末节都似极原文。表明瓦图认为最好的译文要完整地再现原作,包括意义、风格和用词。

与瓦图类似,法国皇家学院的哲学教授夏尔·巴特(Charles Batteux)也主张忠实于原文的整体,他在《翻译的原则》中指出,"翻译应确切表达出原文,既不能太过自由,也不应过于卑屈,既不可迂回地改写,否则会弱化思想,也不应过于严格地依附于原文字词,否则会扼杀原文色彩"。他甚至比瓦图更进一步,提倡绝对忠实,指出"译者手中毫无实权,他必须追随原文的一切,对原文的任何变异都要毫无保留地顺从"。

英国作家塞缪尔·约翰逊(Samuel Johnson)和德国语言学家洪堡特(Wilhelm von Humboldt)也持翻译的忠实观。约翰逊在《翻译的艺术》中指出,"最值得推崇的译者,其译文要忠实而愉悦,要丝毫不差地传达原文思想和风采,翻译时唯一可改动的只有语言表达方式"。可见,约翰逊对语言表达层面的忠实持更为宽松的观点。他认为对原文思想和风格要确切地忠实,而语言表达形式需符合译入语形式。洪堡特在《越忠实,越相异》中也谈到忠实,指出"如果翻译要让一个民族所缺少的东西或者与其语言和民族精神相异的东西进入这个民族,那么简明的忠实(simple fidelity)必须是翻译的首要条件,这种忠实必须指向原文的真实特性"。表明洪堡特认为忠实在于还原原文真实特性。

2. 归化与异化取向翻译理论

如果说忠实是较为模糊的一元翻译标准,归化与异化翻译则可以说反映了以译入语和译出语为取向的二元翻译标准思想。归化力求译文符合译入语习惯,异化则使译文充满陌生感,靠近译出语,前者循译入语标准,后者遵译出语标准。德国作家约翰·沃尔夫冈·冯·歌德(Johann Wolfgang von Goethe)和德国哲学家士来马赫(Friedrich Daniel Ernst Schleiermacher)是此观点的主要提倡者,两人几乎同时提出归化和异化的翻译途径。

歌德在《两大原则》中指出,"翻译有两大原则:其一是把原作者带向读者,让读者视其为自己人,其二是读者自己跃入异域置身其中,感受其语言模式及其特性"。

士来马赫则在《论不同的方法翻译》中谈到通向真正译者的途径,"我认为只有两条:译者要么尽量不打扰原作者,让读者走向原作者;要么尽量不打扰读者,让原作者走向读者"。从两者的表述来看,观点几乎完全一致,都认为翻译有原语与译语两种取向的标准。

3. 三分法三原则翻译理论

除上述两种观点之外,另一影响较大的观点是翻译家泰特勒(A·F·Tytler)等人的翻译三原则。泰特勒是英国著名翻译家,其在《论翻译的原理》中提出三原则,即"A translation should give a complete transcript of the ideas of the original work.(翻译应该是原著思想内容的完整的再现。)The style and manner of writing should be of the same character as that of the original.(风格和手法应该和原著属于同一性质。)A translation should have all the ease of the original composition.(翻译应该具备原著所具有的通顺。)"从翻译标准角度而言,三原则从三个不同的层面提出了翻译应遵循的标准,涉及思想、风格和整体效果。这同中国的信达雅、信达切等翻译标准思想有相通之处。最先提出三原则的是翻译家乔治·坎贝尔(George Campbell),他在《四福音的翻译与评注》第一卷中系统地论述了翻译问题,但其着眼点是圣经宗教翻译,故其影响远不如一年之后提出同样三原则的泰特勒。泰特勒在《论翻译的原则》中首先界定了何为好的翻译,他认为好的翻译是"原文的价值完全注入另一语言,这一语言的母语读者能充分理解并产生强烈感受,仿佛原文读者在读原文",这符合前面提到的忠实观,译文完全复现出原文。

(五)现当代国外翻译理论

20世纪是西方翻译史上的又一个重要时期,这一时期翻译理论研究领域突飞猛进,相比前几个阶段,这一阶段的翻译研究更加深入,呈现出专业化、学派化的特点。以前的许多翻译观点、理论都散见于其他著述中,或是译本前言之中,而二十世纪则出现大量的翻译论述专著,论述更加深入、系统,而且成家、成派、成体系。

1. 翻译的对等观

Equivalence（对等）是20世纪西方翻译理论研究中的一个重要概念，认为翻译就是要追求译文与原文的对等。然而何为对等这一关键问题却存在很大分歧，对等是在于形式、意义、风格，还是效果与功能，学者们持不同观点。

（1）形式与表达对等

形式与表达对等侧重于语言的表达层面，尽力寻求译文和原文在语言形式、表达方式上的对等，例如，词与词的对等、句与句的对等，其中"形式"一词是关键。翻译家约翰·卡特福德（J. C. Catford）、翻译家尤金·A·奈达（Eugene A.Nida）等人都论述了这种对等。此时的对等观虽然是力求形式对等，但并未完全牺牲意义和内容，这与之前的一些学者过于追求形式而忽视意义不同。卡特福德在《翻译的语言学理论》书中探讨了形式对等问题，认为翻译的本质是"一种语言（来源语）文本材料替换成另一种语言（译入语）中对等文本材料的过程"。"材料"与"对等"两词表明卡特福德注重形式，寻求原文与译文对等。事实上，他明确指出，翻译理论的中心任务是定义翻译对等的性质和条件。对此，他区分了文本对等和形式对等，前者指译入语中一个形式（文本或其片段）与来源语中一个给定的形式（文本或其片段）对等，后者指译入语中一个范畴成分在译语中占据的位置力求与所译原语范畴成分在原语中占据的位置相同。"力求"一词表明完全对等难以实现。他指出，形式对等只能是近似，而且是在相对较高的层次更容易建立，为此就需适当的转换。卡特福德在该书中也较为系统地探讨了不同层次的翻译转换，以实现文本对等。

奈达早期也谈到形式对等观。他在《对应的原则》中谈到，由于世界上不存在两种完全相同的语言，语言之间或在对应符号的表征意义上相异，或于词组、句子中这些符号的组织方式上相差，因此不可能有绝对对应，也没有完全精确的翻译（exact translation）。然而翻译仍需继续，并且一直都在继续。对此，奈达指出，翻译中译者须寻求最切近的对等（the closest possible equivalent），译者寻求的对等包括形式对等和动态对等。他认为形式对等"聚焦信息本身，既重形式也顾意义，此种翻译关注对应，如诗歌到诗歌、句子到句子、概念到概念的对应"，主张译者在翻译中须力求在文字和意义上再现原文的形式和内容。

（2）意义与内容对等

与前者相对，此种对等侧重于语言表达的意义和内容，首先关注的不是语言的形式和表达，而是力求忠实传达原文的意义和内容实质。翻译家彼得·纽马克（Peter Newmark）、苏联翻译家费道罗夫（Fedolov）等人持此观点。

纽马克提出语义翻译和交际翻译。他将语义翻译定义为"在译入语语义和句法允许的前提下，传达出原文的确切文本语境意义"。"确切"（exact）一词表明寻求与原文的语义对等是语义翻译的主要目的。他认为语义翻译"留"在原语文化中，因此更倾向于内容与信息性，而非效果。可见纽马克的语义翻译重在把原文的信息、内容、语义传达出来，寻求的主要是意义与内容的对等。

费道罗夫在《翻译理论概要》中探讨了翻译中的"确切"问题，他将其定义为"表达原文思想内容的完全准确和在修辞作用上与原文的完全一致"。可见，费道罗夫也认为翻译中的"确切"是对其内容而言，是思想、意义的确切对等，而非形式的对等。他进一步指出，要达到这种确切翻译，要以整体与部分之间达到一定的均衡为前提。也就是说，在表达形式上，不应求个别的形式对应、逐词对等，在传达整体内容与意义的前提下，可依据译入语习惯灵活处理，以求与原文意义和内容的对等。

翻译理论家罗曼·雅各布森（Roman Jakobson）在《论翻译的语言学问题》中区分了三种类型的翻译。他认为语际翻译才是真正的翻译，这种真正的翻译"是要用译语替换原语信息，这种替换在于整体信息而不在单个独立的语码单位"，因此，真正的翻译在于两种语码之间的信息对等。雅各布森所指的"信息"实质上也就是内容，信息对等也即内容对等。

（3）效果与功能对等

效果与功能对等跳出了原文形式与意义的二元对立问题，立足于"外在"，即原语要达到的效果或者欲实现的功能。此类观点的典型代表人物是翻译家尤金·A·奈达（Eugene A.Nida）。

奈达后期提出了动态对等，将其定义为"原语信息最贴近的自然对等"。从其定义可以发现其三个关键词：对等、自然、贴近。对于何为"自然"，奈达进一步指出，"自然"的对等翻译必须符合三个条件：接受语语言与文化的整体特征，特定信息的语境和接受语读者。奈达认为接受语读者十分重要，事实上，他指出动态对等主要目的在于对等的反应而非对等的形式，寻求的是让译文读者在自己的文化语境中产生相应的行为。把读者能否产生对等的行为、获得同样的反应作为目标，这超越了翻译的本体问题，触及了翻译的外在效应。因其"动态对等"一词容易产生误解而受到了一些质疑，后来奈达又提出了功能对等。奈达后来在《语言文化与翻译》一书中，修正了其形式与动态对等观。他指出，传统上翻译准确与否主要依据原文和译文在词汇、语法上的对等来判断，然而翻译是否准确，仅考虑其词汇、语法方面的对等问题远远不够。他认为翻译意味着交际，这与译文接受者的接受密切相关，因而，评判译文优劣不能只停留在词汇意义、语法层次、修辞手段的对等比较之上，接受者正确理解和欣赏译文的程度更为重要。对此，奈达认为功能对等是很好的解决之道，因为功能对等就是要比较译语读者理解和接受译文的程度与原语读者理解和接受原文的程度是否相当。尽管如此，奈达也认为以"读者反应"标准下的翻译，其准确与否存在诸多问题，例如，难以确定原文读者如何理解原文，译文读者理解译文同样难以测量。他指出，译文能否准确取决于许多因素，比如原文本身的可信度、语篇类型、预期读者、译文使用方式、译文制作的目的等等，因此，功能对等也只能是处于一定准确度的范围之间，没有任何翻译与原文完全对等。换言之，对等只能近似，无法完全等同。

纽马克提出的交际翻译也是旨在力求效果类似，他将其定义为"力求为译文读者制造与原文读者在原文中获得的效果"。这一定义表明他认为对等或近似效果要在交际翻译中力图达到。纽马克后来在探讨翻译方法时也涉及了译文效果问题，他指出"对等效果只能是一个理想结果，而不能作为所有翻译的目标"。不同的文本类型对效果对等的要求会有差异，例如，对于呼唤类文本的交际翻译而言，对等效果不仅是理想结果而且是必要的，而对于信息类文本而言，效果对等只是在情感影响（这往往并不重要）上才需要。可见功能与效果对等有其可取之处，但也有其问题。

（4）Koller 对等观

德国翻译家科勒（Koller）在20世纪八九十年代也对翻译对等问题进行了较为深入的探讨。他指出诸多学者给出的各种对等定义反映了不同的对等概念，例如，文本材料对等、最切近的自然对等、交际对等、内容对等、风格对等、功能对等、语用对等、效果对等、形式对等等。他认为面对各式各样的对等，有必要对"对等"概念进行更为确切的详述。科勒指出，"对等概念预设源语文本与目标语文本存在一种关系"，但对等概念本身并未指明这种关系的类型，若仅仅指出译文应于原文对等，那无疑是空洞无用的。他认为对等的类型要依据使用这一概念时涉及的具体条件而界定。根据科勒对等类型的界定需考虑五个方面的因素。

一是文本传达的言外内容（extra linguistic content），此为外延对等（denotative equivalence）。

二是措辞方式传达的内涵意义（connotations），此为内涵对等（connotative equivalence）。

三是特定文本类型的文本和语言规范（text and language norms），此为文本规范对等（text-normative equivalence）。

四是翻译指向接受者（读者）（receiver），此为语用对等（pragmatic equivalence）。

五是源语文本的形式与美学特征（formal-aesthetic features），此为形式对等（formal equivalence）。

科勒还将对等概念置于翻译研究学科中进行了探讨。他指出，确立翻译研究的目标很有必要，语言学和文本理论视角的翻译研究中，对等概念十分重要，翻译被定义为与主要文本处于对等关系的次要文本，目标语中的结果文本与源语中的原文本之间存在一种关系，这种关系可以被定义为翻译关系或对等关系。在语言文本途径的翻译研究中，翻译具有双重联系这一假设十分重要：首先是译文与原文的联系，其次是译文与接受者一方的交际条件之间的联系。翻译研究，尤其是语言文本分析途径的翻译研究，其重要的研究目标之一就是确立这种双重联系的具体表现形式，界定和确立对等框架的类型和条件。

2. 翻译的目的观

"目的"事实上并非全新概念，古代就有学者提出要区别对待文学翻译和宗教翻译，这实际上就是主张根据不同翻译目的采取不同翻译方法。翻译学家奥古斯丁（Augustine）指出，译文风格取决于读者的要求，这说明不同读者对象需用不同译法，同样是目的带来的差异。根据目的观，翻译不能单纯谈形式、意义等忠实、对等问题，目的是出发点，也是归宿。可以认为目的观主张以是否达到翻译目的为实施和评价翻译的标准：目的达到则符合标准，否则不合标准。

翻译标准目的观主要体现于德国翻译理论家汉斯·弗米尔（Hans J·Vermeer）等人的目的论一派。目的论认为"翻译"一词无法概括翻译活动的所有形式，传统的文字翻译只是其一部分，于是提出以"翻译行为"取代"翻译"。在弗米尔看来，任何翻译行为，包括翻译本身，都是一种行为，任何行为都有其目的、目标。可见，弗米尔把翻译置于人类行为之中来研究。

我们知道人本质上区别于其他动物，是因为人会思考、有理性，人的行为都有目的，会产生一定的结果，结果的评价需考虑其预期目的是否实现，翻译行为也是如此。翻译学家克里斯蒂安·诺德（Christiane Nord）在《目的性行为析功能翻译理论》书中就明确使用了"目的性"（purposeful）一词，如书名所示，翻译是一种带有目的的行为活动。目的论有句名言"目的决定方式"（The end justifies the means），表明目的处于翻译行为的中心，不仅连接原文与译文，更是连接这一行为中的所有参与主体。根据目的论，翻译行为无论最终结果如何，最终的评判标准是是否实现了预期翻译目的：目的实现，则翻译行为圆满，否则就是失败。可见，在目的论看来，翻译行为始于目的，终于目的，以目的实现与否为标准。

3. 翻译的忠实观

忠实也是西方翻译研究中的一个重要概念，是从译文与原文的关系谈翻译标准。翻译标准的忠实观认为，翻译就是要还原原文的本来面目，将其忠实地再现给译语读者。上文阐述的对等概念其实就是在一定层面的忠实，如形式对等就是忠实于形式，只不过在术语上称谓不同。美国翻译家赫伯特·库欣·托儿曼（Herbert Cushing Tolman）在《翻译的艺术》中探讨了翻译标准的忠实观。他认为忠实的对象是原文的精神实质，因此翻译并不是把外语单词译成母语，而应该传达原文中的感情、生命、力度和精神。在忠实于原文精神的问题上，托儿曼认为既要忠实于原作的优美之处，也要忠实于原作的不足之处。由此可见，托儿曼认为翻译中的忠实就是在译文中呈现原文的本来面目，不增不减，而不可与原文竞赛，甚至超越原文。

英国翻译家波斯盖特（J. P. Postgate）也指出翻译要忠实，认为忠实性是衡量翻译成败的最高标准。他认为忠实有对原文的形式忠实和意义忠实之分，但无论是绝对忠实于原文的形式和内容，如科技翻译，还是首要忠于原文的实质内容，如文学翻译，忠实都是翻译遵循的最高标准。译文评估模式上文探讨的西方翻译标准思想，无论是古代还是近现代的思想，很难发现有明确提出翻译标准、译文评价标准等概念的阐述，但其对翻译本质的认识、对翻译方法等问题的讨论反映了一定的翻译标准思想，只不过很少有人明确提出翻译标准或评价的问题。

二、国外翻译理论的核心概念

（一）翻译的实质

"什么是翻译？"对于这个问题国外翻译理论界不断地改变着提法，但基本上分为四类。

1. 翻译是一种符号

这类提法以哈佛大学教授廷格·奥廷格尔（Anthony Oettinger）为代表。他认为，可以把翻译定义为：将符号改变为另外的符号，如果原文表达某种意义，那么我们往往要求它的代替物也表达同样的意义。保留不变意义是从一种自然语言译为另一种自然语言的核心问题。但是这种翻译归结为符号的转变显然是过于简单化了。

2. 翻译是"忠实、全面、等值"的

这类提法以苏联翻译理论家费道罗夫（Fedolov）和温特华斯·狄龙，通称罗斯康芒（Wentworth Dillon, Earl of Roscommon）为代表，他们在翻译的定义上加了"忠实""全面""等值"等要求。费道罗夫说："翻译是一种语言手段，忠实、全面地表达另一种语言表达的东西。"温特提出："翻译是将诠译我们周围世界某部分的说法，用尽可能等值的说法来代替。"

3. 翻译的对象是话语

这类提法是以翻译理论家约翰·卡特福德（J. C. Catford）等人为代表的。他明确指出翻译的对象是话语。卡特福德认为翻译可以定义为，将一种语言（出发语）的话语材料用另一种语言的等值话语予以替代。

4.翻译是文化交际的过程

这类提法是语言学家以什维采尔（А.Д.Швейцер）为代表的。他在翻译的定义中又增加了"文化"的内容。他认为翻译是单向双相的语际和文化交际过程。在此过程中，在对原话语进行针对性（翻译）分析的基础上，创造出一种语言和文化介质代替原话语的次生活语。

（二）翻译的可译性

虽然翻译在国外已有两千多年的历史，然而某些语言翻译理论家却仍再三争论翻译的可译性问题。

对可译性持否定态度的语言学家中，德国的语言学家维廉·洪堡（Wilhelm von Humboldt）可算是个代表人物。他于1796年7月23日给友人的一封信中写道："对我来说，每次翻译都是一次企图解决无法完成的任务的尝试。因为每个译者都必然会被两大暗礁中的一个碰得头破血流；或是过分拘泥于原文而损害本民族的味道和语言，或是过分拘泥于本民族的特点而损害原文。"要找出某种折中的方案，不仅困难，而且是不可能的。洪堡之所以对可译性持这样的观点，是因为他认为，语言是表达民族精神的形式，语言的个性是民族精神的特性所决定的，不同的语言彼此之间没有共约性。

以德国语言学家魏斯格贝尔（Leo Weisgerber）为代表的新洪堡学派对洪堡的上述思想做了进一步的发展。他认为，语言形成"中间世界"，人类透过"中间世界"认识现实。各种语言特有的语义场对语言内容的划分不同。依照上述理论，我们可以得出不可译性是由语言的本性所决定的，是语言的一个普通公理。

持相反观点的翻译理论家巴尔胡达罗夫（С.Гъархударов）认为任何一种语言都能够描述其使用者所碰到或将碰到的任何实物、概念和情景。使用某种"原始"语言的集团、只要知道了某种"原始"语言的集团、某些实物、技术设备、政治制度、科学概念等等，他们的语言中立刻就会出现标志这些实物和概念的词语。科勒也认为如果说每种语言都能表达所指的一切，那么从原则上说，某种语言所表达的一切都能被译为另一种语言。根据巴尔胡达罗夫和科勒的观点，可译性原则应适用于任何两种语言之间。那么，翻译究竟有无不可译处呢？经过大量的翻译实践，最终的答案是肯定的。

翻译理论家费道罗夫（Fedolov）认为，原文的某些要素确实是不可译的。在这里，他指的是违反语言规范的一些现象，这主要是方言和行话。约翰·卡特福德（J. C. Catford）认为翻译中有两种类型是不可译的。一是由双关语及歧义语法结构等引起的语言方面的不可译现象，一是由于不同的社会风俗及不同的时代背景等非语言因素引起的文化方面的不可译性。法籍作家米兰·昆德拉（Milan Kundera）提出，在这种情况下"只得借助于各种辅助手段，给以阐释性的翻译，或替换、增补、减略一些东西"。

归结上述种种观点，可译性问题可归纳为：①原则上肯定可译；②可译性是个相对的概念。翻译时允许，有时甚至是不可避免地有所损失或变动，但必须保留原文的主要功能或主要要素。这就涉及了国外翻译理论中的另一个核心概念——等值翻译问题。

（三）等值翻译

许多国外翻译理论家认为，等值的概念是翻译的重要本质特征之一，它对揭示翻译的实质具有决定性意义。翻译等值关系的条件则概括为：当原文和译文或其中的语言单位具有相同（至少部分）的实质特性（features of substance）时，就构成了翻译等值关系。

卡特福德指出："为了达到翻译等值，必须使出发语和归宿语均符合该情景的功能相关特征。"所谓功能相关特征指的是该情景中话语交际功能的重要特征。他认为等值的决定性（甚至是唯一的）标准是与实物情景相应的语义标志。

奈达为了克服仅仅从语义角度出发看待等值问题的局限性，提出了同形式等值相对应的"能动等值"概念。他把能动等值定义为翻译质量，即用接受语传达原文思想内容，使译文接受者的反应与原文接受者的反应基本相同。这里的反应是指对信息的全面感受，包括对其意思、内容、感情等的理解。也就是说，他在等值的定义中，增添了语用因素。

科勒认为，泛泛地对翻译提出等值的要求是没有意义的。明确等值的种类或类型才有实际的意义。因此他把等值分为五种。

①所指等值：保留话语的实物内容（即一般译论著述中所谓的内容不变值）。
②内涵等值：选择同义语言手段传达话语的内涵（即所谓的修饰等值）。

③文字规范等值：着眼于话语的体裁特征、言语和语言规范（也属于修饰等值）。

④语用等值：着眼于收讯人（即所谓交际等值）。

⑤形式等值：传达原文的艺术审美、文字游戏、个人特色等形式特征。

总的来说，科勒认为等值是个规范性概念，而不是描述性概念，反映了对翻译的规范性要求。

此外，也有人对翻译等值的提法持否定态度，例如，纽马克在《翻译问题探索》一书中指出：诸如翻译单位、翻译等值、翻译不变值等之类的论题应当摒弃——要么太理论化，要么随机性太强。等值翻译实际是国外翻译理论家们想严格界定对翻译质量的要求，以取代一般的"忠实、确切"等。由于翻译理论家们对翻译原则和标准各持己见，因此，在翻译界中逐渐形成各自的流派。

第三章
文化与翻译实践

  在翻译中，语言是立足点，文化则深植于人们的灵魂中，在翻译教学中，尤其要重视物质文化与非物质文化的翻译，关注文化负载词的翻译，强调跨语言的文化传播。本章分为物质文化与翻译教学、自然文化与翻译教学、社交文化与翻译教学、其他文化与翻译教学四个部分。主要包括服饰文化、饮食文化、建筑文化与翻译教学，植物文化、动物文化、方位文化与翻译教学等内容。

第一节　物质文化的翻译实践

物质是人们进行生产生活的基础，物质文化是人类在社会历史发展中所创造的、体现社会生产力发展进步的物质成果。物质文化是文化的物质载体，蕴含丰富的文化内涵。因物质文化发展而衍生的物质文化负载词，反映了某一语言文化群体下的人们所创造的物质文化的特点，涉及人们衣食住行的方方面面。物质文化是人类创造的物质文明，物质文化是一种可见的显性文化。

物质文化负载词是民族文化自然发展的成果，与人民的生活方式、历史和文化紧密相连，对于物质文化负载词的翻译难易程度取决于原语国与译语国之间的文化差异。中西方文化焦点不同，语言随文化焦点的发展而发展，因而汉语与英语之间存在着很多词汇间语义龃龉或者空缺现象。对服饰、饮食、建筑等物质文化的翻译纷繁复杂又极其重要，因为它能直接传递语言中鲜明的民族色彩和浓厚的文化信息，文化负载词在原语和译语中实现完全对等的翻译几乎是不可能的。因此，物质文化翻译教学时，要让学生了解这种文化差异和翻译方法，要注意原语词汇意义的再现优于形式的再现，翻译时选词必须考虑原语词汇所处的语境，原语词汇关键的隐含意义，在翻译时应转换为非隐含意义。本节主要从服饰文化、饮食文化、建筑文化三方面论述物质文化与翻译教学。

一、服饰文化的翻译

服饰是文化的载体，记录了当时人们生活的环境、生产方式以及当时的风俗习惯。服饰是最古老的非语言的交流媒介，服饰对于个体来说是人心理和社会的重要象征，具有向他人传达个人社会地位、职业、角色、自信心以及其他个性特征等印象的功能。而服饰文化是人类的物质生产和思想文化在服饰发展演变过程中的综合反映，是人类文化的一种历史积淀。受历史条件、文化背景差异的影响，中西方各自有深厚的服饰文化，带有鲜明的历史特色，从人物的外貌服饰等细微之处可以展现人物的性格、身份，对人物着装的重点描写，都别具深意。

（一）中西方服饰文化各自的特色

在中国古代的封建王朝，上到统治阶级，下到平民百姓，在服饰上赋予的附加文化价值往往超越衣服本身的意义。古代人民将"衣食住行"作为日常生活的代名词，"衣"排在首位，可见"衣"在中国文化之中举足轻重。每当朝代的更迭，就有"改正朔，易服色"之传统，意思就是每当改朝换代，就需要建立新的服饰制度，象征了新的朝代。此时需要将衣服的颜色、款式、纹样以及穿戴样式一并改变。秦朝用黑色代表皇帝、宋朝官员特色的"长翅帽"等，到了明清时期，封建王朝的统治者更是认为应该通过制定严格的服饰制度，对社会各阶层的人物服饰执行森严的规定，这样能够有效地维护王朝的政权统治。故而官方曾颁布过《洪武礼制》《大明令》《礼仪定式》《服色肩舆条例》等法典，都是为了对官绅不同阶级的服饰样式层级做了严格的规定，以此来禁锢社会等级文化以及民众的思想的目的。服饰文化包含了衣服和饰品，除了御寒保暖的护体基本生理作用，服饰文化更多地体现在通过服饰体现不同人物的社会阶级、性格甚至可以反映个人的文化信仰。

中西方服饰的差异是早期东西方互识之中最直接、最直观的体现。在18—19世纪的中英跨文化交流中，中国服饰引起了英国人的高度关注。中国服饰不仅满足了英国人的好奇心，也是当时西方世界借以观察中国文化、了解中国风俗的一个重要渠道。西方服饰文化从总体上经历了"由宽到窄"的发展过程，这种发展与变化和西方民族历史变动与演变紧密相连。西方古代推崇"宽衣文化"，这种宽衣的形式主要盛行于以地中海为中心的地区，如希腊、罗马等地。可以说，穿衣文化是西方古典文化的重要反映，同时也是西方文化的重要组成部分。西洋古典服装的外形强调横向感觉，常采用横向扩张的肩部轮廓、膨胀的袖型、庞大的裙撑、重叠的花边等，使服装线条产生夸张和向外放射的效果。西方服饰的这种特点可以很好地体现西方人的个性特征。西方人热情开放，在体型上也比较高大，因此能够很好地驾驭这种服饰，因而衍生出了自己的服饰文化。到了20世纪，基于西方殖民扩张的需要，西方服饰文化开始进入"窄衣文化"的阶段。西方人非常看重人体形态，所以在设计服装的过程中，会重点考虑人体的美感。具体来说，西方人看重的是服装造型结构的组合之美，所以人们穿的服装通常都是造型丰富且不断更新的。应该说，西式服装的造型特征是随着人体的运动姿态和穿着者的举止而不断变化的，正是因为这样，西式服装的造型所追求的是在动的变化中产生的整体造型效果。因此，西方服饰的造型都能体现出一种人体美，同时还能达到修饰人体体型的特殊作用。

随着世界各国各民族文化的交流和融合，东方的直线剪裁的服饰风格对西方产生了一定的影响，"非构筑式的追求"出现在了西方的服饰文化中。到了现代，西方服饰风格开始走向国际化。由于西方的服饰着眼于衣服设计的科学性和合理性，并能充分彰显个性，所以深受世界各地人们的喜爱。

（二）服饰文化的翻译策略

1.服饰的翻译方法

在有关服饰的翻译中，服饰名称的准确表达，对背后历史文化的挖掘与介绍是翻译的重点。

（1）服饰词汇文化翻译

文化概念是一种重要的民族符号，它从精神属性上象征、映现着一个民族的文化底蕴、文化能量及社会文化变迁，具有自身特有的生成机制和意义内涵。在翻译过程中，经常会遇到一些隐含中国文化概念的词汇，由于中西方的文化背景存在巨大差异，在翻译这些词汇的时候不应该只是单纯地采用音译或者直译的方法，因为单纯的音译和直译会让目的语读者一头雾水，无法领会这些词汇中隐含的文化概念，另外"文化翻译是一种文化互动"，所以译者还需要进行释义或者加注，这样才可以将词汇本身所隐含的文化概念显现出来，让目的语读者真正明白其中的意思，也就实现了互动。

①直译加注。词汇的字面意义就是辞典提供的字面上的含义，是一种语言形式的基本价值或内容。但是翻译那些包含中国文化内涵的词汇时，如果单纯采用直译法翻译其字面意思，会让目的语读者产生误解。所以译者应该在正确理解的基础上面对不同问题采用不同的方法，求得译文与原文在理想状态下的一致。因此翻译时首先考察字面意义，尝试直译，但有时候直译并不能将这个词所隐含的文化概念传达出来，这时候就需要译者增补信息，从而将隐含的文化概念展示

给目的语读者，这样就会让原文的意思没有受损，也让译文和原文基本达到了一致。

②音译加注。正如美国语言学家尤金·奈达（Eugene A Nida）说过："对于真正成功的翻译而言，熟悉两种文化甚至比掌握两种语言更为重要，因为词语只有在其作用的文化背景中才有意义"。对于一些蕴涵中西文化的词汇，如果单纯地采用音译，虽然保留了本民族文化特色，但是无法将其中隐含的文化背景或者内涵意义表达出来，而音译加注法就是先将原词音译过来，然后在其后加类指或限定名词。采用音译加注法不仅可以保留文化的韵味，而且还可以将原文化中包含的内涵意义补充出来，更有利于读者理解。

③释义法。释义法是直接向译文读者解释原文词句在上下文中意义的一种方法。它不拘泥于原文的词语和结构，在保存原文信息的前提下给译者较大的表达自由，所以在翻译中应用范围比较广。译者通过对原文中的某些词汇进行解释说明，将词汇的隐含意义补充出来，从而使译文更容易被读者理解和接受。

（2）服饰句子结构翻译

由于中西方思维方式的不同，所以汉语句式结构比较松散，在一个句子中通常会出现多个单句，句子之间意思连贯，形成竹节式的线性递进，缺乏形式上的标志。由于汉英两种语言的结构差异很大，汉语不太注重结构，更加注重意思的连贯，句型灵活多变，表达着重意念，话题现象较为突显。而英语偏属形合、外显的语言。所以需要译者根据目的语的语法、句法、语义修辞或文体的需要，对某些句子进行处理，从而使译文更加符合英语的表达习惯。因此在目的论的指导下，针对汉语句子结构松散这个问题主要采用了转变句式结构和分译法两种方法，不拘泥于字面的对应，注重整体语意、语境的灵活变通，达到变中求信、变中求顺的目的。

①转变句式结构。由于汉语原文内部含有多个小句，小句之间通过语境显现语义，有时候为了使分句之间的逻辑关系在译文中展现出来，应综合运用英语表达手段，通过非谓语动词、从句、形容词短语、介词短语、代词等对源语结构进行转变。

②分译法。分译法就是将原文中句式结构松散的长句子分成若干个短句子进行翻译，但分译法并不是对句子进行随意的拆分，而是按照一定的逻辑，将原文

中的句子进行调整搭配，以更好地保持各层次的相对独立性，从而翻译出符合译入语读者行文习惯的译文。

（3）服饰语篇翻译

由于汉语和英语在结构上存在巨大差异，汉语倾向于意合，注重意思的连贯性，所以在翻译汉语文本的时候经常会遇到语篇内部逻辑关系隐含的状况。但英语与之相反，英语句子各成分之间以及句与句之间逻辑关系很强，通常会有显性的连接词，在一个长句中一般句式结构也相对复杂，逻辑层次多，修饰语较多。

由于中国人善于使用迂回曲折的方式表达，在对原文英译的过程中如果单纯按照原文翻译，会出现语篇逻辑不清的问题。所以面对这种情况，译者在翻译的时候需要仔细阅读原文，理清作者的真实意图，将原文翻译成逻辑清晰、符合目的语读者表达习惯的译文。因此在翻译时，针对语篇逻辑关系隐含这个问题的主要解决办法是使用增词法和重组法。

①增译连词。在翻译过程中有时候为了使逻辑清晰，更加容易被读者接受和理解，需要把连接词补上，这样才能体现出英语形合的特点。英语中的连接词包括关系代词和关系副词、并列连词和从属连词、介词等。在翻译的时候译者也应该注意，要做到增词而不增意，从而使译文既可以被目的语读者理解也忠实于原文。

②重组信息。汉语中有不少长而复杂且包含多层意思的句子，译者应该仔细推敲反复斟酌，按照逻辑顺序有顺有逆，灵活地对原句进行处理。这样才会让整个译文的逻辑清晰，从而将汉语句译成结构层次复杂、严密的英语句子。

2. 服饰文化翻译的意义

一个国家的发展与国际地位的奠定很大程度上需要依赖于文化软实力，而文化软实力中的翻译这种文化活动是不可避免的。在翻译教学中服饰类文本的翻译也有诸多值得研究的地方，因为服饰类文本的翻译不仅涉及服饰，还有该服饰中包含的文化背景、传统习俗、生活习惯、生活情趣。例如中西古代服饰对本民族的人来说，由于距离他们生活的年代久远，有时候也难以理解，对目的语文化的读者来说更是难上加难。所以这就要求译者在翻译的时候不仅需要多查阅资料，认真理解服饰类文本中所包含的文化知识，同时还要掌握并运用好目的语，这样才能将源语言翻译成容易被目的语读者理解的译文。

中西文化意象的翻译不仅仅是语言形式的转换，更是跨越语言层面，在两种不同的认知语境中进行认知推理的跨文化交际过程，因此在翻译教学中要处理好服饰词汇文化翻译问题。在服饰文化翻译中出现的词汇文化内涵隐含的情况，就需要译者补充缺失的文化内涵，译者可以根据需要采取合适的方法，比如有的需要使用音译加注，有的需要使用释义法，还有的需要直译加注，究其根本，只是想让翻译出来的译文更容易被目的语读者所理解。

对于服饰文化翻译中的句式结构松散的长句子的状况，要始终谨记在汉语中一个长句子中通常会出现多个单句，并且成线性递进。但英语与之相反，在一个长句中一般句式结构也相对而言比较复杂，逻辑层次多，修饰语较多。因此处理这些长句时要根据实际情况进行改变句式结构和拆分句子。由于中西方思维方式的不同导致了汉语更加注重语句间意思的连贯，而英语更加注重语句间的内部结构，所以在翻译的时候会出现语篇逻辑隐含的状况，这个时候译者应该将汉语中的句子译成符合英语表达习惯的结构严谨的句子，译者可以采用重组信息或者增加连词的方法。

不仅要努力继承发扬优秀的传统中华文化，同时也要与时俱进，积极吸收外来文化，还要根据翻译目的选择合适的翻译理论来指导翻译实践，从而使译文不仅能传达出作者的意思，更能被读者理解。在整个翻译过程中可以认识到中西文化的博大精深，翻译的过程也是了解学习的过程，加强了自己对中西文化的了解。在翻译过程中也让译者认识到了中英文化的巨大差异，例如很多在中国文化中常见的东西，在英语中却是没有的，需要查阅大量的书籍以及文献来给出准确的译文，而且有时候也存在由于对原文的理解存在偏差而导致给出的译文不够精练和完美。

通过翻译，不仅让我们对于中西服饰有了更深的了解，也让我们对于服饰文化的翻译有了更好的掌握和认识，不仅可以让中西文化更好的交融，也可以让外国读者更好地了解中国文化，为发扬中国文化做出贡献。

二、饮食文化翻译

饮食在社会生活中占有重要地位，饮食的构成带有鲜明的文化印记，饮食承载文化、味道、美学、人际等多个方面，尤其是中国饮食将人物故事与美食相结合，赋予美食更多的内涵和人文景观。

（一）中西方饮食文化各自的特色

中国饮食文化随着时代的发展有了新的时代特色，已经超越了"吃"的本身，具有更深刻的社会意义，荀子《礼论篇》中就引用过诗经的"献酬交错，礼仪卒度，笑语卒获"。可见社会中的文化风俗、社交礼仪、思想意识等都凝聚在饮食之中。作者吴敬梓在《儒林外史》中对于食物的描写精彩绝伦，体现了士林以及各个阶层相当生动的生活场景，反映了明清时期各个地区和不同阶层的饮食思想和饮食品味，不仅包括了岁时节令佳肴、人生礼仪用餐习惯、日常菜肴，同时还有各地风俗的特色点心等等。在文学作品中饮食文化能串联许多情节，其中一些饮食描写都因其惟妙惟肖，所以能与书中一些典型人物形象直接联系起来，间接反映作者的感情倾向和个人情趣，甚至有些饮食细节可以侧面反映社会。明清时期，我国的饮食也趋于发展成熟，随着社会经济的发展饮食原料也相当丰富，传统的烹饪方法基本定型，且每个细节都能从不同饮食的地域性和习惯性侧面体现人物的性格；饮食文化还能联想到相关的风俗，不仅反映当时当地人们的生活，还能反映社会各个阶层不同性格的社会百态。

中国饮食文化太过博大精深，在中国饮食文化与世界各国文化的碰撞的过程中可以看出中西方饮食理念、饮食哲学、用餐习惯、用餐礼仪和用餐制度都差异过大。西方整个哲学体系下的饮食相对更趋向于理性，相对更关注形而上学的营养价值，或者是餐具、用料以及菜肴色彩的搭配。许多西方国家位于海洋带，气候温和湿润，适合畜牧业、渔业的发展，故而饮食食材也基本以鱼肉类、牛排、羊排等肉类食物为主。由于畜牧业和渔业的发展，西方人在民族生存扩展的过程中，要对食物进行争夺，从而养成了刀叉等尖锐利器作为用餐工具的主要传统。

中国古代长期处于农业社会，食物来源与劳动耕种息息相关，为了保证体力充沛、提高劳动效率，中国讲究"民以食为天"，十分重视一日三餐的特定时间饮食观念。与西方人习惯精简饮食的"快餐文化"不同，由于农业社会生活节奏的缓慢，中国人在食物的制作和精细度上也愿意花更多的时间，这才形成了中国饮食精髓的"色、香、味"俱全。

酒文化在中国历史悠久，在古诗、小说中都或多或少有相关酒的笔墨出现，不仅由于中华农耕文明产生粮食酿酒的地理因素，也得益于中国传统文学中有大量从酒引申出来的文化因素：例如，李白的"将进酒"、曹操的"对酒当歌，人生几何"等等，此外，酒的品种，再到饮酒的器具，以及酒俗、酒礼、酒诗等，种种都是反映社会民俗的重要载体之一。中国制酒的历史较为悠久，并且是世界上最古老的制酒国家之一。三千年前，中华文明的始祖杜康，成为中国酿酒第一人，受到世代民众的供奉。因此，杜康也称为"酒"的代名词，现代社会中出现了以"杜康"为品牌的酒厂。中国最具有代表性的酒就是白酒，从一定程度上说，中国的酒文化就是白酒文化，一直形成鲜明对比的就是西方的红酒文化。中西方酒文化的不同主要体现在以下几个方面：①酒杯的不同，中国的白酒酒杯主要是用瓷器、古代用青铜器、漆器等，现代的酒桌上一般使用酒盅，相比于西方的玻璃酒杯来说要小很多；②在酒的浓度上，中国的酒大部分是粮食发酵而来的，被称为"粮食酒"，酒的度数相对较高，口感较辣。与之相比的红酒则是用葡萄酿制而成，度数相对较低，并且在口感上甜辣；③在饮酒礼仪方面，敬酒礼仪主要表现为晚辈向长辈敬酒，下属向上司敬酒，学生向老师敬酒，这表现出对长辈或者说是对权利持有者的尊重。在酒桌上的一句常有的话就是"先干为敬""我干了，你随意"，除此之外，还有行酒令等喝酒时玩的游戏。总体来说，酒文化一直流传到今天是现代社会中不可缺少的一部分，酒文化代表着一种人生态度、审美情趣以及生活方式。在大部分商业场合，喝酒与工作紧密结合在一起，这为酒在生活中的重要性又提高了一筹。在教学过程中，酒文化的中西对比也是教学文化点，在社交礼仪方面，到中国人的家中做客，总会提及酒的问题。因此，酒文化也属于跨文化交际的一部分。

（二）饮食文化的翻译策略

1. 饮食的翻译方法

中国的土地幅员辽阔，菜系丰富，可以管中窥豹看出中华美食的魅力，同时中国饮食也讲究儒家文化中的调和之美，亦是包含了饮食品质、审美情趣、情感活动体验以及社会功能等独特的中华文化意蕴，饮食文化亦包含了一个国家民族的共存性、民族性以及传承性。中国饮食的许多命名方式本身也分为写实型命名以及写意型命名，如写实性食物一般直接涉及食材、烹饪方式、口感等，从中文名上能一目了然地了解食品的特色和风味，例如，番茄炒蛋、黄焖鱼等。但也有许多写意命名的食物，若是不了解其中典故，单从中文命名也无法得知是何种食物，例如，佛跳墙、蚂蚁上树等。故而针对不同的食物，如何采取恰当合适的翻译策略，避免异域的读者产生"文化缺失"或者"文化真空"现象，如何让译入语读者能够了解这些特色词汇，相当考验译者的水平。

中国传统烹饪的基本方法中，根据油传热、水传热、汽传热以及其他方式，可以分为煎、炒、烹、炸、煮、炖、焖、腌、卤、酱、拌、涮、烤、蒸等二十多种。这不仅反映出食材性质和口味决定的烹饪加热方法，也是中国饮食文化中的一大特色，中国菜肴的名称中常带有烹饪方法的关键字，以显示其制作的独到方法。中国烹饪技术"烧""烤"对应着英语中的"roast"，"煎""炒""烹"被翻译为以油脂烹调的"fry"，"煮""熬"对译为"boil"，"烙"被释译为铁质平底锅中加热的"烘焙"（bake），"卤"对应着英语中的"盐水腌渍"（salted），中国烹饪方法较西方烹饪方法更为繁杂。有的食物除了能显示独特的烹饪方法，还能透露出原本的食材，尤其是制作精美、从外观无法辨别食材的食物，从名称中可以知晓其材质，例如"烤蟹肉"（Roast crab flesh）。

西方属于一种理性的饮食观念，西方人在摄取食物时，多数情况下都是从营养角度出发的。西方人注重使用新鲜的原料，也注重烹饪过程中对营养成分和味道的保留，蔬菜也基本上都是生吃。例如，沙拉的制作方式多是由蔬菜、水果等与沙拉酱混合而成的。所以，当看到一盘沙拉摆在我们面前时，我们总能对其原料一目了然。因此，对于西方菜肴的翻译，通常都采用直截了当的方式，即直译法。例如，fruit salad（水果沙拉）、stuffed eggplant（酿茄子）等。

中国酒的翻译，可以采用直译法、意译法和音译法，如汾酒（山西）Fenjiu（wine），茅台酒（贵州）Maotai（wine）等。在翻译西方酒时，译者既要考虑其是否符合我国人民的审美和文化价值观，又要保留西方酒的特性，从而更利于我国读者的理解和接受，例如，champagne（香槟），Bacardi（百加得）等。这两种西方酒的翻译结合了中国人的文化价值观，其中香槟酒的翻译和其特性挂钩，突出了酒的味道清香并带有甜味，这种翻译十分贴合女性消费者的青睐；百加得的翻译洋味十足，而且又带出了拼音文字的语言特点，在一定程度上符合中国人对吉祥文字的追求，这点在"百"字的翻译上可以体现。总之，对西方酒的翻译可以以音译为主，以意译为辅。

2. 饮食文化翻译的教学建议

饮食文化翻译教学中要通过文化解读优化翻译教学内容，对于饮食文化翻译的教学内容要注重对文化解读能力的培养。在教学内容的编写整合阶段，教师可利用现代信息技术手段，对英语国家的教学内容进行搜集和整合，不断渗透跨文化交际意识，在搜集过程中，应拓宽搜集范围，使内容类型尽可能宽泛，包含社会文化、饮食文化、民风习俗、经济发展等各个方面。将这些内容引入教材中，译者在学习过程中做好笔记，引导其深入解读中西方饮食文化。同时，教师要重视文化交际技巧的训练，培养译者跨文化交际思维，加强其深入解读不同文化的能力。除了以信息技术搜集整合教学内容外，还要对翻译教学内容进行筛选优化，并对原有的翻译教学体系进行革新升级。

在饮食文化翻译教学中，还要以文化互动革新翻译教学形式，教师能够为两种语言的翻译实践构建真实度高的文化情境。除了语言情境的创设，文化情境同样对饮食文化翻译的学习具有重要作用。在双语翻译教学中，要注重创设母语文化和目的语文化碰撞交融的交流情景，将翻译任务设置在两种语言文化相互渗透影响的基础上，在具体的翻译实践中，也可以为对话设置具体的跨文化要素，从而实现以文化互动提升翻译者跨文化交际意识的目标。

三、建筑文化的翻译

（一）中西方建筑文化各自的特色

建筑是一个民族文化与智慧的结晶，基于中西方不同的民族性格、地理环境、历史文化等因素，中西方建筑文化也存在较大差异，如建筑理念差异、建筑布局差异、建筑材料与结构差异、装饰色彩差异、美感效应差异等。

中国建筑文化历史悠久、独具魅力。从古至今，在我国历史上涌现了大量的建筑杰作，大到宫殿、园林，小到民宅、住房，是我国建筑宝库中的瑰宝，具有极高的文化价值。中国民居表现的是人世的生活气息，重视功能性，具有温和、实用、平缓、轻捷的特征，可谓"人本主义建筑"。中国建筑不太注重单个建筑的高大，反而强调群体的宏伟。因此，中国建筑常常是由一个个的单位建筑组合而成的一个大的建筑群，讲究中轴对称，追求纵深效果，体现出内向、封闭、严谨的特点，城市布局多为矩形或方形，追求内在的含蓄和私密性。中国传统建筑主要是土木制品，采用框架式结构，榫卯安装，梁架承重，外观富有曲线美。另外，砖木结构适应小家小户的个体生活。中国建筑以红、黄、绿、蓝为主色调，色彩鲜艳夺目，而台基多为汉白玉，具有强烈对比的性格特征。中国建筑温柔敦厚，气韵生动，曲线美突出，旨在缩小主客体的认同距离，给人以"亲近"的感觉。

西方民居体现的是以神灵为崇拜对象的宗教神灵精神或一种弃绝尘寰的宗教观念，具有冷硬、敦实、突兀、玄妙的特征，可称为"神本主义建筑"。西方建筑不注重整体效果而较多地注重单体的建筑艺术效果。具体来说，西方建筑讲究立体效果和突兀高耸，常常在空间上垂直扩展，体现出外向、开放、活泼的特点，城市布局多为放射状，追求外在的进取和自由性。西方传统建筑材料主要是石质制品，采用围柱式、券柱式结构，墙柱承重，形态厚重。西方古建筑多兴建大跨度的拱门、穹隆以容纳上万会众，要有精密的力学知识。西方建筑以白、灰、米黄为主色调，朴素淡雅，但内部装饰色彩鲜丽，追求一种光怪陆离、迷乱、朦胧的宗教氛围。西方建筑雄浑厚重，块、面体积感强，旨在扩大主客体心理距离，使人产生"崇敬""仰慕"的感觉。

（二）建筑文化翻译策略

1.建筑的翻译方法

受地域环境、宗教文化、艺术风格、生活习惯等方面的影响，中西方建筑风格迥异，宜采用直译法、释义法、分译法、直译加注等翻译方法。

①直译法。直译法在吸收外来有益的新因素、反映异国客观存在的事物和情调上，比意译更能避免主观因素的干扰。此外，就文化翻译的角度而言，直译是一种文化移植，通过形式上的一致忠实，保留原文的特色和功能。因此采取直译及其衍生形式会更加便于读者了解中西方特有的建筑文化。

②释义法。在翻译的过程中，为达到跨文化交际目的，缩短原语与译入语之间理解差距并考虑译入语读者感受，一些文化负载词需要通过释义法翻译。释义法即通过解释原文词汇的意义、内涵或特色，而达到使译入语读者理解原文的目的。这样可以避免句子冗长，又可以清晰明朗表达原语词汇的内涵。释义法翻译中不失原意即传意性，也就是讲原文的意思用译语重新表达出来，使看不懂原文的读者能通过译文获得原文的信息。建筑类专业性词汇往往包含着建筑背景知识及文化信息，对于没有文化背景的读者来说，理解起来比较困难，如果直接采用直译或者音译的方法，无法让读者领略词汇背后深厚的文化内涵，此时就需要译者在充分理解原文内容的基础上重新组织语言，并用译入语表达出来。释义法能够解决建筑方式文化负载词在目的语中无对应术语、建筑装饰文化负载词在目的语中无对应文化内涵和建筑历史文化负载词在翻译过程中历史文化内涵丢失的问题。

【示例】福州林聪彝宅园中的花厅，屋顶用歇山顶，作"四面厅"式，四面施落地长窗，檐下施垂莲柱，前檐出廊，并设月台，可纵览山池景色。

初译：The Hua Ting of Lin Cong yi's Mansion in Fuzhou has the saddle roof and is a hall called "four-wall hall". There are lotus pendant columns under the eaves, and the eaves protrude to cover the walkway. The hall has a platform in front of it, which offers a vantage point to appreciate the scenery.

改译：The Hua Ting of Lin Cong yi's Mansion in Fuzhou has the saddle roof and is a hall with landing windows in four walls There are lopus pendant columns under the eaves, and the eaves protrude to cover the walkway. The hall has a platform in front of it, which offers a vantage point to appreciate the scenery.

"四面厅"是中国园林中特有的建筑类型。其特点是体型精巧，四面施落地大窗，这样更能凸显空透韵味，为园主和游人观景之便。初译时，译者尽量保留原文形式，采用直译方法"four-wall hall"，但是这样的译文会使读者一头雾水，不知所云。改译则采用释义法，直接描述"四面厅"的特点，翻译为"a hall with landing windows in four walls"便于读者阅读和理解，也解决了此类建筑品类在译入语中词汇空缺的问题。

③分译法。建筑名称通常由专名和通名构成。建筑名称文化负载词的专名与

通名分译法即根据具体语境和专名种类，分别采用不同的方法翻译专名和通名。该方法可以用来解决建筑名称文化负载词一词多译且无标准译文的问题。专名的形成与人们对该地域的最初理解和认识相关，体现着各式各样的"命名法"，也就是通常所说的地名的"得名之由"，往往包含着丰富的内涵意义。通名在建筑名称中起主干及支撑作用，是一个建筑的本质属性，因此建筑名称文化负载词的专名、通名应该分开翻译才能完整的传达名称词汇的含义，并且好的名称翻译有助于提高城市知名度，促进文化走出去。建筑名称文化负载词按其专名性质和翻译目的主要分为三类：地理性专名＋通名、文化性专名＋通名、宗教性专名＋通名。地理性专名的音译法＋通名的意译法——该方法主要针对地理性专名＋通名形式的建筑名称的翻译。地理性专名指具有地理意义的名称，这类词汇往往为一个地名。尽管这些地名往往具有一定的文化内涵，但是其地名的文化意义对上下文的影响不大，读者只需要知道其为一个地点就足够了，因此，对于这类专名翻译时采用音译法。音译是指用目的语中发音相似的词来指代源语中的词汇，使读者直接欣赏到原文本的美学价值和语言表达。文化性专名的音译法＋注释＋通名的意译法——该方法主要针对文化性专名＋通名形式的建筑名称文化附载词的翻译。文化性专名是指具有一定文化背景的名称，建筑名称的人文历史内涵丰富，翻译时不仅需要译者时时关注中西文化差异，还须结合准确的语言表达。宗教性专名的替换法＋注释＋通名的意译法——替换法指用通俗常用的名称或者蕴含文化内涵的名称替换简单直译、音译的名称。该方法主要针对宗教性专名＋通名的建筑名称文化附载词的翻译。

④背景增补法。面向大众的建筑文化，其中一些历史、文化和建筑结构的背景于原文读者是耳熟能详的，但是这些相关的文化负载词所隐含的背景在翻译时需要译者自行增补，以便填补译入语读者的背景空缺。原文读者会根据语篇中某些信号的提示，自觉地填充文化缺省所留下的空位，但是，对于缺乏源语建筑文化背景知识的目的语读者来说，即使文章中存在相关提示，也难以将线索信息熟练的串联起来填补知识的空缺，从而无法完全理解原文并获得和源语读者相同的感受。翻译理论家尤金·奈达曾指出："译文读者对译文的理解应当达到能够想象出原文读者是怎样理解和领会的程度。"所以，译者有责任增补原文背景信息，并且直接表达出原作的意图，尽可能地使译入语读者获得和源语读者相同的阅读

体验。采用该方法来解决建筑方式文化负载词在目的语中无对应术语、建筑装饰文化负载词在目的语中无对应文化内涵和建筑历史文化负载词在翻译过程中历史文化内涵丢失的问题。

【示例】有的在棂身正面正中刻出凸出的线脚，以打破直棂单调的平面，反映出由古代"破子棂"演化而来的痕迹。

初译：Some Zhi Ling（the window lattice bar）have carved convex lines in the middle of facades in order to enliven the monotonous surface, which evolved from the Po Ziling window.

改译：Some Zhi Ling（the window lattice bar）have carved convex lines in the middle of facades in order to enliven the monotonous surface, which evolved from the isosceles triangle cross section of the columns in the Po Ziling window.

"破子棂窗"是闽台园林中的常见的窗户构造。其棂子断面是一个等腰直角三角形，直角向外，由一根方木斜角破开而成的，所以称之为破子棂窗。初译时译者采用音译法"the Po Ziling window"这样读者对破子棂窗的构造仍是不清楚。而后，译者在改译时对"破子棂窗"增补了窗户的建筑背景"the isosceles triangle cross section of the columns"，这样便可使窗户图示一目了然，有利于弥补译入语读者对园林窗户的图形空缺。

⑤音译加注法。两种语言文本转换中常存在文化空缺现象，原文本中的一些文化意象在译入语中是空白，没有相似的文化词可以对应，这时音译可以保留词汇的音韵美及汉语的语音特色。但是，译语读者没有源语的文化背景知识，单纯的音译会使其产生疑惑，不知所云。翻译是在目的语情境中为某种目的及目的受众而生产的语篇，所以为了让译入语读者充分理解原文并尽可能地产生和原语读者相类似的感受，此时就需要对词汇的相关背景信息进行解释，这样可以帮助译入语读者进一步理解词汇背后所蕴含的深层文化信息。采用该方法来解决建筑方式文化负载词在目的语中无对应术语、建筑装饰文化负载词在目的语中无对应文化内涵和建筑历史文化负载词在翻译过程中历史文化内涵丢失的问题。

【示例】福州园林中的亭子，翼角做法近似于江南的"嫩戗发戗"，起翘颇高。

初译：The way of building up turned roof ridge in the pavilion in Fuzhou's gardens are similar to "Nen Qiang Fa Qiang" used regions south of the Yangtze River.

改译：The way of building upturned roof ridge in the pavilion in Fuzhou's gardens are similar to "Nen Qiang Fa Qiang" (to make roof ridges extremely high) used regions south of the Yangtze River.

"嫩戗发戗"是中国古典园林中典型的造园技巧，是指屋檐的翼角起翘十分明显的结构做法。屋檐在屋角处显著升起，檐口到起翘处有很大的弧度，形成翩然欲飞的意象。对于西方读者而言这种构造手法十分陌生。初译时译者为保留原文韵味，采用音译法翻译为"Nen Qiang Fa Qiang"，但是并未对其内涵和构造进行深层次的剖析，这样不便于译入语读者了解园林构造。改译时，译文对"嫩戗发戗"的构造特点进行注释说明加注"to make roof ridges extremely high"，这样既保留了原文本中的语言特色，又便于读者理解。

⑥传译。建筑文化中的风景描写具有揭示人物心理状态的作用，承载着人物一定的情感，是与人物的心理状态或者整个故事的走向息息相关的。尤其是文学作品中变幻的道路风景，往往随着主人公的心情变换而呈现出不同的面貌。这部分的翻译需要译者不仅具有良好的风景审美，更需要理解作品的内涵，深刻体会人物的心理状态。在建筑文化翻译中，具体分为移情的传译和拟人的传译。移情是一种心理活动，是主体对于感性对象的知觉引发了他的某种心理活动的倾向。朱光潜认为："所谓'移情作用'指人在聚精会神中观照一个对象（自然或艺术作品）时，由物我两忘达到物我同一，把人的生命和情趣'外射'或移注到对象里去。最明显的事例是观照自然景物以及由此产生的文艺作品"。个人情感投射到自然形象中，描写的形象又反面烘托个人情感，两者相合，融合升华，起到美妙的修辞作用。移情可以借助拟人手法、象征手法，也可用单个的形容词等为表现手段，使无生命之物有生命、有情绪、有意志，甚至有行动。道路风景描写存在大量的移情手法，在变幻的风景中，人们心情的起起伏伏，借助修饰语的使用投射到风景中。拟人就是人化，是根据想象，把外物（有生物、无生物或抽象概念）当作人来写，把外物说得俨然像人。这种将事物人格化的修辞方式，赋予事物人类的性格、情感。拟人的使用可以使得大自然的描写变得生动形象，极具感染力，能使读者与自然迅速共情。拟人的手法出现在风景描写中，使得风景与人物同呼吸共悲喜。译者的翻译需仔细推敲用词，尽力还原原文的情感氛围，给予读者美的阅读体验。除此之外，建筑文化中的景物描

写抒发感情,往往使情景交融,达到景语皆情语的境界。情与景高度融合,各种修辞手段层出不穷,使得作品的优美性得到极大提高。自然风景中的修饰语居多,修饰语源于古希腊语,意思为"形容词",指突出并强调事物的某一特征,或者形象地描绘事物、现象、行为、状态的词。在汉语中,修饰语专指艺术定语,指专用于文学作品中,有深刻内涵与修辞色彩的词语。修饰语具有形象性、表现力,通常使用词语的转义,这种转义可以借助隐喻、借代、对照等多种方式形成。在词类上,除形容词外,名词、副词也可作修饰语使用。修饰语用于文学作品中有形象修饰、情感评价、装饰性修饰的作用。风景描写中,很多具有独创性的修饰语使得风景描写具有惊人的美感。修饰语往往具有源语本身的语言特色且饱含情感,这对于译者来说是很大的挑战,不仅需要知悉修饰语的语义内容,还需体会其中的深切情意。自然风景中往往结合多种修辞手法,使景色、声音与感受交融,产生了繁复生动的写景效果,读者如临其境。自然风景中质朴、简洁、优美的语言,承载起建筑文化中山川风物的色彩、形状、光线、气息乃至所有鲜活的、质朴的描绘。

⑦词义替换法。词义替换法适用于民族文化色彩浓厚的词语,这些文化负载词包含的原语文化特色,在译入语文化中或缺失或是表达有所差异。若简单将这些词语直译则会导致译入语读者理解偏差甚至是误解原语词汇的内涵。词义替换法即将原语词汇进行调整,转换成译入语中相同语义或有相近语用效果的词汇,便于译入语读者接受。李先进认为"当原语文化与目的语文化意象不同时,可以将民族色彩浓厚的词语作变通处理,即将专属于原语文化特征的语言单位替换成虽无相同命题意义却有相近语用效果的异语语言单位,给译文读者带来更充分的语境关联"[1]。翻译忠实于为目的语读者所熟悉的语言形式,而不是忠实于原文。因此在翻译时,考虑译入语读者的语言环境和文化背景,采用词义替换法会使跨文化交际更为容易,减少译入语读者的理解障碍。

2. 建筑文化翻译的教学建议

在建筑文化翻译教学中要充分考虑学生的学习习惯和认知规律,采用循序渐进的方式将建筑文化知识渗透到学习生活当中,提升学生的自主思考和自主学习

---

[1] 李先进. 关联理论视角下的文化缺省及翻译策略 [J]. 外国语文, 2013, 29 (03): 112-116.

的能力。通过结合微课和任务目标法等教学形式，让学生能够积极主动地进行建筑翻译的学习，提升学生翻译的能力，学生通过拓展建筑文化知识，还能够开阔眼界。教师要积极主动投入建筑文化翻译教学活动中，充分利用网络资源结合建筑文化中的基础知识点，对学生进行拓展教学活动的安排，学生通过增加阅读量和查找建筑相关领域的新研究成果材料，提升自身阅读翻译的能力，也学习到了建筑领域的新技术。

建筑文化英语翻译要求学生具备扎实的英语翻译能力。建筑文化基础知识的定义、分类和转化等都是提升建筑文化翻译技能和表达能力所必须的。翻译过程中要抓住重点，侧重所要描述的关键，提升建筑文化翻译技巧和能力不仅要提升自己的语言功底，还要结合实际的语言表达意境来翻译。

建筑文化承载了一个国家的历史发展和文化底蕴，所以在建筑文化翻译过程中，不仅要求语言翻译连贯、含义表达清楚，还要结合当地的文化特色和建筑文化底蕴。关注翻译之后的译本是否能够与当地的语言特色和文化内涵相适应。在建筑文化翻译中要更新自己的翻译观念，用特定的语言技巧将对建筑的审美和历史文化、风俗习惯融合起来，使其更加生动鲜明。

在建筑文化翻译教学过程中，要让学生充分考虑与对方的文化差异和表达习惯的差异，考虑翻译过的语言描述会不会造成文化差异和语言矛盾。在翻译建筑时，就要根据当地的文化特色和语言习惯来进行翻译，建立跨文化理念，从而提升学生的建筑英语翻译技巧和翻译能力。

第二节　自然文化的翻译实践

自然文化包含人们对地域环境中的地理名称、植物、生物、自然现象等概念的认识，还赋予其主观想象的内涵意义。因为不同民族在地理环境、历史背景、思想观念、信仰、风俗习惯、日常生活等方面的不同，所以不同的自然文化要素在中西文化中也有所不同，在进行翻译教学时要注意中西方差异。本节主要从植物文化、动物文化、方位词文化三个方面论述自然文化与翻译教学。

一、植物文化的翻译

植物与我们生活息息相关，我们在认识植物、利用植物的同时，植物对我们的认知思维也产生了影响，人类将本来描述植物的概念用于植物以外其他事物的认知上面，背后有隐喻的意义存在。植物在不同文化中的体现也各不相同，这种体现可以反映中西方所形成的价值观念、审美取向、风俗习惯和生活哲理等。植物不仅为人类提供食物，在语言文化表达中也起着至关重要的作用，因此在翻译教学中要注意英语中的表达是否能够与源语中所表达的意义相同。

（一）中西方植物文化各自的特色

植物比人类在自然界存在时间更长，植物本身就存在很多属性，但在人类认知植物过程中，由基础的生产生活到复杂的生产生活的过程中逐渐获得的植物概念。植物名称与所指对象之间存在较为复杂的映射关系，其中植物的形状和性状是植物文化关注的焦点。在对其他事物映射时，人们根据植物整株或各部位的形态、气味、色泽等方面的基础属性作为源域，通过已知的、熟悉的事物对该事物进行命名，这里的植物文化就是通过植物的形态、颜色、气味体现出来的植物概念域。人类的认知是由近及远，由已知到未知，对人类来说，植物范畴是除去人体、动物的基本范畴中最熟悉的范畴，许多植物的命名都是由人体器官或动物特性扩展、隐喻化生成的，在人类生产生活过程中，对植物的认识越来越深刻，能够通过植物的某些特点去创造更加容易理解的其他事物的命名。人类最初建立概念系统，是以自身为中心，基于身体的基本属性范畴投射到植物范畴，更深层次是把情感、社会等各种体验引申到植物身上，组成新的植物概念文化，对植物进行命名，借以认知并理解新出现的植物实体。

以植物域的事物来映射理解其他抽象事物域就是植物隐喻文化的实质，植物在人类的认知中与其他事物彼此关联；植物与人们生产生活有着密切联系，对于人类来说，植物不仅是自然环境中单纯的事物，也是具有某种状态、行为或心理的，还可以表现事物的外形、时间以及某种事态发展。人们喜欢将植物实体的某个特征与人的特征或者事物的某些相似性紧密联系起来，这些植物名称反映出了人类在植物映射其他事物的倾向。

依据植物名称或植物部分划分出来的植物的外在形体、植物的基础属性、植物的突出特性，能够影射我国植物文化的概念域。

①植物的外在形体文化。人类在认知植物为它物时，植物整株或植物某部分的基础属性等形状特征最先进入人们的认知，成为人们关注的对象，人们总能将植物的外在特征与人的外在形体特征相联系，以植物的外部形象映射人的形体特征，从而形成植物外形表达抽象概念的植物词。由植物外形映射人的外在特征，还可映射事物的形状，通过植物多姿多样的形体，对人或其他事物等抽象概念进行了描写。花的外形映射美丽的女子，多指容貌美丽，如花魁、花容、花颜、芙蓉模样、脸如莲萼、脸如三月桃花等，"花魁"本指百花之首，后产生很多引申义，如绝色佳人，旧时也比喻有名的妓女；"花容""花颜"喻指容貌如花一般精致漂亮，容颜美丽漂亮；"芙蓉模样""脸如莲萼""脸如三月桃花"都是直接使用具体的花去形容女子漂亮的容貌，使接收者更容易联想。花的外形还映射了其他事物的形状，由此产生了很多似花般的事物被命名，如花灯、金莲灯、玉梅灯、荷花灯、芙蓉灯、花烛、金莲等，"花灯"喻指外在形象花，或者是外表造型漂亮的灯，而"金莲灯""玉梅灯""荷花灯""芙蓉灯"都是以具体的花喻指这些灯的华丽，造型美丽；"花烛"多与洞房连用，洞房花烛，多指结婚热闹的景象；"金莲"古时多用三寸金莲，来形容女子的脚小巧。除了"花"，还有"树"的外形来映射人的体态或者肢体，如玉梅树、傲雪松、柳腰，前两个就是喻指人的姿态妖娆和气质高傲，"柳腰"主要就是强调腰细，这一个大类还分为组成部分，其中的"叶""果实"的外形也同样映射人或事物的外形或形状，如"眉似初春柳叶""柳叶枪""柳叶细甲"等都是通过柳叶的形状去映射人体的眉毛以及武器、内甲，还有"樱桃口""春笋手""指头嫩似莲塘藕"等都是形容人的嘴巴、手指，所以由此可知，植物外形的大多都可映射人体的外形、姿态、五官以及肢体，这让抽象的人域能够形象地以植物域呈现，让读者更容易理解植物所映射的文化。人们都很喜欢将美丽的意象去映射一些美好的事物，如人的姿态、外形、五官、气质，还有事物的外形，就是通过人们所理解的植物带给人们认知中美丽的部分映射人或事物中无法形容的抽象概念。

②植物的基本属性文化。植物的基本属性大致包括植物的形状、颜色、气味等，这些属性都是人们认知植物的重要途径，人观察植物，最先是从视觉上观察

植物的形状以及颜色,其次是从嗅觉上感知植物的气味。人们往往会将植物的基本属性首先作为认知其他概念的首要概念域,如源域为植物的外形,这是我们在日常生活中最常见的,植物的外形域是占大部分,其次看目标域,人类对自身有足够的认知,所以就会产生植物域映射人的相关概念域或者事物相关的概念域。"花"类词语中如芙蓉冠、烈火绣花袍、梅红等,"根"类词语的基础属性就是植物地底以下的生长部分。这里人们通常映射为人类器官的根部以及事物的基部,其他组成部分还有"枝"类词语,"枝"的基础属性就是枝干,映射到事物就喻指分支,如"金枝玉叶"原指花木枝叶美好,后多指封建时代的皇族子孙。③植物的突出特性文化。人对植物的认知不仅仅局限于植物的基础属性,通过植物的生长,人类还可以认知许多的植物的特性文化,如"花"可以代表美好事物、使人迷醉、迷人、虚幻等。"草"有很多特性,如普遍、低微、随处可见、粗糙、坚韧易活、生长时间短。"树"类词语根据语境存在某种状态,"根"可以代表事物的本源,"枝"可以映射事物的多余。人类在认知事物的时候,会根据相似性不停地联想,从而产生许多引申义。

社会文化的不同赋予植物词汇丰富的文化内涵,展现出了语言作为文化载体最真实的意义。在漫长的词汇历史文化进程中,中英文化中的植物也积累了更丰富的文化意义。如作为中国十大名花之首的梅花,在英语中的对应词是 plum。在西方文化中,对 plum 的解释排在首位的是李子、梅子,英语国家人士对 plum 的理解更多的是侧重于果实,而不是其特殊的比喻意义。在西方文化的基督教文化中,梅树代表着"忠诚";而在基督教中国化的过程中,梅作为一种不可缺少的装饰元素出现在了教堂,它象征着"倜傥超拔,高标独秀"的完美形象。在英美文化中,plum 作为俚语表示"奖品、奖赏、令人垂涎之物",在非正式文体中,也表示人们向往的东西,但常常指工作、戏剧角色等。

因此,西方人在认识植物时往往喜欢微观分解,不只单向纵深发展,还时而变向。在漫长的历史文化沉淀中,因为文化的共性,英汉语言中的许多植物也出现了意思相近、内涵相同的发展现象,也有字面意思相同而文化内涵不同的现象,不同的民族地区产生不同的文化差异,不同的文化背景产生不同的文化内涵,语言是不同文化的表达方式。一种植物生长在不同的地方,人们对它有着不同的文化定义。同一种植物在同一种语言的不同的朝代中拥有着越来越丰富的寓意和文化内涵，而在另一种语言中面对表达相同寓意的植物时对应的植物又是一个新的词汇，而不是原本意义上的英汉互译。

（二）植物文化的翻译策略

1. 植物翻译方法

①直译法。英汉语中有些植物在形式上或寓意上相似，译者翻译植物名称时直接使用其英语的对应表达，使译语读者能够更加直观地知晓英语表达所指植物及其特征。

②替换法。译者运用译语读者熟知或者具有相似植物特征的英语表达来替换源语所指植物名称，使译语读者在一种惯常的思维模式或熟悉的语言环境下更加贴切地理解源语所指植物。

③意译法。当源语和译语所处环境差异而出现翻译局限时，译者使用解释性翻译表达该植物的特征或含义，这种方法有助于译语读者克服环境差异，充分了解源语所指植物。

④加注法。文后加注法指译者在文后添加相关注释用以对植物特征或其代表含义解释性说明，文后加注法一般会伴随上述任意方法一起使用。

⑤隐喻法。意象在隐喻翻译中的作用无疑是至关重要的，我们在谈及翻译方法的时候，直译是最主要的翻译方法，植物中的"花""草""树"的外形隐喻翻译主要就是选择直译法。对于隐喻翻译来说，只要不破坏隐喻的意义，那就主要选择直译法，可以使原文中的隐喻在译文重现，这样是为了保留原文隐喻的文化色彩，可以丰富译文语言的文化，那么翻译时，原文的隐喻映射与译文的隐喻映射都是对等的。直译时会发现一个问题，原文隐喻的意象可以在译文语言中找到相同词语，但是词语意义内涵不同，文中"花""草""树及树的组成部分（根、枝、叶、果实）"的基础属性隐喻，会在英语中找不到对应的词语，这时候需要采用别的翻译方法，非对等映射就是在原文意象在译文语言中的同一词语所承载的意义不同，需要选择非对等映射。原文意象所承载的意义在译文语言中找不到对等词语，虽然在译文中没有出现与原文意象相关的译文词语，但是结合上下文语境，译者还是能够通过语境将整个句子翻译完整，使译文读者能够理解。

2. 植物文化翻译教学建议

翻译教学首先要研究的就是不同语言文化之间的内涵意义，不同的语言体系中，存在着一定数量的完全对应和大量的相对应的词汇，也就是说，不同语言的词汇系统中存在相同或相近的指称意义。

在植物文化翻译教学中，在传授翻译理论和技巧之前，从宏观上进行中西语言文化的比较，使学生对植物文化的中西语言特点、价值观念和思维方式在宏观上产生一种认知。通过运用这种教学方法，学生不仅能更深刻地了解英语的植物词汇特点，同时也加深了对汉语植物词汇的理解和认识。

在植物文化翻译教学中，尤其要引导学生关注中西方植物文化蕴意，引导学生关注植物的文化意义。在实际教学过程中，我们必须使学生明白英汉两种语言在植物文化这一环节上的差异。教师可以把英语专业所开设的英美文化课程作为先导课程，在实践环节，也就是翻译课上通过练习及译例分析培养学生的跨文化意识，以保证翻译的准确性和可信度，完成译者作为文化传播者的使命。译者身负传播文化与思想的重任，他并不属于某一种特定的文化，他应该处于一种观察者的位置，对目的语文化和母语文化同等重视，才能客观、理性、准确地完成自己的使命。

植物文化翻译教学中对于翻译者的植物理论基础、母语及翻译语种知识都有着一定的要求。除此之外，还需要翻译者熟悉植物中的术语表达、固定句式以及常见叙述模式等，在英语课程安排中做到科学搭配，鼓励学生多听植物文化相关的英语听力，不断提升自身英语口语交际能力。同时，教师要积极引导学生养成阅读英语国家概况、跨语言交际研究、植物专业外文期刊和研究论文的良好学习习惯，经常收集植物专业的表达句式和固定术语搭配。

植物文化翻译教学中教师要树立正确的教学思想观念，实施素质化教育，利用情景打造、角色代入和话语讨论等方式提高课堂活跃度，让学生从被动学转化为主动学。另一方面，互联网时代下，教师要学会利用新媒体技术软件，借助感染力较强的电子课件来抓住学生的上课注意力，进一步激发学生的专业兴趣和学习主动性。同时要对英语教师培训体系，定期开展专业英语教学深造学习，对于教学实效突出的教师群体给予一定奖励，并定期安排业内名师或植保专业研究专家到校交流学习，让学生可以了解植物专业前沿知识，在开拓视野的同时加强专业学习兴趣。

二、动物文化的翻译

在人类社会漫长的发展历史过程中，动植物以及自然界众多千奇百怪的各色生物都与人类一样，经历着漫长的发展和演变，同时与人们的生活又息息相关。然而，不同的民族和种族，由于地理位置、发展历史以及风俗习惯等的差异，对于动植物的情感和态度又有所差异，要选择正确的方法进行翻译，这是进行翻译教学的认识基础。

（一）中西方动物文化各自特色

动物文化是动物形象的比喻和象征意义，由于受自然地域差异、社会习俗以及历史沿袭等多种因素的影响，不同的民族对于同一动物具有不同的情感和审美情趣，因而产生了不同的中西方动物文化，造就了特定的文化，在特定的文化环境中，不同的民族对于同一动物赋予不同的联想意义和文化内涵。

尽管中西方文化差异较大，两种环境中生存的动物也存在差异，但世界上的事物息息相关，中西方人们的生存环境也存在相似之处，而且随着中西方日益增加的交流和文化的逐渐渗透，带来了文化的相似性。动物形象也是如此，部分动物形象在英汉文化中所承载的寓意也是相似的，从动物的基本属性来看，人们对某些动物的特性会产生相似的联想和价值观。基于民族文化的差异性，少数不同的动物也具有相同或相似的文化内涵。

（二）动物文化的翻译策略

1. 动物翻译方法

①直译法。这种方法适用英汉动物的表达形式和文化内涵相同时，英汉语中的动物所表达的事物性质或人物品质相同，同时形象意义也相同时，就可以保留原文的动物形象。

②意译法。当英汉语中动物所表达的意义和形象不同且无法改变动物形象进行套译时，就可以舍弃原来的动物形象进行意译，这样既能保持原文内容，还能使译文符合英语读者的阅读习惯。

③套译法。当汉英两种语言中的动物不同，但表达的形象意义和文化内涵一

致时，可以采取译语中含有相同的动物形象的词汇来进行代替，这就是套译法。

2. 动物文化翻译教学建议

在动物文化翻译教学中，要有意识地将英汉动物词的文化对比融入教学中。在日常教学过程中，要加强动物词的跨文化意识的导入和渗透，还要注意文化背景知识的介绍。结合上下文，注意扩展中西方文化知识，从社会、历史、思维方式、民族心理、民族性格、民族文化等多方面多角度介绍动物词的背景知识。

在动物文化翻译教学中，还要经常进行翻译教学和实践，在教学中，可以设置一些具有对比性的翻译材料，从短语到句子，再到段落，最后到篇章，分阶段、循序渐进地进行翻译实践，有针对性地进行动物词的训练和讲解，有目的地进行反馈式的讨论和总结。在翻译教学和实践中，教师应正确对待学生的错误，拓宽思路。

要提高学生的动物文化翻译的学习积极性，还要鼓励学生进行广泛阅读训练。阅读材料不仅包括课堂中有针对性的材料，还包括学生课下的广泛阅读，才可能更深层次地理解中西方动物的不同文化内涵，提高学生在语言运用方面的自信心和能力，提高学生对两种语言的敏感度，提高翻译能力，培养学生的文化意识，引发学生对英语学习的兴趣，提高语言运用能力和水平。

三、方位文化的翻译

中国古代的方位文化是翻译教学文化中的一部分。古时方位用"四象"来表示，东西南北分别是：青龙、白虎、朱雀、玄武，北方的玄武代表着尊贵。方位文化体现最明显的就是建筑的方向，中国古代建筑通常是坐北朝南，前面是厅堂，后面是室，在厅堂中举办的活动一般都面向南。同时，古代帝王的朝堂都是坐北朝南的，因此有"背北称帝"之说。在现在，方位文化也发挥着潜移默化的作用，在餐桌上，虽然没有南北的区别，但是都会让最尊贵的客人坐到餐桌的最里面，挨着门坐的地方是属于辈分和年纪较小的。

在翻译教学课堂中，应该将方位文化授予学习者，让他们在更加了解中西方方位文化的同时减少偏误。可以将方位文化融入"吃饭"这样的课文对话中，也可以将"四象"文化教授给学生，同时应该结合视频或者实体游览进行文化教学。这样做不仅可以吸引学生的兴趣,增加学习语言的能力,同时可以强化文化记忆。同时还要进行翻译实践教学,英语翻译的实践性非常强,在英语翻译教学中要想真正促进学生英语翻译能力的发展,就一定要为学生打造良好的翻译实践平台。课堂上要给学生提供操练的平台,引入情境教学法等,除了课堂上的翻译实践之外,还可以从现实需求来创设校外实践平台。让学生接触真实的翻译岗位,可以在真实的项目中积累英语翻译的实战经验,获得真实的翻译体验。定期组织学生参与企业的英语翻译相关的工作中,在实践中提升和训练学生的翻译技能。此外学校方面还可以鼓励学生成立一些英语翻译社团、英语翻译兴趣小组等,让翻译社团对一些经典的文学作品进行翻译,共同探讨和交流,积极组织翻译活动,在翻译活动中促进学生的翻译水平提升。另外还可以引入翻译竞赛,以赛促学,让翻译竞赛和翻译教学结合,对接翻译竞赛的标准、要求来确定翻译教学的内容和标准,加强对学生的竞赛指导,在实战中提升学生的翻译能力。

第三节　社交文化的翻译实践

社会文化背景不同,人们对现实生活中的事物赋予的文化内涵便不同。为此,在不同文化的碰撞与融合过程中,人们在交际中就需要对他人的文化进行一定程度的认知与了解,从而帮助交际的有效展开。因此,本节主要从称谓语文化、委婉语文化、禁忌语文化三个层面论述社交文化与翻译教学。

一、称谓语的翻译

"称谓"一词与人们的日常生活密切相关,我们在与他人的交际中也必定少不了使用称谓语。该词出现时间较晚,于南北朝已普遍使用,范晔的《后汉书》中就提道:"改易名号,随事称谓。"意指更改称谓或名号时,要依据当时所处的职务进行称呼。在第七版《现代汉语词典》中,把"称谓"解释为"人们由于亲属和别的方面的相互关系,以及由于身份、职业等等而得来的名称,如父亲、师傅等"。换言之，不管是在古代汉语还是现代汉语中，所谓"称谓"就是指如何称呼别人。

人类是最大的一种社会群居性的生物，从原始社会到文明社会的迈进，语言都是区分人与动物的最主要的一点。在现代文明社会中，互相尊重、相互理解已成为人与人之间必不可少的交际条件，如何运用得体的称谓语作为人与人之间的基本称呼方式，成为我们极为关注的问题。自古以来，中国以礼仪之邦著称，而这礼仪很大一部分体现在称谓语上。汉语的称谓语数量极为庞大，且非常复杂，称谓语的使用不仅体现在文化内涵上，也体现在日常生活中。如今，称谓语的使用发生了较大的变化。

语言的变化既是历时的，也是共时的，不同时期使用的语言都会有变化，称谓也一样。但是语言变化不同于社会变化，社会的变化可能会因为一些社会因素呈现动态的趋势；而语言的变化中，一些基本的语言要素是处在一种相对静止的状态的，如语法、汉字等等。社会语言学家陈元曾指出：一种有生命力的语言会处在持续不断的变异当中，这种变异是一种非人格化的存在，是人的心灵无法转移的。此外，他还介绍了一些影响语言变异的因素，如时间变异、空间变异等。简单举例来看，就亲属称谓语而言，一个学生当面称呼老师为"XX老师"，表现得十分尊重，但可能私底下或者给背后称呼这位老师时，就是"老李"或者其他的一些称呼方式，就显得较为随意。

①时间变异。在语言的使用过程中，语言会随着交际的不同空间、时间等方面的变化而发生变化，产生各种语言变体。时间变异是指称谓语在使用过程中随着时间的变化而发生变化。一种有生命力的语言会处在持续不断的变异当中，事物的运动没有绝对的静态平衡。语言系统的同质性在从理论变为实践的过程中，实质已经陷入了一种困境，所以就应该有个新的过渡，要探究新的语言学习方法来摆脱这种困境，那就是将一种自给自足的语言系统转移到一个系统与环境交互的语言使用，将语言系统从绝对静态平衡转移到动态平衡当中。语言作为一种交流的必要具，满足人类的一种基本社会需求，换句话说，社会的变化会影响语言的变化，也就是我们说的语言变异。语言的时间变异体现在多方面，随着时间的变化，任何语言都会发生一定形式的变化。

②空间变异。空间变异中的"空间"指的是使用语言的环境，也称谓语言情

境。空间变异与语言使用的群体数量有关，当一种语言变体的使用数量达到相当大的程度时，该语言变体就会成为一种语言的标准形式，因此，语言的空间变异与语言变异使用的区域大小有关。

③社会变异。语言变异的理论多依赖于布拉格学派的语言功能性研究，强调语言使用中的各种社会因素所造成的差异。社会变异主要是由于语言使用者的社会地位、年龄、受教育程度等因素所造成的语言差异。

汉语称谓语具有等级性和情感性。北京大学教授杨德峰先生在《汉语与文化交际》一书提及，在封建社会里，有着严格的、不可逾越的等级制度，一个人一旦生下来，他就有着不可改变的社会身份和地位[①]。因此，在中国人的传统观念中，没有树立太多"独立人格"的概念，只有在一定的社会关系中，人才能成其为人。因此，中国人在进行社会交际时"身份"这一概念尤为重要，所以也就有了"看菜下碟，量体裁衣"这一讲究。汉语中的称谓语还可以体现出说话人之间的地位上的长幼亲疏关系。同时，中华民族历来是一个家庭观念十分浓厚的民族，体现在汉语称谓语上，它通常情况下会随着心理、语境等各种因素的变化而变化，汉语称谓语具有极强的情感性，主要是指以称呼者与被称呼者亲疏程度为依据，从个人情感角度出发考虑对被称呼者应该使用怎样的称谓语，从而达到交际的目的。换句话说，汉语称谓语本身是不具备情感性的，该特性主要受人的心理影响。在今天的现代汉语中，有些家庭中父母与子女的称谓也发生了些许改变，有些思想较为开明的家长也允许自己的儿女以"老+姓氏"（如老李）的方式称呼自己。值得一提的是，这类称谓通常都是朋友或同事等同辈之间的称谓方式，此用法一举让该称谓形式变为了亲属称谓语。亲属之间的亲疏关系在一定程度上是相对稳定的，当然也具有一定的可变性。当说话人有意缩小或拉大与听话人的亲疏关系时，就可能通过不同于以往的称谓。在现代汉语称谓语中也有"太太"一词，该词一般用于较为正式的场合，男士介绍妻子给朋友认识时，一般会说："这是我太太/妻子"，但是日常生活中通常以"媳妇"或者"老婆"来称呼自己的妻子，几乎不使用"太太"一词。由此可以看出，汉语的称谓语会因为交际场合的不同而变得不一样。亲属称谓语作为一种特殊的语言符号，除了具有一般语言符号的交际功能，也包含着一种浓

---

① 杨德峰. 汉语与文化交际[M]. 北京：商务印书馆，2012（216）.

厚的情感关系，表现出民族精神，表达了对家庭的重视、对地位及等级的敬畏与尊重，同时也体现着人们丰富的内心世界，充满了强烈的感情色彩。

在英语中的亲属称谓如 father, mother, son, daughter 等和修饰词语如 first, in-law 等，可以充分反映出西方人之间所具有的亲疏、血缘、辈分、同胞等关系。在西方国家，由于人们比较重视"平等性"关系，所以英语中的社交称谓往往带有很强的局限性。在英语中，姓名称谓是比较重要的，人们根据交际双方所具有的不同年龄、身份、地位、关系等，往往会使用姓、名、姓名、昵称等来称呼对方；社会交往中用职务来称呼对方的情况是十分稀少的，仅有少数职务可以用于称谓，自称的用语比较少，他称往往用于王室成员、社会名流、达官贵人等之间的人际交往中。此外，由于英语国家很少使用尊称，因而并没有相应的尊称称谓语。

通过对上述中西方称谓语文化差异的分析，在称谓语文化翻译教学中，要让学生了解称谓语差异体现在形式上、语义和语用层面，有的称谓语在特殊的交际场合往往表达着特定的语用含义，施行不同的交际功能。对此，在翻译这些称谓语的过程中，译者首先需要确定这些称谓语所出现的具体交际环境，进而再把握其语用的功能，最后选择得体、准确的语言表达出来。称谓语翻译可以采用对等翻译、增减翻译等方法。

探究称谓语和社会文化间的关系，深化对这一语言现象的认识，了解跨文化交际中不同的民族心理和文化差异，才能使交际活动正常顺利地进行，避免造成不必要的误会。在翻译时，译者应该依据特定社交语境所提供的背景信息，揣摩称谓语的准确语用含义，体会称谓者的情感语气以及交际双方的角色关系，运用恰当的翻译策略，最大限度地翻译出称谓语的所有含义。透过日常生活称谓语的差异来分析和掌握文化的差异和特色，对于语言文化的对比研究是颇为重要的；同时，对于学习外语，特别是理解与运用外语也是不无裨益的。

在进行称谓语文化翻译教学时，要重视语境教学，教师可以通过多种方法让学生了解在不同语境下称谓的语用规则。教师可以利用多媒体展示视频，通过展示视频中的情景和语境，让学生判断视频中人的称谓是否正确，再进一步分析人物关系。这是从判断的角度让学生总结特定情境下的语用规则。教师还可以创设真实的交际情景，用角色扮演的方法让学生明白称谓的语用规则。

二、委婉语的翻译

对于委婉语的使用和出现，最早可关联至春秋战国时期的避讳现象，当时对于皇帝姓名需要"避讳"的传统。陈望道的《修辞学发凡》中如此表述："委婉，表示说话不是直白的本意，只能用委屈含蓄的话来烘托暗示。"①此外，委婉语的含义是指通过婉转，或隐晦语义不清的表达，或不直接的叙述，或另外一种措辞形式，侧面地表达说话人的本意和真实含义。王希杰的《汉语修辞学》中将"委婉语"定义为："不能或者不愿意直截了当地说，而闪烁其词，拐弯抹角，迂回曲折，用与说话人的本意类似的话来代替"②。

但是也有许多学者对于委婉语的定义产生不同的见解，比如李军华在《汉语委婉语研究》中提出"委婉语"和"委婉"是两种完全不同的事物的概念，另外李军华主张"在一定的言语交际环境的制约或者作用体制下，为适应社会文化传统规范、风俗习惯和交际主体的心理需要，表达者不需要直接说明其事或者直说本意，而选用具有与直接语所指含义相同的语言手段来替代或者转换表达的一种语言现象"③。

到了 20 世纪七八十年代，受到西方社会语言学的理论在我国的语言学领域影响，18 世纪 80 年代，英国学者格朗格·博兰特（Gorge Blunt）首次提出把"euphemism"这个词，这个词来源于希腊语，意思是"说好听的话"，Gorge 将之定义为"A good of agreeable alternative of a bad word"，美国语言学家亨利·门肯（Henry Mencken）也在社会语言学的范畴中讨论了英语委婉语的产生以及流行，在英语的委婉语使用范畴中，用迂回含蓄的表达方式代替敏感忌讳的语言，符合社会学中人类交往。

这些西方理论研究使得国内关于委婉语的理论方面也有新的领域和意义。比较权威的有陈原先生著作的《社会语言学》，其中对于委婉语的产生、背景，以及委婉语的社会本质都到了极好的著述阐释，并且通过相当多的实证引例，解释了委婉语的构成和使用特点④。束定芳也曾发表过《委婉语新探》一文，表示委婉语是在跨语言中的一种跨文化的交际活动，将语言符号放置在特定的社会文化背

---

① 陈望道. 修辞学发凡 [M]. 上海. 大江书铺，1932：135.
② 王希杰. 汉语修辞学 [M]. 北京：北京出版社，1983：356.
③ 李军华. 关于委婉语的定义 [J]. 湘潭大学学报（哲学社会科学版），2004（04）：162-165.
④ 赵蓉晖. 社会语言学 [M]. 上海：上海外语教育出版社. 2004：196.

景下的实践,目的就是使得交际双方清楚地传递表层信息以及隐藏信息[①]。

中西双方对于使用委婉语的"礼貌原则"也有相当大的差异。中国的"礼"的根本是为了体现封建统治阶级的尊卑有序的等级秩序,同时中国式的礼貌往往体现在委婉语的使用上,很多语境下会有贬己尊人。而西方最早提出礼貌原则起源于 20 世纪 70 年代,西方语用学的礼貌核心是"面子",即个体为自己在社会中所营造出的个人形象,说话者往往会通过赞美的方式来获取对方的欣赏。但是在英语的委婉语中,也有很多和中文礼貌用语的共通点。但是语言的特性本身就不是一成不变的,在社会的发展的进程中,委婉语的使用规范和范围也进一步衍生:在原始社会,对于自然鬼神的敬畏导致神灵和鬼神的委婉语;伴随着战争年代的到来后,对于天灾人祸、突如其来的意外,也有疾病灾祸的委婉语;到了 16—17 世纪,清教兴起,清教限制一切纵欲享乐主义,并且鼓励倡导任何社交和消费过程中用优雅的、礼貌的语言表达,重视伦理,追求信仰;到了现代,政府以及相关部门会鼓励倡导文明用语来针对此类社交中的禁忌语言等等。以上种种可见,委婉语和其他语言一样,随着社会的发展而进步,与人类的社会属性是共通的。

在中西方文化差异以及对于言语礼貌的认知、评判标准都不尽相同的前提下,对于委婉语翻译尤其之难,除了字面上的含义之外,还有语境背后的交际因素。

在中国的社会话语语境下,凡是与"死亡"相关的会被认为不吉利且必须有所避讳的,在交往中会利用一些委婉语的"讳称"表达来代替死亡。在古代社会中出于对生老病死的恐惧,陈原在《社会语言学》中指出"社会成员认为语言本身能够给人类带来幸福或者灾难,以为语言是祸福的根源。谁要得罪这个根源,谁就得到加倍的惩罚;反之,谁要是讨好这个根源,谁就得到庇护和保佑。"无独有偶,除了中文语境中有对死亡的忌讳,要使用死亡委婉语之外,英语中也有类似的场景,比如《哈姆雷特》中用到 shuffled off this mortal coil 来表示死亡,意为摆脱了尘世的羁绊。除此之外,还有 to be no more、go to the heaven 等表达方式。

中国传统社会中,对于疾病以及灾害避之不及,同时也会被认为是不幸的事情,在日常生活中,通常作为生活的阴暗面被社会认知,总是会有意地在言语交流中去避免谈论疾病,这出于对灾害的恐惧,对疾病的避讳,有些场合中也是出

---

① 束定芳. 委婉语新探[J]. 外国语(上海外国语学院学报),1989(03):30-36.

于对患病之人不必要的刺激，故而面对灾祸疾病之时，会用委婉语把病情说得含糊一些。这样既可以让言语对象听起来比较容易接受，也会使话语者本人不会过于难堪，若是一些和绝症相关的疾病灾害，则更加会尽可能地用一些委婉语来替代。人类的情感是共通的，在西方社会中，疾病和灾祸同样令人难以启齿，疾病意味着身体某些功能有缺陷，尤其是在注重个人隐私的西方社会也会尽力以委婉的方式去表达，有些疾病比如癌症（cancer）在英语中有the big C来隐晦表达，麻风病（constipation）用Hasens disease，便秘（constipation）用irregularity（紊乱）来表达，等等。总之，在英语的日常交往中，涉及疾病、灾祸等令人难以启齿的事情，同样会用委婉语去表达。

金钱虽然代表财富但是在中国的传统社会中，尤其是自诩文人士子的面前若是谈"钱"又一直是件令人难以启齿的事情，也会被视作庸俗不堪。在传统儒家思想中，强调对"道"的追求，此处的"道"即人间正道，孔子曾赞扬颜回耐得住清贫，宁做精神圣人；孟子强调取义，可以说是视"金钱如粪土"。但是到了明清时期，社会发展已然到了资本主义萌芽时期，人际关系中处处充满了金钱关系，实质的物质利益在实际社会生活中完全抵不过传统的圣人道德训诫和信仰。在西方文化中也有许多避免谈论金钱的文化共通性，比如在西方资本主义萧条的环境下，失业和贫穷时有发生，形容一个人失业的委婉语就有give the sack to his employee；被解雇的员工也尽量避免用到fire这个词，而是会用到委婉语说成lay off或者是give the walking ticket；形容没有钱或者赤贫也不会直接用poor，而是用到委婉语有in difficulties来替代；贫民窟会被称为sub-standard housing等。

委婉语的翻译方法，主要有直译法和意译法两种：①直译法。这种翻译方法适用于英汉语言中在语义和文化上刚好对应的委婉语，这样有助于保持原文的语言风格和文化内涵。②意译法。一种语言中的委婉语翻译成另一种语言时往往在目的语中找不到对应的词语，这种情况可以采用意译法。

委婉语文化翻译教学中建议主要从以下方面展开：①委婉语的学习，可以有效帮助学生避免在英语会话中发生不必要的尴尬、收获理想的交际效果，提高说话人的思想修养和语言修养。教师进行分门别类地系统讲解委婉语知识时，既要让学生了解语言表象，又要掌握语言内涵，提高他们的跨文化交际能力。教师还应在课堂上强调出现频率较高的固定性委婉语及其语用功能，并给学生指定一些相关书籍来补充学习，指导学生在课后和日常交际中注重委婉语的积累和使用。②采取对比的方法实施教学，在课堂中，教师可以对比分析英汉语言特点，从文化差距、社会心理等角度入手，帮助学生梳理英汉语中委婉语的使用个性，加深对委婉语的理解，从而能在准确的语境中使用其语言。③教师需要在教学中为学生介绍委婉语使用语境与文化背景，推荐一些传统文化典故与书籍，有助于学生更好理解汉语委婉语。④在教学中，教师需要把握好委婉语的时代性特征，利用常见的社会现象为学生介绍更多的委婉语，帮助学生全面解读委婉语，从语言本质、语境、语言内在关联等方面入手，不断提升学生的学习效率。⑤鼓励学生积极进行英语交流，在人际社交中会接触许多新鲜的委婉语，充分利用信息网络，多看、多了解网络资源，提升社交能力。⑥在翻译教学中，教师尽量使用一些委婉语，充分体现对学生的尊重，努力为学生营造一个和谐且高效的学习氛围。

第四节　生活文化的翻译实践

除了上述物质文化、自然文化和社交文化，本节主要从颜色文化、习语文化和典故文化三个层面论述其他文化与翻译教学。

一、颜色文化的翻译

颜色通俗上被定义为透过人体的眼睛、大脑以及生活中的经验判断等一系列综合作用后所产生的对光的直观感受。颜色具有色相、明度和饱和度三个特征。我们看到的色彩缤纷的世界，都是对光不同的视觉感受，因而对于颜色的界定实际上是一个模糊的概念。我们熟悉的红色，由于其红的程度有所差异，因而产生的色彩也不尽相同，例如梅红、桃红等。综合以上情况，人们往往以诸多不同的方式来界定和区别不同程度的红色，人类也随着认知的积累，慢慢地将不同的红色带来的视觉上的不同感受分别开来，并按照不一样的颜色进行了不同意义上的命名，从而产生了含义明确、指定清晰的不同的颜色词。

颜色词的文化色彩是跨文化交际过程中重要的文化点，由于历史文化不同，不同的国家有不同的颜色崇拜，例如，中国人认为"红色、黄色、紫色"是吉祥的颜色，在翻译教学中应该根据不同颜色的文化对比，研究颜色禁忌等。

（一）中西方颜色文化各自特色

颜色的不同在古代中国也分为不同的等级。正色与间色是古代对颜色的分类，正色分别是黄、白、黑、青、赤。间色也包括五种，分别是浅红、紫、绀、缥、流黄。五种间色是由五种正色混合而得的，颜色应用于建筑、服饰、车马、家具等不同的用具上，成为古代等级划分的规则之一。紫色，本来作为间色供身份较低的人使用，但是因为春秋五霸之一齐桓公喜欢紫色，所以逐渐提升了紫色的价值。从南北朝时期创建了五等官服制度，紫色便位于其中。唐代设置的官服制度，其中规定三品以上的官员可以穿紫色的服饰，因此紫色在中国古代文化中，一直象征着等级较高的官员。值得一提的是故宫又名"紫禁城"，这里的"紫"也是有另外一番含义。中国古人讲究的是"天人合一"的思维，在城市规划过程中与天上的星宿相对应，天帝居住在"紫微宫"，因此故宫的规划命名为"紫禁城"，象征着紫微宫与天帝对应。

从"红"的溯源来看，最开始用来表达"红"色的词并非"红"。起初，甲骨文用颜色词"朱"和"赤"来表示"红"。《说文解字》中对"朱"的注释为"朱，赤心木，松柏属"，即"朱"本义为一种红心的松柏科植物。《说文解字》中对"赤"的解释为："赤，南方色也，从大从火"，即赤原义上是指火光的所发出颜色。周秦时期，"粉红"一词开始出现，本义指粉红色丝织品。到了秦汉时期，"红""朱""赤"分别演变为不同的颜色，红指代浅红，朱表示火红，赤表示处于浅红和火红之间颜色。到了唐代，"红"的下位词"粉红"所指代的含义逐渐消失，"红"从此泛指颜色词红色。红色自古以来就一直是中国人最为喜欢的颜色之一，红色还对应的"五行"中的火，代表夏天的热情。尤其是在中国传统文化新春佳节里，人们也往往将红色视为最重要的颜色和使用频次最高的颜色之一。春节期间，家家户户都会挂起红灯笼，在墙上贴红底黑字的福字，长辈要发红包，这些都是中国人传统的过节方式，红色可以说是刻在中国人基因里的颜色。除此以外，红色在中国的传统中，还是正义的颜色，比如传统文化京剧的脸谱就以红色代表忠义，"红脸关公"更成了人们夸赞为人品德正直、刚正不阿的代名词。近代史中，红色象征中国革命，人民为了革命浴血奋战，建立了自由而伟大的红色政权，同时，建立了人民军队——"红军"。中国无产阶级也有了自己的红色革命根据地以及自己的红军。至此，红色便开始用以指代战火及革命。红色的释义为"鲜血的颜色"，因此，我们会说五星红旗是革命前辈们用鲜血染红的，还会用"红心"来彰显自己的忠贞与爱国。此外，"红榜"还可以用来公布成绩或传达喜讯，表示喜庆、表扬之义。"红颜"可以用来指代年轻美貌的女好，表示年轻、漂亮之义。因此，红色是中国传统文化的象征符号之一，红色寓意吉祥、喜庆、忠义、兴旺等诸多正向元素。颜色词与我国传统文化间有着割舍不断的关联，通过对颜色词的教学，可以更好地研究颜色词所传达出的精神文化特征。同时，通过对颜色词不同文化内涵的教学，能够对学习者在跨文化交际方面起到积极的推动作用。

汉语中的黄色，《诗·鲁颂·駉》里记载"有骊有皇，有骊有黄"，这里面出现的"黄"代指一种黄颜色的（马）。"黄"最初在甲骨文里面开始出现，《说文解字》记载"黄，地之色也。"土地在中国人心中有着至高无上的地位，先民们居住在黄河流域这个中心区域，黄色的土壤孕育了中华民族最初的文明。作为土地象征色的"黄色"，在我国文化传统中自然成了一种至尊之色。因此，在中国古代"黄"象征至高无上的皇权。例如，赵匡胤登基被称为"黄袍加身"，古代的皇帝身着黄色龙袍，其日常所使用的物件也都用黄色丝帛包裹，皇宫亦是富丽堂皇。由此可见，黄色是皇家权威的象征，普通百姓不能冒犯和亵渎黄色。且我们所熟知的黄河被称作中华民族的母亲河，可见，黄色与汉民族有着本质上的联系。在当代，黄颜色依然具有重要的社会含义，在中华人民共和国的国旗上面，由五颗黄色的"五角星"构成的重要部分，代表着中国共产党带领全国人民团结一心，共谋发展的社会主义伟大事业。同时，黄色与金色相似，因此黄色又被赋予富贵之义。在平时的生活里，人们装修新房时喜欢用黄颜色作为基础色调从而让整个装修颜色布局，看上去大气而高贵。此外，"黄"也代表秋天和收获，人们将有质感的"黄"称之为"金"色，赋予其新的含义，就有了"金秋"一词。综合上述原因，汉语中，"黄"所派生的许多词语都蕴含着褒义色彩。如我们常用"黄金档""黄金周""黄金日"来表示最珍贵的时间；用"黄金时代"来比喻我们最宝贵的青春年代。吉祥的日子也被称为"黄道吉日"。另外，黄还可表示人不同的年龄段，如：年幼无知的孩子被称为黄口孺子。再如"黄耄""黄发""黄眉"皆指老人。最后，随着时代的变迁，"黄"也被赋予贬义色彩，黄色有表示书刊或图片等包含色情内容的意思，从而衍生出许多具有贬义色彩的词语，如黄色笑话、黄色小说等。

东汉《说文解字》："白，西方色，阴用事物色白。"我国五行说里白色对应秋天，指煞秋，万物凋零，黄叶满地的悲哀之景，指没有生机的季节。我们把西方七星合称白虎。虎是一种凶猛伤人的动物，人们由此惧怕它。因而称白虎，所以白色有表示凶兆之义，是枯竭、无生命，死亡的象征。此外，白色也有表示肃穆的意味。在中国，追悼会现场的布置以白色为主色调。大部分地区把追悼会称作"白事"。近代革命历史中，将资产阶级反动政权称作白色政权，赋予"白色"反动的含义。在我国国粹京剧中，白色脸谱代表奸诈、跋扈与狠毒的，最典型的便是《三国演义》中曹操的白脸，也是奸雄的代表，因而也引申出了俗语"唱白脸"，用以表示做得罪人的事。起初，白色相当于素色，指未曾经过染色的布料之色，多是廉价粗糙的布料，为平民百姓所穿戴，封建等级制度要求庶人穿白服，"白衣"多指黎民百姓。可见，白色也包含卑微低贱之意。另外，白色也表示能力差的贬义的意思表示，例如，形容一个人为"白痴"，以及不识字的人为"白丁"等。另外，"白"表示浪费或者无意义活动等特殊含义，人们日常的生活语境中，没有完成一件事情，会说："这件事白做了"。虽然白色有着如此多的负面含义，但是随着社会的开放包容，中西方文化融合，人们逐渐接受一些西方思想，新娘新郎结婚时候，开始接受"白色婚纱""白色西装"等，这便赋予白色"圣洁""美好"等正面含义。

由"黑"的本义可见，汉语"黑"的本义是烟灰、火熏、灰烬的颜色。中国古代人们害怕黑夜，往往点燃火把来照明，"黑色"本身具有夜幕的色彩，由此它给人们以"恐惧"之意，比如："伸手不见五指"表示夜色很黑，充满恐惧。黑色还有神秘、不合法之义，把不能让人知情的、不公平的内幕叫"黑幕"。另外，"黑"还代表奸邪，典型的词语有"黑心"（心灵很坏）以及"黑店"（欺诈宰客，不诚信经营）。"黑"还代表压抑和伤感，唐代李贺的著名诗句"黑云压城城欲摧"，就是以黑色来营造氛围，取得文学上的铺垫效果的。除此之外，"黑"还有表示正面的含义，如正直、勇猛，甚至鲁莽之义。比如"黑脸包公"是公平正义的化身，还有梁山好汉黑旋风李逵等，都有表示正面的含义。

古代汉语里最开始并无绿色，当时的绿色被定义为"帛青黄色也"。绿代表了人们向往的大自然，普遍觉得绿色作为一种保护色，能够帮助人们隐藏和生息繁衍。此外，"绿"也有行侠仗义的含义，如"绿林好汉"。直到今天，绿色成为和平、希望的象征，也有了通畅安全的含义，如交通规则的儿歌"红灯停，绿灯行"，所以"绿色通道"便代指方便、快捷且安全的道路和途径。同时，绿色也是生命的颜色，代表希望、安全等，因而，也出现了"绿色食品""绿色校园"等正能量的词汇。此外，绿色也含有贬义。是一种颇为低贱的颜色。春秋时期，靠卖妻儿生活的男子要用绿色头巾裹头，用以表示自己地位卑贱，唐朝时期也存在这一现象，因此现在人们将女子的出轨定义为给其丈夫戴"绿帽子"。

而在西，方这些颜色词既有相同之处，也具有不同的文化内涵。在英语中，红色多表示崇高的信仰、博爱的精神、坚韧不屈的性格。红色也代表鲜血、暴力、罪恶、危险等，在经济领域，红色表示亏损、负债之意。英语中的黄色大多带有贬义色彩。白色在英语中最常见的象征意义就是纯洁、真诚，如白色的婚纱表示冰清玉洁、真诚与善解人意等，英语中还有很多与白色组合在一起的词，其喻义均与公正、纯真有关。黑色是一种禁忌颜色，与此相关的表达大多含有贬义，另外西方人还会用黑色字体标注盈利数字。绿色则具有多种象征意义：青春、活力、新鲜、幼稚、缺乏经验等，绿色还象征钞票、金钱。

（二）颜色文化的翻译策略

1. 颜色翻译方法

①直译法。对于英语和汉语中意义相近的色彩词，译者可以保留颜色词进行直译。

②意译法。当无法保留颜色词进行直译，也不能进行替换时，就可以考虑采用意译法，对原文进行适当地增补或删减，以使译文符合译入语的表达习惯。

③增译法。在翻译过程中，有时原文中虽然没有直接使用颜色词，但是可以根据译文的表达需要以及原文意义，适当增补颜色词。

④换词法。有时英语中的某一个颜色词与其相对应的汉语颜色词的语义不同，或者差异比较大，译者应该根据译入语的表达习惯进行替换。

⑤省译法。英汉语中的一部分颜色词无法进行直译，也无法替换颜色词进行翻译，此时可以不拘泥原文形式进行意译。

2. 颜色文化翻译的教学建议

（1）创设文化互动式教学模式

翻译教学的最终要求是语言技能的掌握，归根结底是要培养学生在不同文化背景下的社会交际的能力。因此，教师要将课堂教学与情景教学相结合，充分调动学生颜色文化学习的积极性。合理运用多媒体教学工具，通过创设情境，举办富含颜色元素的中国传统文化活动等方式让学生在潜移默化中进行学习。同时，这一过程强调了学生的主体作用，能够充分调动学生对颜色词学习的兴趣，从而帮助学生在交际文化中正确使用颜色词。下面将从多媒体辅助教学以及情境创设方面给出具体建议。

学生对颜色词的运用主要体现为正确地使用并准确地用其进行交际等方面。要提高学生正确使用颜色词的能力，避免出现翻译过程中搭配不当、语序不当、成分缺失等方面的偏误。这就要求教师加强对学生的本体知识的教授，包括语序规律、助词的使用等语法规则的教授。在这个过程中，多媒体的合理运用可以使得课堂更加生动，使得较为复杂的本体类知识更易于被接受。教师可以通过多媒体分别展示英汉例句，并引导学生发现其语法规则方面存在的差异，帮助学生克服目的语知识泛化带来的影响。翻译教学中还要提高学生运用颜色词进行交际的能力，首先在颜色词的选择上应尽量贴近生活，选择生活中常见、常用的颜色词。在教学过程中教师应注重对英语和汉语语义、构词及固定搭配等方面的对比。教师可以通过播放动画的方式，让学生讨论中英颜色词语义有哪些异同，使得教学不仅仅停留在表层含义，从而促进学生对于颜色词更深层次的学习。在学生掌握了颜色词的构词特点、固定搭配以及丰富的文化内涵之后，引导学生进行情境练习，以提高学生运用颜色词进行交际。

翻译教学归根结底还是为了培养学生运用语言的能力，在颜色文化翻译教学过程中，教师必须给学生创设真实的情景。在此过程中，开展文化活动，让学生切身感受中西方文化是十分必要的。

①春节文化活动。汉语颜色词"红"具有喜庆、吉祥之意。因此，教师可以组织设计以"春节"为主题的文化体验活动。利用学生的动手能力强的特点，带

领学生制作春联、窗花等道具，模拟中国过春节情境。在活动过程中，让学生在真实的情境中沉浸式地感受颜色词与中国传统文化的关联，通过反复接触红色的同时帮助学生巩固所学过的关于颜色词的知识，让学生在活动中牢记这些词汇，理解红色在中国传统文化里的特殊象征意义，增强学生对中国文化的了解。

②脸谱文化体验活动。脸谱具有深厚的中国传统文化底蕴，其中含有丰富的颜色元素。组织设计以"脸谱"为主题的文化体验活动有助于学生在巩固颜色词的同时，感受颜色词所代指的不同的文化内涵。在活动准备过程中，教师首先可以利用多媒体播放脸谱视频，引起学生对于活动的兴趣。其次，向学生介绍在中国戏曲文化里不同颜色的脸谱所代表的不同含义及它们的代表人物：红色代表忠义、耿直，如关羽；白色代表奸诈、狡猾，如曹操；黑色代表无私、正义，如包拯。在学生大体理解了不同颜色代表不同意义后，教师再向学生展示脸谱实物，利用学生动手能力强的特点，带领学生亲手制作脸谱。最后，播放一段戏曲相关视频，让学生用自己制作的脸谱进行角色扮演。通过制作脸谱以及角色扮演两个环节，再次加深学生对于颜色词不同语义的理解。这个过程不仅能让学生学习到不同颜色脸谱在中国戏曲文化中的不同含义，增强学生对中国文化的了解，还能够激发学生对于颜色词学习的兴趣，提高学生语言学习的积极性，帮助学生克服在颜色文化翻译学习过程中的畏难情绪。

（2）兼顾文化教学与学生语言接受能力的教材编排

①颜色词编排模块化。翻译教学的大纲和教材中对于颜色词的编排可以根据颜色词的复杂程度和它们之间的关联性，进行模块化的编排。对于颜色词的编排应趋于集中，让学生能够联系新旧知识，教师讲授过程中也可以对相类似的颜色词进行类比教学，帮助学生触类旁通，产生横向迁移，促进颜色文化教学的发展。教材中可以适当涉及颜色词专题模块。教材中的颜色词专题模块并不是罗列所有的颜色词，让学生进行机械的学习，而是引导学生进行颜色词的探究式学习，加深学生对颜色词的了解，并且明白教材中所涉及的颜色词并不是唯一的学习资源。网络、音乐、报纸中所涉及的各类颜色词都可以作为学习材料。不同资源中的颜色词各具特色，涉及生活的方方面面，且时效性较强。这一过程不仅能够弥补教材中颜色词编排的局限性，也能够帮助学生更好地理解颜色词丰富的文化内涵。

②增加颜色词复现率。遗忘规律要求学生的学习是不断复习巩固的过程,因此,及时的复现对于学生真正掌握颜色词至关重要。要遵循循序渐进的编排原则,对同一颜色词的不同语义按照由易到难的顺序进行编排,并在教材练习中增加颜色词出现的频率,让学生在颜色词的反复接触中形成联想记忆,从而更加深刻地掌握所学知识。

③提高教材的实用性和趣味性。教材编写应遵守真实性、循序渐进、趣味性、多样性、现代性、实用性等原则。翻译教学教材的内容选择应贴近生活,能够让学生真正将所学习到的颜色词正确地运用到生活中去,对于颜色词的编排要特别注重实用性原则。另外,要提高学生对于颜色词的运用能力,教材中对于颜色词的编排便不能仅仅限于课本中简单的句子替换,应该让学生在生活中得到运用,为此可以设计一些日常情景对话练习,涉及生活中常见、常用的颜色词,让学生可以在日常生活中运用所学知识,提高学生的自我效能感,从而克服对于颜色词的畏难情绪,积极主动地投入学习。同时,教材的编排还应该遵循趣味性原则,提高学生学习的积极性。如果教材中有对应的便于学生理解的图画,或者是活动环节的设计,学生的学习兴趣则会大大提高。

(3)增强专业能力的教师队伍

高质量的翻译教学对国家形象的塑造起着很大的作用,同时也可以传播中国优秀文化之魅力,从而提高国家文化软实力。教育质量的提高一定有赖于教师团队的进步。外语翻译教师是一个具备多种能力的群体,在语言、文化、交际各方面都要掌握熟练,可以说是一个要求高、内容复杂、理论实践统一的职业。因此,教师的基本素质和专业素质就显得格外重要。因此,从以下几个方面对教师提出建议:

①加强本体知识建构。教师有扎实的本体知识、语言学知识和较为全面的语言教学相关知识。只有基本具备各项专业知识,才能不断适应新形势下新的翻译教学要求,应对各种问题和挑战。就颜色词而言,首先要加强颜色文化知识的输入。中西方颜色文化在其语义方面既存在共同之处,也存在着一定的差异。如何让学生理解并准确使用是颜色文化翻译教学的最终目的。颜色词历经了几千年的演变,且随着全球化的进程,又被时代赋予新的含义,使得颜色词的内涵更加丰富,给教师的教学和学生的学习都带来的一定的难度。从事翻译教学的教师,除

了应当具备严谨治学的思想认识和态度,还应当使用科学方法,给出明确的教学指向来引导学生学习。因此,对于教师来说,必须弄清每一个颜色词所蕴含的意义,以及其不同文化内涵的演变。由于颜色词不同语义间差别较大,学生很难进行生联想记忆,但如果教师了解颜色词含义的演变原因和历程,在对学生进行讲解的过程中将会在很大程度上促进学生对于其不同含义的理解,帮助学生全面掌握颜色词内涵。除此之外,教师要加强语言知识的建构,教会学生知识,更重要的是教会学生运用知识。颜色词翻译教学除了其本身的含义之外,还包括其语用的教学,针对学生出现的偏误,教师要从构词、语法等方面对学生进行讲解。这对教师的知识储备和教学能力提出了明确的要求。

②培养自身文化对比意识和能力。外语教师除了担任文化传播者的角色外,还是国际交流的沟通使者。所以,教师不光要了解语言,还要了解中西方国家的文化和历史、社会人文等。文化的相对观提出了在特定的文化背景下人类对色彩的不同认知。文化的差异是颜色文化翻译教学不可忽视的一个方面。中西方颜色词的指示和象征方面存在着一定差异,不同基础的学生对于颜色词的文化含义接受程度也有所不同。因此,教师应对于中西方颜色词的语义及文化内涵进行对比研究,以便更好地了解颜色词在文化含义上的差异,并运用对比分析的方法,解析学习者产生偏误的原因,通过教学预设来避免偏误的产生,如此,学生才能在教师的指导下正确使用颜色词文化进行交际。

③优化教学设计。在颜色文化翻译教学中教师可以改变教学策略,在课堂教学中根据学生的特点,设计与颜色文化翻译教学相关的小游戏或课堂活动。需要注意的是,在活动的设置过程中要充分考虑时间、内容的选择。这就要求教师在备课的过程中合理规划教学结构。既不能整堂课以教师为中心,进行灌输式教学,导致学生丧失学习积极性,也不能设计种类过多或时间过长的活动,避免学生难以从游戏情境中回到课堂学习中来。因此,教师在活动设计中应灵活多变,可以在课堂导入的过程中引入与教学内容相关且贴合学生生活的话题,充分调动学生学习兴趣。在课堂进行过程中,当学生明显出现疲惫状态时,教师可以根据课前安排,在课程中设置一个小游戏,重新调动学生积极性。在这个过程中教师需要注意,首先学生对于新事物极具新鲜感,因此游戏的设置应符合当下时代潮流,贴合学生生活实际。例如,在颜色文化翻译教学过程中,教师可以选择"潘多拉

的魔盒"这个游戏,充分利用学生的想象力,帮助学生利用联想法来记忆颜色词的不同含义。另外,游戏结束后,教师要及时调整课堂氛围,将学生的注意力重新吸引到课堂中来,避免本末倒置现象的出现。此外,教师在颜色文化翻译教学中,可以提前将学生进行分组,在黑板空白处,对不同小组的课堂表现情况进行实时加分,让学生在学习过程中不断进行自我课堂监控,提高学生学习注意力。

二、典故文化的翻译

典故是常见的语言现象,英汉语言都有着历史悠久的典故文化,典故蕴含着丰富的历史文化信息,具有浓郁的民族色彩。汉语典故往往是三个字、四个字组成,有时候也可能是两个字,在语言形式上,汉语的典故结构较为紧凑,用词上也比较简单。汉语典故一般来源于历史故事、寓言故事和风俗习惯等。汉语中的成语典故是人民长期以来习惯固定的、由简洁精辟的词组和短句,通常由四个字组成,音节整齐且意思精辟、内涵丰富。在成语翻译中,考虑到译入语读者的接收问题的同时,想要反映源语言中的文化,采取何种方法得根据译者的态度——如果译者想传播源文化,可保留喻体,采用异化的翻译方法,如果从读者出发,则可灵活处理喻体,采用归化翻译方法。大多数典故的含义是通过整体表示的,整体应该是含义精辟简洁,还有一部分成语来自典故文化,比如《楚辞》中有一句"尺有所短,寸有所长",流传到今天的成语就演变成了"尺短寸长",指的就是不同的事物在各自的场合里各有特点以及短处。此外还要考虑部分成语文化起到的比喻作用,即是否想要用喻体准确描述本体,或只是产生对仗的形式效果。如果是后者,译者可采用补偿手段,尽量使译文产生所需的形式效果。比如"井底之蛙",用在井底的青蛙比喻见识浅薄的人。借助动植物设喻是指将特定的事件或故事所涉及的动植物作为喻体,用以表达一种特定的寓意。例如,英语典故 scapegoat(替罪羊)源自《圣经》故事,讲的是大祭司亚伦将通过抽签抽来的一只大公羊作为本民族的替罪羊放入旷野以带走本民族的一切罪过,现用来指代人受过或背黑锅的人。在汉语文化中,"鹬蚌相持,渔翁得利"也是以动植物设喻的典型例子,讲的是一只蚌张开壳晒太阳,鹬去啄它,被蚌壳钳住了嘴,在双方相持不下时,渔翁来了,把两个都捉住了,后人用这一典故来喻指双方相互争执，却让第三方得利。"草木皆兵"讲的是前秦苻坚领兵进攻东晋，进抵淝水流域，登寿春城瞭望，见晋军阵容严整，又远望八公山，把山上的草木都当作晋军而感到惊惧，后来被用来喻指惊慌之时的疑神疑鬼。类似的典故还有"狐死首丘"等。

英语典故的结构形式较为灵活、自由，句式的选择长短不一，英语中很多典故都与历史故事、动物、植物、人名、地名相关，也有很多典故出自寓言故事。英语文化中善用黑色幽默典故，通常会通过调侃人物及其相关事迹以达到讽刺效果，从而制造幽默。对于拥有英美文化背景的读者而言，理解这类型的典故信手拈来，而对于不熟悉英美文化的中文读者而言，陌生的名字及其事迹并不能为之所理解。在这种情况下，译者就要在译文中补充缺省的一部分文化信息，从而让译文读者感知原文的幽默效果。借助人物设喻是指将特定时间或故事所涉及的人物作为喻体，来表达一种特定的寓意。借助事件设喻是指将特定的事件或故事作为喻体，用以表达一种特定的寓意或喻指。英语语言中还擅长使用与文学作品相关的典故，借助脍炙人口的文学作品中的人或事件，利用其本身的特征等来达到幽默的目的。同样的是，英美国家的读者或者拥有英美国家文化背景的读者在阅读此类案例时，不会感觉到阅读障碍，很容易就能得到幽默体验。对于缺少此类文化背景的读者而言，译者就要将缺省的文化信息补充到译文当中，减少译文读者的困惑，使之获得与原文读者相同的审美体验。除了与历史人物和文学作品相关的典故外，英语语言中常常使用与影视作品相关的典故。随着当今文化全球化的发展，很多英美影视作品都为中国观众所熟知，所以有一部分由影视作品相关典故所制造的幽默可以直接被中国读者理解。但是考虑到译文应该面向全体读者，译者在处理译文时，还是应该将其中缺省的文化因素补充到译文中，从而将原文的幽默效果再现给译文读者。

在翻译过程中，究竟采取直译还是意译的方法，要视具体语境而定。有时取决于译者的翻译目的、读者的期待视野或翻译的效果——译者的视域与读者的视域的融合程度以及最终达到的译文效果。在将一种语言形式转换为另外一种语言形式的过程中，不曾有类似原语言的形式对仗等表达习俗，故而理想中的翻译应当做到意义上的传神达意，若汉语成语中还包含比喻、对偶、双声、叠韵等修辞格，译文能够保留这些成语的形式特征更佳。奈达的翻译论曾指出，如果贴近原文形式的译文导致目的语读者对语义不理解，译者必须做出相应的调整。换言之当涉及复杂的文化信息的传递时，译者可以选择不再局限于原文的形式上的对等，而注重译语的流畅性和可读性，侧重原语和译语之间意义上的对等。

在英语翻译教学过程中，由于缺乏相关背景文化知识，学生不能兼顾形式与内容。在日常交际中，人们常常会引用人物事迹、文学作品以及影视作品中的人物或与之相关的典故，这些人物和典故对于相应文化中的群体已经非常熟悉，所以引用时可以直接忽略其故事背景。所以对于英语读者而言，使用英语语言文化背景下特有的与历史故事和影视作品相关的典故所制造的幽默效果容易被人理解，但是对于其他文化背景的读者，这些典故少有耳闻，难以理解其背后的深刻含义。等效翻译理论一定程度上可以消除学生心中母语英语间转换的疑团，帮助学生意识到两种语言的特点及两种文化的差异，加深对外语及本族语的理解，对教材中的典故翻译具有较好的指导作用。还应指出的是，典故来源广泛，在进行英语教材中的典故教学时，教师应当立足于教材，把文化背景知识渗透到教学中，结合语言教学，在翻译过程中适时适当地传授语言材料所涉及的英语国家社会与文化背景知识，开拓学生的视野，提高学生的语言综合运用能力，让学生在学习语言知识的同时了解西方文化，提高跨文化交流的水平。典故翻译中的文化教学是英语教学中的一个必要手段，教师应不断加强自身文化修养与道德修养，更好地为英语教学服务。

三、习语文化与翻译教学

习语一词的含义甚广，一般指那些常用在一起，由有特定形式的词组或句子构成的语言块，通常包括成语、俗语、熟语、格言、歇后语、谚语、俚语、行话等。语言是文化的载体，而习语则是语言的精华。其蕴含的意义往往不能从单个词或多个词意思的简单叠加来推测。其语义和构成具有相当的约定俗成性，深深扎根于产生它的社会文化背景。习语反映了中外文化的差异。针对这些习语，主要选取了归化的翻译策略，使译文贴近读者，克服文化上的差异，最大限度上实现文化功能的对等。

习语文化翻译方法主要有如下几种：①直译法。直译是既保持原文内容、又保持原文形式的翻译方法,把忠于原文内容放在第一位,把忠于原文形式放在第二位,要求在保持原文内容的前提下,力求使译文与原文在选词用字、句法结构、形象比喻及风格特征等方面尽可能趋同。直译有助于我们了解西方文化,同时,也有助于传播我们的民族文化,使西方人了解中国。通过直译,读者更容易了解原作的思想和风格。②借用翻译。一些英汉习语在内容和形式上都接近,字面意义、喻体形象和比喻意义也相似,在这种情况下,可以借用相互对应的习语进行对等翻译。③意译法,也称"自由翻译",指只忠实原文内容,不拘泥原文结构形式与修辞手法的翻译方法。意译把忠于原文内容放在第一位,注重信息的传递,力求使译文在选词用字、句法结构、形象比喻及风格特征等方面尽可能符合译语读者的阅读习惯和审美心理。当原文表达含有鲜明的地方或民族色彩,无法为译入语读者了解时,典故或者英汉两种语言中虽表达相似,但直译容易引起误解时,常常采用意译法。④注释翻译。由于英汉习语承载着其特有的文化特征,采用意译法,很容易丢失原文的形象以及民族色彩,不利于民族文化的传播。此时,译者可以在直译的基础上增加注释,以保留原文的文化特征,同时方便读者理解。⑤主谓倒装翻译。英语在表达时通常只有一个主语,如果出现后面的谓语及形容词过多的情况,就很难避免头重脚轻,此时译者可以通过主谓倒置来平衡句子结构,习语翻译也是如此。

【示例】即便如此,也仅是权宜之计,治标不治本,罗马人的钱还是哗哗地往外流。

Even so, it's a band-aid at best, and Roman still poured their money into China for silk.

"治标不治本"是我们耳熟能详的一个习语,是中国文化独有的,造成了文化缺省。意思是仅就显露在外面的毛病加以应急的处理,而不是从根本上加以治理。在这里原文指西方没有掌握丝织技术,而靠把中国的丝绸成品进行再加工,只是一时之计,没有解决核心问题。对应的,英语中"band-aid",原意指"邦迪创可贴"后来引申为"权宜之计",只能在短时间内发挥作用,不能形成长远的解决办法。因此,运用归化的方法,将"治标不治本"译为了"a band-aid at best",与原文语义相近,效果相似,使译文自然、直接,最大程度上实现了文化功能的等值。

实际上在习语文化翻译教学中，学生习语的用法方面可能出现的问题会不少，因为习语作为语言、文化和历史积淀的产物，蕴涵了丰富的民族文化、人文特征。在英汉两种风格迥异的语言中，习语作为一种特定的表达方式，既有其跨语言跨文化的共性，更有其鲜明的文化个性，因而我们在习语文化翻译教学的实践当中，必须针对各类习语的特点采取相应的翻译方法进行处理，以达到既保留其自身特色，又促进文化交流的目的，使读者在交流中了解各国的语言文化差异，不断扩展自己的知识，提高自身的文化素养。教师要为学生播放相关影片，向学生展示影片中习语差异所造成的戏剧性效果；可以采用播放相关视频或展示图片等形式，向学生阐明这些英文习语的文化和历史内涵，使学生在掌握这些习语含义的同时，深化对相关中外文化、历史知识等的了解。教学中应采用教师讲授与学生分组讨论、表演等方式，由教师主导转换为师生互动，激发学生学习习语的热情。在日常会话实践活动中，教师要注重增强学生自身的习语运用能力。教师也可以运用多种方法，使学生高效地掌握英汉习语的内在意涵，从而做到把源语习语的"形""神"在译语中原汁原味地体现出来，鼓励学生提高自身语言能力。我们对习语翻译的研究表明，英语教学绝不应该局限于语言的教学，语言是文化的载体，两者密切结合，这就要求在翻译教学中重视文化的价值和作用，重视培养学生的跨文化意识，通过翻译中语言和文化的对比提升学生跨文化交流的水平。

习语的特点，尤其是汉英习语的差异决定了它们是中西语言文化对比的鲜明案例，因此，习语文化的翻译教学对英语语言文化的教学有非常重要的启示作用。做好习语文化翻译的教学工作，不仅有利于学生理解不同语言不同文化之间的异同，而且有利于培养学生跨文化交流的意识，提升学生跨文化交际的水平。

第四章
英语翻译的主要方法

　　译者在翻译时需要明确英语翻译的方式与技巧,从而提高英语翻译准确性,准确表达语言意境,实现英文汉文的流畅转换,本文对此进行了研究并提出了相应策略。本章分为英语翻译的技巧和方法、不同文体类型的翻译方法两部分。主要包括商务文本的翻译方法、广告文体的翻译方法等方面。

第一节　英语翻译的技巧

在我国日益走进国际政治经济舞台中心的形势下,通过英语翻译可以向世界介绍中国悠久的历史和灿烂的传统文化、展示改革开放取得的优异成果,消除不同国家、不同地区之间由于语言不通造成的文化差异和沟通障碍,使之成为中国与世界合作交往的桥梁和纽带。目前,我国拥有专业英语翻译总数接近四万人,经过长期的实践与探索,形成了英语翻译的方法与技巧体系、原则和标准。科技专业性翻译形成了内容精准、态度严谨的专业理念;文学艺术性翻译形成了保持原汁原味、注重意境文采的特色风格;日常用语翻译形成了体现生活场景气息、还原自然轻松生活原貌的遵循原则。想要实现英文翻译准确顺畅和不同语言环境的流利转换,需要翻译者不断加强自身修炼、深化对英语语言文化背景差异理解、尊重原文意境、注重中西方文化交融合璧,以此形成具有中国特色的英语翻译技巧方法体系。

一、深入挖掘英语的语言意境

英语这门语言词汇丰富、近义词多、语法句式转换丰富多样,给其他不同语言使用者学习、理解、运用造成很大困难。英语产生的特殊历史背景和独特语言文化环境,导致即使同一单词、同一个语句在不同语言环境、不同使用条件下也会产生截然不同的效果,为此,深刻挖掘英语翻译语言意境思想的重要性可见一斑。英语翻译要熟悉和掌握翻译过程的规律特点,既要符合尊重原文语言规则要求,又要充分体现英语所要表达出语言意境的准确性。书面翻译、口头翻译以及日常口语翻译都要以严肃认真态度面对复杂的翻译内容和受众对象,充分了解翻译相关内容产生背景、作者生平写作风格、语言运用个性和习惯修辞手法。通过理解把握翻译原文要义,发挥翻译技巧方法优势使语言句式长短变化、语言从句构成充分符合英文原文的语言结构特点,完整准确地展现原文思想内容。英文翻译要树立超前意识做到未雨绸缪,针对翻译内容涉及工作生活范围的变化词汇,使用范围难度也会发生实际变化,英语翻译之前就要做好充足的准备工作,分清翻译的内容类别,理清原文层次和逻辑递进关系,搞清句法转换节奏灵活生动再现原文精髓。深刻挖掘英语翻译语言意境思想要慎重使用直译法,避免过度强调字面意思生搬硬套,造成词不达意,或个人随性发挥影响翻译内容的思想性。

二、掌握英语原文语气和时态

英语作为一种语言艺术,来源于社会实践,和日常生产生活交流沟通密不可分,表现出极强的历史感和浓郁的生活气息。英语翻译想要达到准确流畅生动自然的标准,要求翻译者必须提高专业水平、丰富生活阅历、提高文化素养,才能与之相适应。英语翻译要通过潜心钻研、细致观察,敏锐抓住英语文化背景语言特质,在语气和时态的表达上展现出鲜明的民族风格。英语翻译要有针对性地了解翻译原文产生的历史年代和所处地理环境,从翻译内容的地点方位变化中捕捉作者的写作心境和内心情感,准确运用不同时态突出英语原文地域特色和时代特征,使英语翻译效果活灵活现,给人以身临其境的感觉。英语翻译在语态的选择运用方面要注意书面表达与口语化、生活化的穿插运用,刻画出不同人物的职业特点和思维特征。英语翻译在语气和时态把控上要尊重人格,体现个人差异,力求人物语言表达与所处环境相融合。通过英语翻译体现出时间流转、空间移动痕迹,体现出历史文明演化对现实世界的深刻影响。

三、把握中西方文化背景差异特征

进行英文翻译要理清英语语言起源发展脉络和历史传承,要理解现代文明条件下英语对传播世界文明产生的深远影响。抓住英语翻译中西方文化背景差异特征,首先要抓住语言文化赋予人们思想交流内涵,领会语言承载文化交流信息传递和情感表达的方法途径。一方面,注意中文与英文在表达方式、语言顺序、文化背景方面存在的差异,以及由此引发的不同文化背景下对语言含义的理解。另一方面,注意英语翻译不能停留在对书面字意的认识、不能只满足于英语翻译直译的简单要求,译者必须深刻理解原文所要表达的内容,使翻译内容与原文寓意深切契合。英语翻译面对语言文字和语言背景内容复杂、逻辑递进关系较高要求时，翻译人员要通过提高自身综合素质进行深厚的历史文化积累，把更多的英语谚语、格言、典故、俚语等充满地域特色的语言形式灵活运用到翻译过程，使翻译内容能够体现出不同国度语言环境、地理文化、民族特色、宗教信仰、意识形态方面深刻的历史渊源，为读者插上透过阅读翻译信息内容对异域风情和不同社会形态产生无限想象的翅膀。英语翻译要立足于了解英语产生的特殊环境，了解英国在世界近代工业革命中的进步作用，了解巅峰时期英国航海事业发展，促进语言背景与词汇使用遣词造句的深度融会。要把中国在世界文明发展中的突出贡献与之相比对，实现英语翻译过程中西方灿烂历史文化相映成辉。与此同时，翻译者要最大限度地发挥英语翻译在文化交际桥梁作用，遵守原文语境精神进行英语翻译。把学习思考知识积淀成果以及现代网络流行语言、新兴媒体传播方式灵活地运用到翻译过程之中，使英语翻译模式、文体结构设计、省略句和文字缩写都符合读者文化层次和理解能力要求。避免英语翻译过于随性造成翻译内容观众不理解，避免英语翻译缺乏知识铺垫达不到简明流畅的效果要求。

四、构建英语翻译的方法体系

建立英语翻译技巧方法体系，使之成为翻译者从业标准和遵循。构建英语翻译技巧方法体系需要翻译者的基础开拓和智力支持，注意培养英语翻译过程中模糊性语言、双关语以及典故的运用。通过英文翻译中语言的巧妙运用，创造出美妙的想象空间，增添汉译本的艺术感染力。运用双关语翻译要做到恰到好处，既要符合原文语义又能让读者感受翻译内容丰富含蓄，使英语翻译超越语义本身产生出富有联想意味的独特艺术魅力。运用重复、对偶、典故等修辞手法要注意语境内涵的通用性，使中西方不同文化背景下的读者能够产生共鸣。构建英语翻译技巧方法体系，要加强英语均非双方母语、双方用英语表达语境均不十分清晰的特殊情况研究。经过实践，尝试提炼和归纳不同国家和地区英语翻译语句、时态和表达规律，减少英语翻译和理解不到位产生的语言障碍和认识分歧，通过规范英语提升翻译沟通质量。构建英语翻译技巧方法体系，要建立英语翻译检查、核查机制。翻译者要把检查核实英语翻译结果作为自己必备的专业修养、作为翻译工作必不可少的关键环节。翻译者在正式提交文稿前要对译文进行反复推敲,一方面要检查翻译语言是否流畅规范,标点符号运用是否准确到位,单词书写是否存在拼写错误,确保翻译内容段落之间逻辑关系转化衔接规范标准。另一方面要增强翻译工作的责任感,充分尊重不同国家的历史文明和不同民族的文化信仰,避免翻译内容失实或者与民风民俗语言语境相抵触造成的不良后果。

英语翻译要达到流畅、准确、生动、转换的标准和要求,首先要跨越词汇大、专业性强、句型句式转换灵活、翻译理解难度大、技巧方法严苛的障碍,在深刻认识英语翻译技巧重要意义的基础上,准确把握英语语气变化和时态特征,通过构建英语翻译技巧方法体系促进中西方文化交汇融合,更好地发挥英语翻译在加强交流合作、传递资讯信息、促进人类文明进步中的积极作用。

第二节　不同文体类型的翻译方法

一、商务文本的翻译

进行"多维度的选择性适应与适应性选择"是翻译生态学理论的翻译原则。其内涵在于译者在翻译过程中需要在语言维、文化维和交际维三个维度之间寻求生态平衡。接下来,本文将从语言维、文化维和交际维三个维度对翻译过程中所采取的策略进行实例分析和总结。在结合案例对比分析时,译文 1 为初始译文,译文 2 为修改润色之后的译文。

(一)语言维指导下的商务语域翻译策略

1. 直接翻译贸易术语

关于商务术语的翻译,顾维勇教授认为,"商务英语翻译的宗旨是:把英语语言与商务知识相结合,要准确地传达原文的意义,做到译文表达地道、专业。[1]"在商务词语的翻译实践基础上,顾教授还提出"商务英语词语的翻译中必须遵循

---

[1] 顾维勇. 商务英语词语翻译的术语对等 [J]. 南京晓庄学院学报,2006(01):60-64.

一个十分重要的原则，即术语对等"。频繁使用商务术语是此次翻译材料在语言上的一大特色，同时也是译者进行翻译的一大难点，因此，这就要求译者查阅相关商务术语的对等译法，从而做到译文在语言方面准确、地道、专业。

【示例】Time for delivery shall not be of the essence.

交付时间不应成为关键因素。

【示例】This document, including the provisions in Badger Meter's quotation, proposal, price list, acknowledgment and invoice, and Badger Meter's Limited Warranties described in Section 12 constitutes an offer by Badger Meter to provide the Goods to Buyer

本文件连同关于报价单、建议书、价格表、回执单和发票的规定，以及第12节中关于有限保证的阐述共同构成贝吉仪器向买方提供货物的要约。

在上述两个例子中，"delivery""quotation""acknowledgment"和"offer"四个词在日常英文用语中非常见，但是，若将其放在商务语境中翻译时，则需要小心谨慎地选取标准的对等译法。通过查阅，可以确定了三者在商务语境中的中文译法，"delivery"为"交付""quotation"为"报价单""acknowledgement"为"回执单""offer"为"要约"。因此，可以直接采用四者在贸易流程中形成的中英对等译法，从而使得译文更加准确和专业，同时也与商务生态环境契合。

2. 顺应条款语言风格

与其他商务文本相比，合同文本属于正式程度最高的契约文体。因此，为顺应英文商务条款的语言风格，在翻译过程中可以应用书面语的表达方式。书面语即非口语词。具有法律效力的商务合同的用词都正式、规范，不能太口语化，在实现译文语言书面化时，可以采取变疑问代词为名词和添加形式动词"进行"的处理方式来彰显商务文本的正式和官方。

【示例】Buyer acknowledges that certain Goods may have restrictions on who can purchase, transport, use, supply, store, sell, offer for sale, lease and/or dispose of the Goods and on how and where such Actions may take place.

译文1：特定货物在谁来进行采购、运输、使用、供应、存储、销售、公开发售、租赁和处置、怎样进行上述行为和在哪进行上述行为方面有所限制。

译文2：特定货物在采购、运输、使用、供应、存储、销售、公开发售、租赁和处置等流程上的资质，以及对上述流程中采用的方式和发生的地点等方面有所限制。

上例原文中出现了三处疑问代词，即"who""how""where"。译者在初译时，直接将三者译为"谁来""怎样""在哪"，忽略了商务材料应该具有的正式、官方的语言风格，因而使得整个译文显得相当口语化。因此，在对译文进行修改时，译者对这三处疑问代词进行了名词化处理，分别译为"……的资质""上述流程中采用的方式"和"流程发生的地点"。将疑问性字眼抛去、转而使用规范书面的名词短语，这样处理大大提高了译文的正式化程度，从而凸显了商务条款的语言风格。

【示例】Badger Meter reserves the right to establish credit limits for Buyer and may require full or partial Payment prior to shipment of any Goods or commencement of any services provided hereunder.

贝吉仪器有权为买方设定信用额度，并要求买方在货物运输或服务启动前进行全额或部分付款。

在语用上，普遍认为"进行""加以"等词书面色彩浓厚，多用在庄重正式的场合。因此，在对上例中"require full or partial payment"进行翻译时，译者通过添加形式动词"进行"，来使得译文更加书面化，从而突出商务合同严谨、正式的语言风格。上述两种处理方式不仅符合再现商务条款庄重、正式的行文风格，同时也使译文与所处的商务生态翻译环境实现了动态平衡。

（二）文化维指导下的商务规范翻译策略

对于商务文本而言，文化维的适应和选择主要体现在文化因素影响下中英互译过程中形成的商务规范与标准。

1. 凸显条款文化背景

英语名词的单复数原本表示数量之多或同等数量的叠加，但在实际应用过程中逐渐出现其他意义，甚至失去与其最初意义的关联，使得单复数现象变得更加复杂。在商务文本中，英语名词的复数形式译为中文时可遵循一般的复数名词翻译方法，如"apples"可译为"许多苹果"，但是，英文名词的复数形式可能还会有一些附加的社会文化信息，因此，在对文化负载词进行翻译时，要凸显该商务文本的文化背景。

【示例】Buyer shall indemnify and hold Badger Meter, its shareholders, directors, officers, agents, employees, successors, assigns and customers, whether direct or indirect, harmless from and against any and all Losses.

买方应予以赔偿并确保贝吉仪器及其股东、董事、高管、代理商、雇员、继承人、受让人和客户中的任何人，不论直接或间接，均免受所有损失。

基于对示例的分析和理解，译者在翻译"shareholders"和"directors"时，选取了"shareholders"和"directors"指"人"的译法，即"persons who owns shares in a company"和"the most senior managers"，中文译为"股东"和"董事"。

这样处理是因为在示例中，"officers""agents""customers"等在中文语境中更多地指"人"，而不是一个组织架构，因此，为了保持译文的统一，"shareholders"和"directors"处理为指"人"的译法则更加切合语境。对该示例进行翻译时，译者在顺应英文条款产生的文化背景基础上，将译文上下文语境考虑在内，选用了两者在中文商务语境中对应的用语表达规范，从而既保留了原文的文化背景要素，又将译文限制在了译文受众的理解范畴之内，使得翻译活动在商务生态环境中顺利进行。

2. 遵守汉语商务语言规范

在制作合同时，为表示正式和庄重，西方人习惯用两个甚至三个同义词表达一个意思。然而，这种现象在中文合同中并不多见，不仅是因为中英文的语言表达习惯不同，而且还与中国和英语国家之间的法律文化传统有差异有关，从词语叠用的功能来考察，在商务文本中只有少量的同/近义词叠用是为了追求它们相同的意义，以不被曲解，翻译时，我们只要取其相同含义即可。因此，在翻译同义词/近义词叠用时，译者采用了遵守汉语商务语言规范的策略，即按照中文用语规范使用一个词汇，从而避免重复，实现商务文本的简洁美。

【示例】"Buyer" means the party purchasing goods or services pursuant to these Terms and Conditions of Sale（"Terms and Conditions"）.

"买方"指根据本销售条款（《条款》）购买货物或服务的一方。

【示例】All prices are exclusive of all sales, use, value added, customs and excise taxes, and any other taxes, duties, fees and charges of any kind imposed by any governmental authority in connection with this Agreement.

所有价格均不包括销售税额、使用税额、增值税额、海关税额和消费税额，也不包括与本协议有关的任何政府机关征收的其他税额、关税和其他费用。

【示例】As used here in "Badger Meter Confidential Information" means any and all non-public information of Badger Meter.

此处的"贝吉仪器保密信息"是指贝吉仪器的所有非公开信息。

【示例】Badger Meter shall not be liable or responsible to Buyer, nor be deemed to have defaulted or breached this Agreement.

贝吉仪器对买方不承担任何责任，也不被视为违约。

在上述四个例子中，"terms and conditions""fees and charges""any and al""liable or responsible""default and breach"为五组同近义词。根据中文用语规范，译者将英文词汇"二合一"，选取了一个对应的中文词语进行翻译，分别译为"条款""费用""所有""承担责任""违约"，这样处理，一方面避免了重复，使得整个译文简明扼要；另一方面则是对译文受众的文化背景和用语规范的适应，从而保证经贸活动的正常进行。

（三）交际维指导下的商务信息翻译策略

交际维的适应性转化是翻译活动的终极目标，同时也是评价译文成功与否的重要指标。就此次翻译实践而言，译文成功与否在于参与该经贸活动的人员能否对条款内容进行了准确认知以及能否在后续的买卖流程中规范遵守协议规定、在积极捍卫自己权利的同时也能尽职尽责地履行自己的义务。因此，译者从交际维度出发，提出了"显化隐性义务条款"策略和"凸显条款信息焦点"策略来提高原文、译文和译文受众之间的交际效率。

1. 显化隐性义务条款

明晰化（同显化）作为一种翻译技巧，指将原作的信息在译作中以更为明确地方式表述出来；它与增词法技巧密切相关，但还包括增加额外的解释、直接表达出原作暗含的意思、添加连接词等等。虽然对译文进行显化处理的翻译策略很多，但是通过结合此次翻译实践所处的商务生态翻译大环境，译者采取了"直接表达出原作暗含的意思"这一具体策略来对译文进行显化处理。

【示例】Buyer agrees not to reverse engineer any Goods purchased or provided hereunder.

译文1：买方同意不对根据本协议购得的任何货物进行反向工程。

译文2：买方不得对根据本协议购得的任何货物进行反向工程。

【示例】Buyer agrees to reimburse Badger Meter for all costs and fees including, without limitation, attorneys' fees and repossession fees uncured by Badger Meter in collecting any sum owed by Buyer to Badger Meter

译文1：买方同意为贝吉仪器报销所有成本和费用，包括但不限于贝吉仪器在收取买方欠款时所产生的律师费和收回费用。

译文2：买方应为贝吉仪器报销所有成本和费用，包括但不限于贝吉仪器在收取买方欠款时所产生的律师费和收回费用。

【示例】If Buyer is subsequently engaged in the use, development, production, transfer, export or re-export of any Badger Meter Goods, Buyer acknowledges that it may be subject to and responsible for the export licensing requirements of the U.S. government or any other government.

译文1：若买方在交易完成后对贝吉仪器的货物进行使用、开发、生产、转让、出口或再出口，则买方承认其会受到美国政府或任何其他政府出口许可要求的制约，并对其负责。

译文2：若买方在交易完成后对贝吉仪器的货物进行使用、开发、生产、转让、出口或再出口，则买方会受到美国政府或任何其他政府出口许可要求的制约，并对其负责。

在上述三个例子中，"agree（to）"和"agree（not to）"属于"隐性"情态动词，因此，译者采取了变"隐性"情态动词（普通动词）为"标志性"情态动词的具体操作方法来对其进行显化处理：将"agree to"译为"应（shall）"；将"agree not to"译为"不得（shall not）"；而对于"acknowledges"的翻译，译者直接省去了"acknowledges"，转而采用"may"充当句子的情态动词，译为"会"，从而使译文凸显出条款中所暗含的义务规定。对买方应该履行的隐性义务条款信息进行显化处理，不仅更接近商务材料的表达方式，而且还加强了句子的语势，同时也契合了商务生态翻译环境，以使得买卖双方贸易流程更加顺畅，从而推动双方的交流与沟通。

【示例】When the Buyer's carrier and account are used for transit, the Buyer shall be responsible for any claims made for visible and concealed damage and/or loss of partial or complete shipment.

译文1：当货物由买方的承运人进行运输并通过买方账户进行结算时，可见和隐蔽性损坏和/或部分或全部货物损失的赔偿责任由买方承担。

译文2：若货物由买方的承运人进行运输并通过买方账户进行结算，则可见和隐蔽性损坏和/或部分或全部货物损失的赔偿责任由买方承担。

【示例】Title and risk of loss or damage to Goods passes to Buyer when Goods are moved from Badger Meters dock into the conveyance vehicle for transport.

译文1：当货物从贝吉仪器的码头完成运输交接时，货物的所有权和损失或损坏的风险将转移给买方。

译文2：若货物从贝吉仪器的码头完成运输交接，则货物的所有权和损失或损坏的风险将转移给买方。

就英文商务类文本而言，在对权利和义务进行规定时，多采用表条件的标志词，如"if""unless""provided"或"in the event of"等，但是，在一些特殊情况下，条件限制则隐含在其他类型的从句中，如上例中以"when"引导的时间状语从句。因此，在对此种情况进行处理时，译者将时间状语从句变为条件状语从句，以显化暗含的条件逻辑关系，从而有利于译文受众准确获取原文暗含的义务规定信息，实现译文和受众之间高效交际的翻译目标，进而提高经贸活动的谈判效率。

2. 凸显条款信息焦点

翻译商务材料的目的之一是为了向买方传达卖方关于销售条款的信息，因此，在翻译过程中，译者对文本的信息焦点进行了凸显，从而提高信息传递效率和双方交际效率。接下来将以英文被动句的汉译为例来说明凸显条款信息焦点的翻译策略。英语中的被动语态多见，而汉语中被动语态比较少用。因而，在汉译英被动语态时不可一味地直译，应根据汉语表达方式，加以灵活多变地处理。因此，在翻译被动句时，译者主要采取了以下三种处理策略：保持被动句式不变；变被动句为无主命令句；变被动句为主动句。不论采取何种策略，其目的都是凸显条款的信息焦点，帮助受众快速抓取重要信息，从而提高交际效率。

【示例】No Intellectual Property（as defined below）is assigned to Buyer hereunder.
本协议中涉及的任何知识产权均不归买方所有。

为了强调动作，或不知道动作发出者，或在特定的上下文里，为了使前后分句的主语保持一致，为了使重点突出，语义连贯，语气流畅，可将英语的被动句译为汉语被动句。在上例被动句中，标志词为"is assigned to"，译者之所以保留其原文的结构顺序，是因为该句为"知识产权"条款这一节的第一句，"Intellectual Property"作为本章的中心词，需要一个显眼的位置来凸显其重要性；若将"买方"作为主语，则略有反客为主的嫌疑。因而译者选取了"……所有"的句式来进行翻译，虽然该固定表达中没有中文被动句的标志词"被"，但是其在意义上包含被动含义，相当于"被"字句的变体。如此一来，译文受众则可以迅速捕捉"知识产权"一节的重点信息。

【示例】The name of Badger Meter, Badger Meter logo or the other Badger Meter formatives may not be used in any way, including in advertising or publicity pertaining to distribution of materials on this Site, without prior, written permission from Badger Meter.

未经贝吉仪器的事先书面许可，不得在任何情况下（包括与本网站材料传播有关的广告和宣传）使用公司的名称、标志和公司的显著标志特征。

英语中的许多不需要或无法说出动作发出者的被动句往往可以译为汉语的无主句，而把原句中的主语译为汉语句子中的宾语。在上例中，其动作的发出者（买方）已经在上下文中多次提出，此处不需赘述，所以译者将该例处理为无主命令句。该译文中虽无主语，但其信息焦点非常明确，即对买方需要履行的义务进行了重点阐释；"不得"二字简洁凝练，既满足商务英语表达的经济原则，又起到了警示、呼唤的交际作用。

【示例】Claims for concealed damage must be made to Badger Meter within fifteen days after receipt of shipment.

买方必须在收到货物后的十五天内向贝吉仪器提出对隐蔽性损坏的索赔。

由于汉语习惯上多用主动句，因而许多被动句都可以译为汉语的主动句。在该例中，译者采用了英汉翻译中常用的被动变主动的语态转换策略，而之所以会如此处理，原因有二：其一，对于商务文本而言，与数字有关的规定往往关乎经贸活动的成败乃至售后服务和反馈的质量优劣,例如,在本次翻译材料中,数字和百分比规定了退货、维修等的时间限制以及价格的浮动范围,因而译者对该句进行了被动语态变主动语态的处理,作为状语的"十五天内"这一关键词移至句子前半部分,从而突出了时间信息的重要性;其二,由于材料译文的受众为买方公司,是信息接收的重点对象,所以在通篇材料的翻译过程中,要适当地对"买方"这一信息焦点进行凸显和强调,从而缓和因以物作主语的被动句和无主命令句过多而带来的命令感和距离感,这样处理有利于商务交际的顺畅进行、促成双方的经贸合作。

通过分析上述例子,可以知道英文被动语态的处理方式不能陷入固化思维,而应在译文中灵活使用不同的语态,并结合宏观的生态翻译环境,采取恰当的翻译形式,对条款的信息焦点进行凸显和强调,以便达到顺利进行商务交流的最终目的。

二、广告文体的翻译

不同商家为了吸引消费者的注意,采用各种各样的形式编写广告语言,故而,广告翻译对译者来说,是非常讲究语言之间的相互转换能力的。根据翻译理论中的"目的论"来看,译者要有针对性地处理译文,根据不同的读者特点和目的语的特点,选择合适的语言完成译文。针对广告语言,广告语本身给消费者提供了商品的相关属性和产品信息。译者在翻译的过程中,就要选择合适的翻译策略或者方法,对源语进行加工、创造和处理,有针对性地译出产品的相关性质,与此同时,商品具有目的性,广告语言也具有目的性,译者在翻译的过程中,要注意目的语中是否涵盖了商品的这种"目的性"。由于源语言和目的语言的语言文化差异,有些广告语可能还会出现不可译的现象,语言翻译都具有交际功能,这种不可译的现象,恰恰体现了语言背后的文化交际。当译者遇到不可译的广告语言时,就要注意,选择什么样合适的目的语言来表述出源语中涵盖的内涵和文化。鉴于上述的广告特点,译者在翻译的时候,为了使译文达到与广告源语文本同样的效果,一定要先进行全文阅读,了解源语广告产品信息,了解品牌背后的文化内涵,了解商品的使用途径。译者对原文本进行全面详细的了解以后,根据不同的文本特点和产品信息，选择不同的翻译方法，确保译文真实、可靠、全面、客观、有吸引力。

（一）广告翻译之直译

直译，顾名思义，即直接翻译。译者拿到广告文本以后，直接按照文本语言的字面意思进行翻译，既保留源文的语言意义，同时也保留原文的结构形式。广告语言短小简洁，译者在翻译的时候，可以选择直译的方法，这样呈现出来的译文最一目了然，直观易懂。

【示例】The choice of a new generation.

新一代的选择。

【示例】Let's make things better.

让我们做得更好。

【示例】Anything is possible.

李宁，一切皆有可能。

（二）广告翻译之意译

意译，与直译相对，并不选择直接翻译文本，译者在翻译的时候，也不需要逐词逐句的完全对应原文本，只需要翻译出原文本的中心意思就可以。通过网络搜集素材，不难看出，用直译的方法翻译出的广告语并不是很多，由于广告的目的是要尽最大努力吸引读者的注意力，广告翻译的时候，采用直译的方法，译文可能会显得平平无奇，语言平淡难以吸引读者的注意，所以，译者会选择意译的翻译方法。在翻译的时候，译者根据对源语的理解和处理，以及对目的语读者的了解和掌握，对译文加注自己的理解。从文化交际的角度来看，意译所传递的，并非文本的字面含义，而是文本背后所包含的文化信息。

【示例】Keep moving.

永不止步。

以上示例为安踏的广告语，安踏是做运动产品的品牌，关于其广告语"永不止步"，表面意思是说永远不停止前进的脚步，如果按照这样的理解，就可以直译，翻译成"Never stop your steps"，这样的译文，首先在句式上不如"Keep moving"

简洁，句意方面也不够易懂。了解品牌的译者，可以把该广告语和产品联系在一起，安踏的运动产品，透气舒适，轻快方便，顾客一旦选择使用安踏产品，运动的时候不会觉得疲累，会一直前进。从深一些的层面来看，译者采用意译的翻译方法，译成"Keep moving"，保持移动既永不止步。这样的译文生动形象，具有很强的吸引力。

【示例】Started Ahead.

成功之路，从头开始。

飘柔洗发水，作用是洗头发，在其广告语中，ahead 一词，汉语意思，副词朝前地；向前地；形容词在前的；提前的，英语解释为"In a forward direction or position"或者"to an earlier time"等含义，无论怎么解释，都很难解释出与"头"有关，但是，商家选择该单词，看重的是"ahead"单词中包含的"head 头"，英语字母 A 是字母表中第一个字母，译者选择意译的翻译方法，同时把汉语的译文采用四字格的形式，既把源语和"头"联系在一起，同时增译了"成功之路"，后一小句中的"头"，一语双关，表面指的是成功之路的开端，实际与洗发水联系在一起，成功，先从洗头开始。这样的译文，非常符合汉语的语言表达，具有较好的文采，能够紧紧抓住读者的内心，没有人不想成功，这样的商品信息，会大大增加消费者的购买欲。

广告文体，词汇丰富多彩，形式无奇不有，尽显语言魅力与特色。广告的翻译，更是考验译者的语言能力，不能平铺直叙，亦不可过于夸张。无论是直译还是意译，既要彰显其源语特色，又要表述出产品性质。

一则广告信息，向顾客传递的不仅仅是商品的信息，还有广告语言背后的内涵。广告语言属于一种功能性语言，除了含有商业性质，还具有一定的时代内涵和大众眼光。因此，广告语言，在翻译的过程中，译者要注意其背景文化和内涵，完整地传递广告语言的全部信息，从而让目的语读者正确理解这则广告，不产生误解。

三、科技文体的翻译

由于中英文的差异，英文在描述时通常会用抽象名词等将语言简便化。翻译成中文时，译者往往需要增译，只有增译才能使译文语义更加完整。因此，科技文本也需要对文本语义进行调整，接下来将以实例进行分析，从隐藏信息的显化和语义成分的分布两个方面探求科技文体的翻译策略。

（一）科技文体中的语义调整

1. 隐藏信息的显化

在任何翻译中都会出现语义内容的某种"走失"，但我们必须尽量把这种走失限制在最小的范围内。因此，我们需要将源文本中没有显示出来但本身就有的信息显化出来，以实现译文的更完整性。

【示例】Quality wheels provide traction, sturdy frames resist damage, seat belts and airbags keep passengers secured and cushioned, and safety glass is designed to break into less harmful shards.

译文1：优质的车轮提供牵引力，坚固的车架能抵御损坏，安全带和安全气囊能保证乘客的安全，在危险的情况下得到缓冲。安全玻璃的设计能让玻璃在撞碎时分裂成伤害性更小的碎片。

译文2：优质的车轮提供牵引力，坚固的车架能抵御损坏，在受到撞击时，安全带和安全气囊能保证乘客的安全并得以缓冲，安全玻璃也会破碎成危险性较低的碎块。

原文意在介绍可分离式的路标杆，在汽车撞上时可自动分离，即可以保护基础设施，也可救命。原文在描述汽车的安全属性，安全带和安全气囊会保护乘客，安全玻璃也会破碎成危险性较低的碎块，但其前提是汽车受到撞击。初译时，译者对后两句话都进行了补充说明，因为这些也是译文的隐藏信息，特别是最后一句，因为前三句都在说车轮、车架、安全带和安全气囊的功能，而最后一句是车玻璃碎成碎片，前后信息并不对称，需要在翻译时进行增补。根据纽马克的交际翻译理论，翻译目的为"力求译文对目的语读者所产生的效果与原文对源语读者所产生的效果相同"。因此，在翻译实践中，除了将原文的信息表达出来，若是需要增译使译文更加完整，需要译者进行适当增译。最开始译者将"在受到撞击时"添加到了最后一句，即"安全玻璃也会在受到撞击时破碎成危险性较低的碎块。"但是，"在受到撞击时"这一条件是后两句话的共同条件，在受到撞击时，安全带和安全气囊才会发生作用,安全玻璃才会破碎。所以改译后将这一信息补充到了第二句话后,作为后面信息的补充条件。

【示例】The notion that "'every city has these deeper wounds and removals that nonetheless never disappear is just incredible to me,' Geoff Manaugh writes of similar 'ghost streets' in Los Angeles. You cut something out—and it becomes a building a generation later. You remove an entire street—and it becomes someone's living room."

初译:杰夫·马诺在谈到洛杉矶类似的"鬼街"时写道:"'每个城市都有受过深深的创伤和搬迁,但这些痕迹永远不会消失。'这个说法让我难以置信。你废弃了一些路线——一代人之后它又成为建筑里的一部分。你废弃了整条街——然后这条街后来就成为别人的客厅。"

改译:杰夫·马诺夫在描述洛杉矶的"鬼街"时写道:"每个城市都有比这更深的伤口和迁移,它们从未消失,这对我来说简直不可思议。废弃的轨道穿过下一代的建筑群,留下浓墨重彩的一笔。废弃的整条街道后来就成为某人的客厅。"

这段话所属章节主要讲了城市中的一些历史建筑痕迹,从建筑上方整体来看,就像是横刀直入的"疤痕",与现代直线型城市规划格格不入,但这也成为城市规划的一大特色。从语言学的角度来看,对于一个孤立的单词或短语,我们是难以判断其完整意义的。只有在具体的语言环境中,有一定的上下文才能确定具体词语或句子的确切含义。结合上下文和一些俯视图,译者便明白了这里的"something"就是指那些过去被废弃的建筑痕迹,比如火车轨道、整条街道等。本来直线型的建筑群突然横入一条火车轨道,就像是人脸上的一道伤疤,且建筑都沿着这条"疤痕"而建。因此,译者需要在此基础上理解其深层含义,用意译的翻译方法进行处理。初译时译成了"你废弃了一些路线——一代人之后它又成为建筑里的一部分",显得很难懂。"成为建筑里的一部分",到底是建筑里还是建筑外,不知所云。目的语读者也不会明白这里具体所表达的含义。因此,译者对这句话进行了进一步处理。这里的"something"将其具体化翻译成"轨道",更加直观。"废弃的轨道穿过下一代的建筑群,留下浓墨重彩的一笔。"这一译文也将其具体化,运用"意译+增译"的翻译方法和技巧,添加了一丝文学气息,将其隐藏信息显化出来,同时目的语读者也能明白这里所表达出来的含义。

从以上案例中可以看出，源文本中也有不少隐藏信息，需要译者通过采用增译、词类转换等技巧来实现隐藏信息的显化，以及译者需要查找相应的资料，使源文本的翻译更加具体化、准确化。

2. 语义成分的分布

语义成分的分布可分为分析型和综合型，分析型即指"把语义成分分布在几个不同的词语上"；而综合型是"把几个语义成分集合到一个词内"。在翻译时，译者可将其语义重心进行调整，一是将语义重心集中，二是将语义重心分散，从而使句子更加通顺。

【示例】Once a desire path is created, it frequently becomes self-reinforcing: others begin following these newly formed routes, which increases their visibility and perpetuates their usage.

当人们在本没有路的地方踩出了一条小路，这条路会"自我强化"：越来越多的人会从这条新路上走过，从而这条小路逐渐形成，长久为人们所用。

示例为非限制性定语从句，从语法层面来看，该定语从句的逻辑主语是前一句话，但若加上一个本位语"这"，则会显得有些翻译腔，比如"这提高了这条小道的可见度，并使其能够长久使用。"这更像是在讲一个工具，而不是一条小路。因此，译者将主语进行了调换。因为前半句最后是以"小路"结尾，下半句便可以直接接上，用"小路"作为主语进行连接。"小路"依然是受事者，并把潜在的施事者"人们"增译出来，用了一个被动结构"为……所……"进行连接。

从词汇来看，"visibility"意为抽象名词，属于名词化倾向。该词的英文解释为"the fact or state of being easy to see"，结合上下文语境，这里是表示小路越来越明显。在"词性概念都是建立在语言的表层结构上，而英汉两种语言在表层结构的差别较大，英语里用没有表达的概念在汉语里可用动词表达"这里译者将其动词化，意为"逐渐形成"，在形式上虽然有所调整，但在意义上也符合了原文所表达的含义。"perpetuate"意为"to make sth. such as a bad situation, a belief, etc. continue for a long time"，中文意为"使持续；使长久化"。"perpetuate their usage"，字面意思为"使其用法长久化"，但这显然是不符合语境的。于是，译者将其语义重心放在了前面，即"小道逐渐形成"这一句上，"小道"为受事者，而增译"人们"为施事者。"为"字也有被动的含义，通常与"所"搭配使用。

因此这里译者便译为"这条小道逐渐形成,长久为人们所用",充分将语义信息调整到了前面,避免了翻译腔的出现。

【示例】While the overall effect is largely convincing, especially at a distance, there are clues in the camouflage suggesting something is amiss. Knock on the door and no one will answer-as pizza delivery drivers sent there by prank callers have discovered. The biggest giveaways, though, are the gray painted rectangles where one would expect to see windowpanes.

初译:虽然整体效果很有说服力,特别是从远处看,看不出什么区别。但在伪装中也有一些线索出现了端倪:曾有披萨外卖员被恶作剧,叫来此处,敲门时却发现没人应答。不过,其最大的缺陷是:人们原以为这里是窗户玻璃,但其实是被涂成灰色的长方形外窗。

改译:虽然整体效果很有说服力,特别是从远处看,看不出什么区别。但这也是整蛊人的"好地方":曾有披萨外卖员被恶作剧,叫来此处,敲门时却发现没人应答。不过,其最大的缺陷是:人们原以为这里是窗户玻璃,但其实是被涂成灰色的长方形外窗。

本句的难点在于"there are clues in the camouflage suggesting something is amiss."这一句的翻译。根据上下文语境,这句话想表达的是这里的建筑外形跟住房一样,太逼真了,以至于有人在这里恶作剧,整蛊外卖员。

初译时,译者就处理为了"但在伪装中也有一些线索出现了端倪",虽然忠实了原文,但这句话中的"伪装"一词还是显得有些别扭,且与下文过度生硬。因此,译者将这句话进行了意译。这句话其实就是在表达因为这里伪装得太好了,修建得跟住房一样,以至于成为整蛊人的"好地方"。下文再进行举例,表示曾有外卖员就被整蛊过。因此,"整蛊"为这句话的语义重心。同时,下文的"prank"这一名词也表现出了这一语义,是名词作callers的定语。"名词化倾向主要指广泛使用能表示动作或状态的抽象名词或起名词功用的非限定词。"因此,译者将"prank"这一语义分散到前后两句话中,对"there are clues in the camouflage suggesting something is amiss."进行意译处理,翻译为"但这也是整蛊人的'好地方'",然后用冒号与下文连接。这样一来,上下文过渡也更加自然,连接也更加紧密。

【示例】Completed in the 1980s, this installation is a relatively recent example in a long tradition of subway ventilation camouflage, infrastructure that runs the gamut from small and sculptural to huge and architectural.

初译：这个装置在 20 世纪 80 年代完成，在悠久地铁通风口伪装历史中是一个相对较新的案例。基础设施的伪装范围小至雕塑，大至建筑。

改译：这个装置在 20 世纪 80 年代完成，在地铁通风装饰的悠久传统中算是相对较新的案例，小到雕塑，大到建筑，都拥有这种装置。

原文的"gamut"意为"the complete range of a particular kind of thing"，中文意为"全范围"，原文"infrastructure that runs the gamut from small and sculptural to huge and architectural."，"small"和"huge"分别对应"sculptural"和"architectural"，意思是"基础设施包括的整个范围从小事物和雕塑到大建筑"。

初译时，译者将这部分处理为"基础设施的伪装范围小至雕塑，大至建筑。"但是二次审校时觉得带有翻译腔，并不通顺。"科技文本中有些句子如果按照直译的方法，则会显得语义欠完整，概念不清晰，甚至表意障碍。增译法是将这些不清楚的地方用更多的语篇讲述清楚，或是调整语言结构，符合译入语的表达习惯。"因此，译者将"small"和"huge"的语义分散到"sculptural"和"architectural"上去，译为"小到雕塑，大到建筑"，并增译"都拥有这种装置"，对语义进行扩充，从而跳脱了原文的"从……到……"的句子结构，内容也更加完整，表达了原文的含义。

从以上案例可以看出，语义成分的重新分布其实就是对一个语义的分散和一个语义的整合。这需要译者充分掌握源文本所表达的信息，并适当采用意译的翻译方法以及增译的翻译技巧进行处理。只有这样，才能更加准确地传达源文本的内容。

（二）文化因素的展现

如何保留原文的文化特色，对译者来说也是一大挑战。

【示例】Artist Ingrid Burrington's book, Networks of New York, contains more than one hundred pages on just one color category of utility in one city: the orange that designates network infrastructure in the Big Apple.

初译：艺术家英格丽德·伯灵顿（Ingrid Burrington）的书《纽约的网络》，用了一百多页的篇幅描述了一种标记城市公用事业设施的颜色：橙色——代表纽约的网络基础设施。

改译：艺术家英格丽德·伯灵顿（Ingrid Burrington）的书《纽约的网络》，用了一百多页的篇幅描述了一种标记城市公用事业设施的颜色：橙色——代表"大苹果"（纽约）的网络基础设施。

这句话中出现了"the Big Apple"这一表达，通过查找，发现"the Big Apple"是"纽约"的别称。这一说法来源于20世纪的一句歌词"There are many apples on the success tree, but when you pick New York City, you pick the Big Apple."因此纽约便有了一个别称"大苹果"。"当原语和译语的所指物之间明显存在着文化形式和作用上的区别时，译者就应该给译文提供一定的上下文。"

因此，文化因素在信息的传译中占有很重要的位置，这决定译文能够并应在什么程度上对原文作出调整。原文中"the Big Apple"就含文化因素。

科技文本中同样存在文化因素，并且译者需要将这些文化因素体现出来。同时，译者必须联系上下文，要从目的语读者的视角下进行思考，怎样的译文目的语读者才能在读懂的情况下还可以知道其中含有的文化因素。译者可以通过加括号的形式进行增补信息，这样既不影响原文，也可以传达源文本的文化因素。

（三）科技文体中的结构调整

科技文本中有大量的长复合句，符合专业性、客观性、规范性的特点，进行结构调整可以避免"翻译腔"。彭红表示"若因顾及译文语言形式与原文语言形式的对等或一致而在一定程度上则破坏了原文信息在目标语中的有效重组，那就必须舍弃原文的形式，而以保障原文信息正确有效的传译为其绝对前提。"结构调整可分为句子语序的调整和句子形式的调整。

1. 句子语序的调整

科技文本句式复杂，表现方式为多复杂句，因为"科技英语中通常通过一系列科学研究中的逻辑关系进行复杂的逻辑推理，而长句可以更好地描述这些关系。相反，汉语重意合，汉语句子通常有简短、结构简单的特点。"同时，科技文本因其客观性，若用主动语态会显得较主观，因此多用被动语态。因此译者需要分析长难句成分，对被动句进行转换，调整句子结构，进行逻辑重组，使中文行文忠实且流畅。

例如，【示例】For the most part, this introduction is easy to overlook compared to the dazzling patterns that follow, but the thirteenth proposition offers insight into the power of the quatrefoil: "Flowers or other natural objects should not be used as ornaments," wrote Jones, advocating instead for "conventional representations founded upon them sufficiently suggestive to convey the intended image to the mind without destroying the unity of the object they are employed to decorate."

初译：在大多数情况下，这一介绍很容易被忽视，而令人眼花缭乱的图案却容易被大家争相模仿，但第十三条建议让人们有兴趣深入了解四叶草。琼斯主张："鲜花或其他自然物体不应该被用作装饰品。传统表达方式建立在自然事物之上，充分具有暗示性，在不破坏装饰统一性的情况下，将预期的物体形象潜移默化到人们的大脑意识中。"

改译：与后面令人眼花缭乱的图案相比，这种介绍在很大程度上容易被忽视，但第十三条建议让人们有兴趣深入了解四叶草。琼斯主张："鲜花或其他自然物体不应被用作装饰品。其传统表达方式就足以传达信息，不应破坏被装饰对象的统一性。"

这句话一"逗"到底，共有76个单词。"英语的句子往往较长，特别是科技英语，由于结构严密，逻辑性强，长句更多。许多修饰语，插入成分，分词及介词短语、分词短语交织在一起使英语句子显得结构复杂、冗长。"原文的主干是"Flowers or other natural objects should not be used as ornaments"，独立主格结构中主语为"representations"，系动词"are"省略，表语为"suggestive"，后为目的状语。

在翻译该独立主格结构时，需要对句子结构进行调整。该句初译就略显冗长啰唆，因此，译者就有必要对一些信息进行删减。"对原文中的冗余信息进行合理的增删，使之适应译文文本读者的信道接收力，以降低语言及文化障碍带来的困难。造成翻译过程中冗余失衡的原因主要有三：词义的非对称性、词义的文化内涵、语言结构的区别。"原文画线部分若不进行信息整合，就会显得啰唆且难懂。其实画线部分想表达意思就是"在不破坏装饰对象统一性的情况下传达其信息。"

所以译者便改译为"其传统表达方式就足以传达信息，不应破坏被装饰对象的统一性。"这样一来，表达不仅更简洁，也能传达源文本的信息。

以上案例显示：科技文本中存在大量的长难句，句子结构也较复杂。译者在遇到这类长难句时，需要去分析句子结构，并准确传达原句所表达的核心内涵，同时也需要逻辑清晰，让目的语读者一目了然。译者可以适当采用省译的翻译技巧，以及适当调整句子的语序，使得句子更加通顺，逻辑更加严谨，亦更生动。

2. 句子形式的调整

该文本为建筑学类文本，主要侧重点是城市规划和设计，因此源文本中描述的内容都是现实生活中客观存在的，有实物原型。但是由于英文和中文的表达差异，需要对句子结构进行调整，根据实物原型进行描述。根据科技文本的特点，使译文更加直观可读。

【示例】In the sidewalks of Berkeley, California, there are markings representing the evolution of a family business over decades. A Paul Schnoor stamp might show a date of 1908 while over in a newer neighborhood, you'll find a Schnoor & Sons stamp, presumably a rebranding that took place when the next generation began working for their dad.

初译：在加州伯克利的人行道上，有一些标志，代表着一个家族企业几十年来的发展和演变。比如，一个保罗·施诺（Paul Schnoor）印章显示1908的日期。而在一个较新的街区，你会发现一枚施诺尔父子（Schnoor & Sons）印记，这可能是子承父业时发生的更名。

改译：在加州伯克利的人行道上，有一些标志，代表着一个家族企业几十年来的发展和演变。比如，一个保罗·施诺（Paul Schnoor）印章，上方刻着"Paul Schnoor"，下方刻着"1908"。而在一个较新的街区，你会发现一枚施诺尔父子（Schnoor & Sons）印记，这可能是子承父业时发生的更名。

这段话描述的是一个街道印章的演变。第一句为总起句，表示"有一些标志代表着一个家族企业几十年来的演变。"后一句作者直接切入主题，提到了保罗·施诺印章。"A Paul Schnoor stamp might show a date of 1908"这句话看起来很简单，表达的就是"一个保罗·施诺印章显示1908的日期"，但这样的译文虽然容易理解，却并不直观，也不知道这个印章到底是什么样的。

经过谷歌搜索，可以找到该印章的图像，即一个街道印章，上方刻着 Paul Schnoor，下方刻着 1908。所以第二句其实是作者举的例子。因此，应在这里以更直观地方式进行了描述，改变原句的形式，这样一来，译文在逻辑上更加明确，也更直观，即"一个保罗·施诺（Paul Schnoor）印章，上方刻着'Paul Schnoor'，下方刻着'1908'"，目的语读者在读到这时，脑海中也能更明确地展现出这个印章的样子。

以上案例可以看出，建筑类科技文本具有直观性。因为可以在日常生活中找到对应的实物，译者可以根据实物来调整句子的形式，使译文更加直观，具有空间化的特点，让目的语读者在阅读的同时可以在脑海中浮现出描述物的样子。因为科技文本的客观性，被动语态也是科技文本的一大特点。译者在翻译被动语态时也要尽量变被动为主动，符合汉语的行文，使译文更加通顺。

源语文本虽然专业性很强，但同时也充满趣味。比如说到了用来整蛊人的"假房子"，切断试图从桥下通过的高大卡车车顶的"开罐器桥"等。在翻译过程中，翻译的第一要义自然是保证译文的准确性，然后再保证译文的流畅性。

从以上案例分析可以看出，科技文本信息的传译和重新组织在语义调整和句子结构调整中体现。在信息重组的过程中，需要译者运用增译、省译、词类转换等翻译技巧来实现此目的，有时也需要用到意译的翻译方法，才能更好地传达出原文所表达的内容。

四、新闻文体的翻译

翻译的基本原则是"信，达"。华先发认为"'信'是意义不背原文，'达'是不拘原文形式，尽译文语言之能以求原意明显。"即首先要忠于原文，其次表词达意要让读者明白。在实际翻译过程中，会使用很多的策略，本文将这些方法加以总结，以典型和经典的实例加以论述和说明。

本文引用的新闻素材均来源于国内外权威报纸机构，如《中国日报》《参考消息》《环球时报》以及 the Washington Post，BBC，the Financial Times，the Wall Street Journal，Foreign Affairs，Foreign Policy 等。

（一）直译法

直译是最基本的翻译策略，当英文的表达方式与汉语完全相同或基本相同时，在不影响准确达意，不破坏原文风格的前提下，可采用直译或基本直译。如：一带一路（One Belt One Road），强军梦（Dream of strong armed-forces），科学发展观（scientific outlook on development），空巢老人（empty-nesters），maximum pressure strategy（美对朝"极限施压策略"）。又如："我们感到，美方的行为十分无理。美方严重错判了形势，采取了极其错误的行动，这种行动的结果就是'搬起石头砸自己的脚'。"高峰说道。英译："The US side has been fairly unreasonable, seriously misjudged the situation and adopted extremely wrong actions to 'lift a stone, hitting its own feet'," said Gao Feng, Ministry of Commerce spokesman.

（二）音译法

对于中文或英文中的文化承载词，或社会上出现的新现象和新鲜事物等，往往会使用音译法。音译通常会保留源语的原汁原味，展现异国情调，同时使得大量的特色词汇走进了对方的世界，并逐渐被对方读者熟知和接受，起到了很好的文化传递作用。

例如，胡同（hutong），孔夫子（Confucius），风水（fengshui），麻将（Mah-jongg），阴阳（yin-yang），豆腐（tofu），TOEFL（托福），hacker（黑客），clone（克隆），gene（基因）等。

（三）意译法

由于中西方文化差异，在表达方式上有时候会有很大的不同。在处理文化或国别色彩浓厚的习语、俗语、比喻等内容时，译者经常采用意译策略，使所传信息清晰易懂，确保译语受众准确明晰地获取信息。姚晓梅将意译法定义为"译者在受到译语社会文化差异的局限时，舍弃原文的字面意义，以求译文与原文的内容相符和主要语言功能相似的方法。"[1] 因此，当直译不能准确传达新闻的内容及作者的想法，甚至不符合译语的表达习惯时，可以舍弃原文的语言外形，根据内

---

[1] 刘明阁. 大学英语综合技能 [M]. 南京：东南大学出版社. 2005.

容进行意译。

例如，计划生育（family planning），外来务工人员（migrant workers），小康社会（well-off society），穷讲究（pay close attention to details）。

另外，我国的著名方针"不折腾"，欧美媒体翻译为"no z-turn"，意译法巧妙地达到了音形义俱佳的效果，不仅满足了信达雅，而且画面感极强。

又如，2016年里约奥运会期间，中国女子游泳队员傅园慧赛后采访用了"洪荒之力"一词，英国BBC的翻译是"powers strong enough to change the universe"和"prehistoric powers"，《卫报》的翻译是"mystic energy"，美国《华尔街日报》的翻译是"premordial power"。这些翻译虽然用词不尽相同，但都不约而同地采用了意译的手法，因为"洪荒之力"具有丰富的文化内涵，用直译法是无法将其表述清楚的，因此各大媒体都采用了意译法。

（四）增译法

有些新闻包含源语独特的文化、社会、政治、历史背景等信息，源语读者能轻松地理解新闻内涵。如果原封不动地翻译成目的语，可能会使读者不知所云。这时，译者需要在译文中添加必要的解释或背景介绍，以保证信息全面传播。增译法包括直译+解释、音译+解释、添加背景信息等。

关于中国历史、文化、社会现象的内容，西方读者往往缺乏背景知识，如果不增加解释，会令译语读者不知所云。如，微博 weibo, Chinese Twitter；梁山伯与祝英台 Liang Shanbo and Zhu Yingtai，Chinese Romeo and Juliet.

另外，关于中国的政治和国家机构的名称，也需要添加解释，如：国务院 The State Council, China's Cabinet 对于西方读者来说，"The State Council"只是一个名称，添加了后面的解释"China's Cabinet"，他们就能明白国务院的具体职能和作用了。又如，全国人民代表大会 The National People's Congress, China's parliament

此外，对于目前社会的热词，在翻译时也需要添加解释以更好地传播信息。如，裸官 naked officials, people who have moved families and assets abroad in readiness for escape themselves.

同样，英文读者耳熟能详的词语可能中文读者也难以理解，这时也需要补充说明其含义。如"Deep Throat"直译为"深喉",但中国读者会不知所云,因为中文里没有这个说法,因此需要添加注释"匿名检举的人;告密者"。

(五)删/减译

为了符合译语读者的语言习惯,有时需要删减一些不必要的词语。

1. 去掉不必要的修饰语

这种情况往往出现在中译英的时候,因为中文新闻常常使用很多形容词的堆砌,如果一字不落地翻译成英文,会让西方读者感到莫名其妙。例如,"真抓实干进行西部大开发",只需要翻译成"develop the western China"就可以了,如果逐字翻译会给英文读者"假大空"的印象。类似的表达还有:认真执行 to execute;全面提高 to enhance;切实加强 to strengthen 等。

《中国日报》官网的翻译是"Chinese people have the spirit of creativity, hard work and unity and are great dreamers, Xi said."英译采用了减译的方法,并没有将"伟大"一一翻译出来,符合英文的表达习惯。

2. 减掉没有实际意义的套话

例如,百年奥运梦昨夜终成真(引题)第二十九届奥林匹克运动会在北京隆重开幕(标题)胡锦涛出席开幕式并宣布本届奥运会开幕(副标题)英文只要翻译成"President Hu Declares Opening of Olympic Games"即可。

3. 减掉会带来反效果的词语

汉语中的某些表达方式在翻译成英文时,需要删减,否则会引起误解。比如"领导亲自过问"翻译时就需要去掉"亲自",否则会让人认为平时不是亲自,认为中国官僚主义作风严重。

(六)替代法

新闻译者在翻译过程中,为了使译文更易于被目的语受众接受,使用符合目的语新闻写作规范或受众接受习惯的表达方式,替代是经常应用的一种策略。

比如,中文新闻习惯用日期,而英文新闻习惯用星期表示时间,在翻译时要注意使用恰当的表述。另外,中文和英文两种语言都有丰富的习语和谚语,在翻译时,一般都采用替换而非直译的方法,以使目的语读者更容易理解和接受。

(七)重构法

由于英汉思维方式不同,使得英汉两种语言在表达方式上存在很大差异。译者在翻译时,有时需要改变原文的结构和语序,对原文信息进行重新建构,使译文符合目的语的表达习惯,易于译语受众接受。重构法包括改写、改译、拆分与整合、信息重组、位置交换等翻译策略。黄忠廉将改译定义为:"改译是根据特定要求改变原作形式或部分内容乃至原作风格的一种编译活动。它是地道的归化处理手段。"

【示例】After testy call with Trump over border wall, Mexican president shelves plan to visit White House.

墨总统访美再"告吹"绕不开"边境隔离墙"。

这是《华盛顿邮报》的一则新闻的标题,英文标题是包含一个时间状语从句的复合句,中文翻译改变其结构,变成两个并列的动词短语,而且用"告吹"替代"shelve"(搁置),从用词和句型上都更加口语话,符合中国读者的阅读习惯。

【示例】Indonesia unlikely to join US-Led-Coalition to contain china.

美媒印尼拒绝魔鬼交易不会加入美遏华联盟。

这是美国外交学者网站的一篇新闻标题,英文标题精练朴实,而中文译文除了直译原英文标题内容外,将正文第一段出现的词组"拒绝魔鬼交易"(a devil's bargain)提到了标题中。同时改变了标题的单句结构,变成了并列结构。译者的这种灵活处理大大增加了中文标题的吸引力,能更好地引起读者的兴趣和关注。

五、文学文体的翻译

(一)适当采用归化和异化翻译技巧,正确传递文化意象

文化意象是指客观物象经过创作主体独特的情感活动而创造出来的一种艺术形象,属于文学作品的美学范畴,与文学作品的情感美、结构美、意境美等高度相关。然而,在英语文学作品翻译中,"文化意象错位"的问题时有发生。对此,应恰当采用归化或异化的翻译技巧,来保持英语文学作品的文化意象并实现意象的对等传递,来实现读者的审美愉悦感。譬如,在翻译爱尔兰诗人罗伯特·

彭斯（Robert Burns）作品《一朵红红的玫瑰》中的一句话 "Your locks were like the raven" 时，假使采用异化的翻译策略，则译文为 "你的头发就像乌鸦一样黑"，显然，关于 "乌鸦" 的表述，不符合审美的需求，甚至带有一点不祥之气，文化意象意味不浓，因此，应采用 "归化" 的翻译策略，用符合中国人审美需求的表达方式，译文为："你的头发乌黑发亮"，如此翻译，就能栩栩如生地把美感彰显出来，并实现了翻译信息的等值。

（二）恰当采用直译和意译翻译技巧，准确传达美学之感

直译和意译是英语文学作品翻译中两种常见的翻译技巧。"直译" 强调以 "源语" 为基础，要求既保持原文内容又保持原文形式的翻译方法。"意译" 强调译者的主观能动性，是一种 "自由翻译"，仅保持原文内容不保持原文形式的翻译方法。在英语文学作品翻译中，要根据美学价值体现的要求，转换应用 "直译" 或 "意译" 的翻译技巧，以确保语言清晰、有说服力，并且符合语言习惯，展现原文的创作风格和美学价值。譬如，在翻译 L·索洛夫耶夫（L. Solovyev）经典小说《布哈拉历险记》中的一句话 "The full moon stood high above the city of Bukhara." 时，假使采用直译的方式，译文为：布哈拉城的上面站着一轮满月。显然，这样的译文缺乏美感，也不符合审美要求。那么，就应该采用意译的方式，译文为：一轮满月高高的挂在布哈拉城市的上空。可见，采用不一样的翻译技巧其所产生的审美效果是截然不同的，通过意译的方式，给予读者无尽的遐想。

（三）采用描写翻译技巧，尽显原文之优美

描写翻译是一种有别于直译或意译的翻译技巧和理论，将文学作品的美学翻译放置于更高的翻译语境化层次。从根本上而言，就是从整体性、宏观性的视角来把握英语文学作品，并借助具体的翻译行为和结果的详细描述，来解决审美、文化等因素对译者的影响，进而 "原汁原味" 地表达文学作品的 "音美" "形美" "意美"，为凸显翻译美学提供全新的视角。譬如，在翻译美国文学家伊迪斯·华尔顿（Edith Walton）作品《伊坦弗洛美》中的一句："Well, matters ain't gone any too well with him." 时，如果采用常规的翻译方式，译文为：他的能力不足。

这样的翻译显然缺乏韵味，对此，应采用描写翻译方式，译文为：哎！他的日子不太好过！如此，既能达成"容纳它们译语文化的事实"的效果，又实现文本翻译美学效果的最优化。

第五章
英语翻译的教学实践

英语翻译教学要注重实用性，翻译教学要以让学生掌握正确的英语翻译方法和技巧为目标，重视教学实践研究，加强英语翻译的理论渗透和翻译技巧渗透，让学生了解翻译的重要方法和手段。本章分为词汇翻译教学、句子翻译教学、语篇翻译教学三部分，主要包括词汇翻译在英语翻译教学中的作用、英语词汇的翻译教学策略、关于长难句的翻译教学研究、语篇的翻译教学策略等内容。

第一节 词汇翻译教学

一、词汇翻译在英语翻译教学中的作用

（一）词汇翻译在英语教学中的积极作用

翻译得恰当、准确可以有助于学生准确掌握理解该词汇在文章中描述的情形，翻译不恰当或模棱两可则会导致英语文章的晦涩难懂。这就好比是一部译著，翻译的精彩会使人们读起来喜不自胜，而翻译得晦涩难懂，会让人读起来就像一锅夹生饭，难以下咽，左右为难。

在大学英语的课堂上，教师将英语课文中的词汇以及短语罗列在黑板上，学生以组的形式开始准备描述词和猜词。如果不限制学生描述方式和使用的语言，学生首当其冲用到的就是词汇翻译法。如果限制学生不能使用汉语翻译法的方式，学生经过不断尝试（包括实例展示、英语解释、画图、肢体语言、举例、语境提示、同义词、典型关联词、翻译法等方式），发现最有效率的方法除了翻译法便是英语同义词这个方法，而英语解释这种描述方法效率不高，通常描述的学生语言反复调整英语描述形式，学生才能猜出来所描述的词汇。可以说，学生最喜欢用的也是效率最高的两种方式便是翻译法和同义词。这是他们迅速提取词汇的有效手段。同义词这种方法不算准确，不能够准确地描述英语单词的含义和使用的语境，但这种手段确实是学生迅速将单词纳入自己的认知范畴的常用方式。再仔细分析学生们选择的英语同义词我们会发现，这些同义词大多是根据汉语翻译选择的同义词。例如，对于 virtually，学生会选择 practically，commitment 的同义词则被选为 promise 等。因此，不管是翻译法，还是同义词替换法，其核心内容都向我们展示的是母语翻译在外语学习中所发挥的重要作用。

（二）词汇翻译在英语教学中的干扰作用

在《新标准大学英语》综合教程第一版第 12 页第一单元跨文化阅读部分，文章中出现这样一个句子："I've no idea where she managed to buy the food, or how she had enough money. And she dressed like a model. I don't know why she was bothering with university."很多学生对最后这句话的语义内容感到困惑，深感这句话读不通。对于这句话，学生产生了各种理解和翻译"为什么她要为上大学操心？""她为什么在大学里很烦躁？""为什么她对上大学感到头疼？""她为什么感觉大学很烦躁？""她为什么要为上大学而烦恼？""为什么要费心上大学"或者"为什么要花费时间和精力上大学"等。这些学生的翻译可以表现出学生对 bother 一词的句子中语义内容的理解，而"烦躁""反感""头疼""困扰"等这些汉语词汇的选择则明显体现出 bother 的常见汉语翻译"烦扰"对学生理解该句的干扰作用。

分析这些例子，我们还会发现，外语学习和理解过程中，经常需要涉及语言之间的词汇匹配与对应的问题，而能否选用恰当的词汇需要考虑语境的适合性，而不能仅仅是词汇语义的翻译。对这一点很多的语言学习者意识不强，往往单纯靠翻译来生硬地理解或使用英语词汇。在这句话的理解中，之所以学生会产生多种多样的理解关键在于学生对 bother 一词的理解。如果局限性地理解为它的常见汉语翻译"麻烦，烦扰"，那么，在翻译这句话的时，就会努力将这个句子朝"上大学——烦恼"这样的语义内容上翻译。殊不知，语言之间的词汇在语义（或翻译）上的对应关系是多种多样的。而且，词汇语义系统是一个复杂的体系。传统的词汇语义学聚焦词汇在字典中的意义解释，使语言学习者和使用者看见词汇最纯粹的含义，词汇的语义项根据相互关系被分为核心意（基本义），引申义或比喻义等。除了词汇语义学，随着学者们对语境因素的关注（词汇在具体语境中的使用意义），词汇语用学也应运而生，将词汇的语义分析由静态的词典意义分析转变为动态的语义分析。除了传统形式的语义分析，认知语言学也对词汇语义，尤其是多义词的语义关系和结构，进行了诸多论述。

认知语言学运用心理学的范畴化和原型理论来分析词汇的语义网络，将多义词的词义分为原型意义和边缘意义，原型意义和边缘意义构成词汇的语义范畴，而边缘意义的产生是在原型意义的基础上依靠隐喻或转喻延伸而形成的。结合词汇的语义系统，我们更是会发现英语和汉语词汇能够完全对应的词汇更是少之又少。且不说词汇的引申用法英汉经常不一样，就连词汇的核心意义，英汉词汇也是经常不一致。分析上述关于 bother 与汉语中的"烦扰"之间的对应关系以及所形成的干扰情形，在新华汉语字典中，烦扰的首位含义是打搅干扰，而 bother 的首位含义则是花费时间、精力做某事，这两个义项是完全不同的，而 bother 和烦扰的共通之处在于二者均可以表达"搅扰，烦"的含义。因此，当学生将 bother 的"花费时间精力"的含义翻译为"烦恼"之意自然就会出现句意理解上的困惑或偏差甚至是错误。

二、英语词汇的翻译教学策略

（一）虚词的翻译

英语单词分为实词和虚词，在汉语词当中也有同样的分类。实词指有实在意义的词，表示事情、事物、感情或观点等。虚词是不表示具体概念的词。

英语中的虚词包括冠词（articles）和代词（pronouns）。连词（conjuncives）。由于没有实际的意义。翻译英语虚词的时候需要根据具体的语境和搭配决定如何将其译为中文。

1. 冠词的翻译

冠词是虚词的一种，没有独立的意义，只能依附在名词之前，包括不定冠词"a/an"和定冠词"the"。

和汉语不同，英语有很多冠词，而且其含义丰富。像"a""an"这样的不定冠词和数词"one"是同源的，表示的意思都是"一个"，像"the""this"和"that"这种定冠词的意思都近似于表示"这个或那个"，只是指示程度相对较弱。一般说来，不定冠词用来泛指某个事物或者人，而定冠词用来特指一个或几个事物或人。在汉语中，名词前面是没有冠词的，名词本身也没有明确泛指或者特指的概念。所以，在英汉翻译的过程中，要依据具体的语言环境决定如何处理名词前面的冠词。

【示例】Take this medicine three times a day.

这个药一天要吃三次。

【示例】The best thing for you is to take some medicine.

你最好是去吃一点药。

【示例】Pass me the salt.

把盐递给我。

【示例】Please give me some salt.

请给我点儿盐。

另外，英语的专有名词、抽象名词和物质名词前一般不加冠词。但需要注意以下情况中加冠词和不加冠词之间意义的区别。

【示例】Do you like the music？

你喜欢这音乐吗？

【示例】I have a passion for music.

我酷爱音乐。

【示例】He took the advice immediately.

他立刻接受了这个意见。

【示例】Good advice is beyond price.

好意见是无价宝。在英汉翻译中，英语冠词的翻译一般涉及如下情况。

（1）省译

由于不定冠词后面所跟的名词通常是前文没有出现过的事物或者人，一般来说，省译的相对较少；而定冠词后面的名词大多数是之前出现过的，很多时候被省略了。

【示例】A man came out of the room.

一名男子从屋里走了出来。

在汉语名词中并没有指示单复数的作用，所以需要通过数量词表示出来。上述例句中把"a man"翻译成了"一名男子"，这应该是前文并未提到的一个人物，甚至是参与者或讲话者都不知道的人，所以说不定冠词是翻译出来的。"the room"代表大家都知道的房间，这样就可以省略掉定冠词"the"。

（2）不可省译

不定冠词也存在一些不能省略掉的情况。

【示例】I don't have a hat to wear.

我没有帽子可以藏。

译文没有翻译出原句中的不定冠词"a",而是直接和前面的"don't have"相融合,翻译成"没有帽子"。

英语的冠词在某些情况下是必须翻译出来的。

【示例】He died on a Monday.

他是在一个周一去世的。

在这个句子中的"a"表示"某个",并不是确定的一个星期一,所表达的是讲话者不确定死者具体是什么时候去世的,用"a Monday"表示一个比较模糊的时间概念。如果省略了"a",变成了"他是在周一去世的",意思就和原句大相径庭了。

【示例】The news made her all the sadder.

这个消息使她更加的伤心。

定冠词"the"用在"all"与形容词比较级之间,表示"……"。所以在译文中这个定冠词是与其搭配词的语义融合在一起的,而"the news"当中的定冠词用来表示"她"在那时听到的那一则特定的消息,所以在译文中翻译为"这"。

2. 代词的翻译

代词就是代替名词的词,可以分为人称代词(Personal pronoun)、物主代词(Possessive pronoun)、反身代词(Reflexive pronoun)、相互代词(reciprocal pronoun)、指示代词(Demonstrative pronoun)、疑问代词(Interrogative pronoun)、连接代词(conjunctional pronoun)、关系代词(Relational pronoun)、不定代词(Indefinite pronoun)等。代词在句子中起名词的作用,也可以作为主语,宾语,表语或者同位语等。

对比英汉两种语言,代词的用法有相同之处,也有不同的地方。汉语代词一般包含的是人称代词、指示代词和疑问代词,但是英语代词多了名词性代词(mine,his,hers,ours,yours,theirs,its)、关系代词(that,which,when,where,who)和连接代词等。英语中出现代词的频率更高,指代关系比汉语表达得更加明确,但是汉语更加注重重复人名或称谓,从而用来避免指代关系上的混乱。所以,在英译汉的时候,一定要弄明白英文代词的指代关系,翻译为汉语应该减少代词的使用，使译文读起来更流畅，更符合汉语行文的习惯。另外，在英汉翻译中，如果不影响读者理解指代关系，代词都可以省略不译。有时，为了让汉语读者明白原文中的指示关系，还需要将代词还原为所指代的名词。

【示例】The cabin of Harmony is about 7melers long and 4melers wide. I will serve as a passageway between the laboratory and other parts of the space station.

和谐号的船舱大约有7米长、4米宽，这将会成为空间站实验室以及其他部分之间的通道。

这个例子当中，"I"指的是前面句子中出现过的"Harmony"，由于这两个句子的主语是一样的，所以将其合并起来进行翻译，会更加方便读者去阅读和理解。

（1）省略法

这里所指的省略主要是指不译关系代词。省略是指源语中有些词在译入语中不译出来，因为其在译文中是不言而喻的。关系代词虽在原文中起作用（连接、成分、替代作用），但在翻译不同句子中的关系代词时所用的具体方法不同，若关系代词在原文中没有具体的含义，在译文中又显得多余，就应该对关系代词进行省略。

【示例】Cirrostratus, the most frequently occurring cirrus clouds, which are found in layers or sheets with horizontal dimensions of hundreds or even thousands of kilometers, area milky, translucent cloud veil of ice crystals, which sometimes cause the appearance of halos around the moon and sun.

卷云层，由冰晶组成，呈乳白色透明状。频繁出现的卷云，范围巨大，可达几百到几千公里，具有相当宽广的连续云幕，有时还会导致太阳和月亮周围出现晕圈。

原文是一个复合句，结构复杂。在翻译时，不能按原文逐字逐句地进行翻译，而应该对句子进行调整，使句法结构更加清晰明了。原文中的关系代词which做主语，在句子中没有具体的含义，在译文中显得多余，所以可以按照气象科技文本简洁的特点，将整个句子顺序打乱进行重新组织，使译文更符合气象科技文本的特点，读者也更容易接受和理解，从而达到传递信息的目的。

（2）重复法

重复法主要指将关系代词重复译为先行词。重复法，指在译文中适当地重复原文中出现过的词语，以使意思表达得更加清楚；或者进一步加强语气，突出强调某些内容，收到更好的修辞效果。在含有关系代词的句子中，关系代词在句中充当一定成分，且在译文中需要突出先行词的内容，在需要表达更清楚的意思时，须将关系代词重复译为先行词。

【示例】The rising of high level clouds implies that the long wave cloud radiative effect increases, which decreases the amount of energy emitted to space.

高层云的上升意味着长波云辐射效应的增加，长波云辐射效应的增加可以减少向太空反射大量的能量。

原文是一个由 which 引导的定语从句，句中关系代词 which 的先行词为 long wave cloud radiative effect increases，后半句主要陈述先行词产生的作用。所以，句子逻辑较为清晰，调整原文结构，译成两个小句，将关系代词重复译为先行词，这样既突出强调部分，又符合目的语的表达方式。

（3）转换法

转换法主要指将句中关系代词转译为指示代词。词类转换，是指翻译时在保持原文内容不变的前提下，改变原文某些词语的词类，以求译文通顺自然，合乎译入语的表达习惯。

由于英汉两种语言的表达方式、思维习惯等存有一定的差异，所以在翻译时会出现很多不对等的情况，因此为了解决这种不对等的问题，译者需要改变表达方式，使译文通顺自然。为了解决不对等问题，将文中关系代词转移为指示代词，避免译文累赘，实现译文简洁通顺的目的，增强译本的可读性。

【示例】In the warmer climate the Hadley cell is expect to broaden, which would mean that the storm tracks migrate poleward.

在较暖的气候下，哈得莱环流圈有望扩大，这意味着风暴轨迹向极地迁移。

（4）直译法

直译法是指直译关系代词。直译是在不违背汉语译文语言规范的前提下，将英语句子直接翻译为汉语，这样的译文既能保留原文的形式和风格，还照顾了原文的语言习惯、民族文化特色，使译文忠于原文。这是一种使用广泛且最常见的方法，但是必须符合译入语的表达方式。在翻译带有关系代词的句子时需保留原文的形式、含义、风格，原文与译文语言风格相符时，可直译关系代词。

【示例】The halo visibility, as quantified by the so called halo ratio, and the scattering asymmetry parameter measured in situ were found to be positively correlated.

作为所谓光晕率的定量——光晕可见度,其与原位测量所得的散射不对称参数 g 呈正相关。

交际翻译理论要求译文必须条理清晰、通俗易懂,符合译入语的语言环境。原文的逻辑关系较明显,关系代词 as 后的句子作为插入语,解释了主语 the halo visibility,后部分由连接词 and 连接,表述了主语与 the scattering asymmetry parameter measured in situ 的关系。但是若将原文按照顺序翻译,会使译文表达混乱,读者不易理解,所以将关系代词 as 直译为"作为",将插入语提前引出主语,这样处理,增加了译文逻辑的合理性,易于读者理解。

3. 连词的翻译

在句子里连词主要起连接的作用,连接词与词,或者分句与分句。从属连词(subordinating conjunction)和并列连词(Coordinate conjunctions)都属于英语连词。

从属连词能够引导从句,诸如"that""why""how""where""as"等。并列连词可以连接两个并列的词、短语或是分句,例如,"as with as""or"。

【示例】If our teacher. parents and psychologists can understand the mistakes children may make in understanding the meaning of life, and if these people themselves will not make the same mistakes, we can have confidence that children lacking social feelings will have more judgement in their own abilities or opportunities in life.

如果我们的老师、家长还有心理学家能够理解孩子们在认识生活的意义时可能会犯的错误,假如这些人不会犯相同的错误,我们就对社交情感缺乏的孩子在面对自己的能力或生活中的机会时,更具判断力,更有信心。

汉语和英语是不一样的,汉语是一种意合性的语言,汉语中的连词在很多地方被省略了,就如"你、我、她",而英语是一种形合性的语言,就得说成"you, he and me."不可以省略掉连词 and。具有意合性的汉语,在词和词之间,词组和词组之间甚至句子和句子之间很少存在连词,它们之间的连接是通过人们约定俗成的语育当中的内在逻辑实现的,而且这种连接非常灵活,就像我们平时常会说到的"尽在不言中""盲外之意""不言而喻"。

而形合性的英语行文结构方面要求严谨,语法要求规范。英语连词属于虚词的一种,它的语法功能远大于它的实际意思。因而,在将英语翻译成汉语的时候,就必须注意英语和汉语之间,形合和意合之间存在的差异。可以依据具体的语境,在对连词进行翻译的时候选择其他的一些方法,例如,省译、增译或是转译等。

(1)省译

连词译文的意合性能够通过对连词的省译得到增强。

【示例】Do you want your coffee with or without sugar?

您的咖啡要不要加糖?

【示例】I can´t come either today or tomorrow.

我今天和明天这两天都不能过来。

在这两个例句中,翻译的时候都省略掉了"or",直接翻译成"要不要""今天和明天"。

(2)连词的增加和转译

翻译英语连词并没有太大的难度,但是如果要使译文能够与汉语语言习惯相吻合,就需要偶尔增加一些英语连词或转译。这需要译者对原文的深层逻辑关系有准确的把握。

【示例】He went and lost my pen!

他居然把我的钢笔弄丢了!

这个例句中的"and"并不存在实际的连接意义。用于"go"之后,只是用来表达说话者的惊讶或愤怒。因而,在翻译的句子中,我们完全看不到原文中表示连接的字或词,就类似于"和""且"这类词。

【示例】We got there nice and early.

我们早早就到了那里。

和刚才的例子一样,这个句子中的"and"在翻译的时候也意合到了整个语境之中,译为"早早就"

4.介词的翻译

介词在英语中有很多的用法,起到的作用也各有不同。一般说来,根据句子的结构可以将介词分为简单介词(simple prepositions)。例如,"with""up""ff"等;合成介词(compound prepositions),例如,"without""into""throughout"等;词尾带"ing"的介词（ingpre prepositions），例如，"during""considering"等；短语介词（phrasal prepositions），例如，"because of""instead of""in front of"等。

根据意思进行划分，可以将介词分成引导时间短语的介词，例如，"after""on""al"等；引导地点短语的介词，例如，"in""over""above"等；引导其他短语的介词，例如，"with""in spite of"等。不管怎样划分，任何介词都不存在独立的意思，在句子中也不作为独立的成分而存在，只能和名词、代词、动名词，另一个介词、副词或形容词等以介词短语的形式充当句子中的成分。

在英语和汉语的翻译中，介词翻译是很灵活的，我们常常会依据一些具体的语境将其处理成汉语的动词形式，同样也可以翻译为汉语的介词形式或是定状语，也可以使用成语进行转译，甚至是将其省略不翻译。

【示例】She lose her job.

她失去了工作。

【示例】The old man is familiar with the town.

那位老人对这个镇很熟悉。

【示例】The house next to ours was burnt down last week.

我家旁边的房子上周烧毁了。

【示例】At last he went back on foot.

最终他还是走回去了。

【示例】What are the major differences between British English and American English？

英式英语和美式英语有什么主要的区别？

【示例】He fell for her at first sight.

他对她一见钟情。

（二）关于动词的翻译研究

英语动词形式多种多样，是英语句型必不可少的一部分。动词的分类根据不同的方法有不同的归类，在这里不再赘述。英语本身是一种立体、图片、形象的语言。要使语言听起来很鲜活，动词的用法是功不可没的，因此把英语动词翻译好对整个句子而言至关重要。

1. 时态

众所周知，英语中的时间概念主要通过动词词形的变化来表示的，可汉语中的动词却没有词形的变化，其时间概念的表示主要靠副词来说明。由此可知，我们在将英语句子中的动词译成汉语时往往应增加有关副词，才能使译文更加准确，这在翻译同一个句子中两个表示时间概念的动词时尤其如此。

【示例】He was very kind and generous to the friends and he is cold and stingy to everybody.

他过去对待朋友非常友好、慷慨，而现在对任何人都是冷淡、吝啬的。

原文在语法上是个并列句，前句中的 was 是过去一般时，而后句中的 is 则是现在一般时。如果将句中的 was 和 is 都笼统地译为"是"，而不在"是"前面分别增添"过去"和"现在"，那就没把原句中强调时间对比的含义充分表达出来。

2. 语态

英语中动词的语态有两种，即主动语态和被动语态，但是在语态的使用和翻译过程中有时确实让译者难以把握，尤其是英语被动语态往往很容易误解为主动语态，因此若译成中文，常常出现译文错误或不准确。

【示例】Those young criminals were beaten, refused anything to read.

那些年轻的囚犯受到拷打，不准阅读任何书刊。

经过分析得知，这句话中的 refused 一词万万不可理解为主动词态，因而也不是动词运去时，更不能直译为"拒绝阅读任何书刊"。句中的 refused 是过去分词，它的前面省略了 be 动词 were，构成了被动语态，意思是"被拒绝阅读任何书刊"，故译为"不准阅读任何书刊"。

【示例】It is known to all that the existence of organic chemistry is justified by the great importance of carbon compounds of mixtures in our daily lives.

众所周知，有机化学的存在之所以必要，是因为碳的化合物或混合物在我们日常生活中非常重要。

这句话看似很简单，实际上要译成优美顺畅的汉语并非易事，by 后跟的 importance 是无生命名词，by 也可作"因为"解。如果用被动句式的"被"字来译 by，译文肯定勉强生硬。如果将它译成主动句："众所周知，碳的化合物或混合物在我们日常生活中的重要性证明了有机化学的存在必要"，译文虽未尝不可，但终究不如译的"……因为……"句式,这既自然又符合汉语的表达方式。

3. 语气

在英语中,因说话人的意图不同,需要变换动词的语气与之适应。英语中有三种语气:陈述语气、祈使语气和虚拟语气。其中最难掌握与翻译的应当是虚拟语气,该语气在译为汉语时,有时也需增添一些副词或其他词语,否则就很难表达出虚拟语气的真正内涵。

【示例】It would have been only courteous to kneel at the proper time, as all did. since I had voluntarily come to the church.

既然是我出于自愿来到了教堂,仅仅为了礼貌起见,我本来也应该和大家一同跪下。

可以看出,这句话中的虚拟语气 would have been 是表示与事实相反的情况。如果译成"……我也应该和大家一起跪下",那就根本没有传达出原文的真实含义"没有跪下"。因此在把英语动词虚拟语气译成汉语时,应从语用学和语义学的角度来分析,有时需要在动词的前面加上"本来"。

【示例】I would have been easy for him to show me his arrangement for this spring outing

假如他想要告诉我他这次春游的安排,那本来是非常容易的。

这句话的译文加上"本来"就更加传神了。总之,虚拟语气汉译的方法远不止这些,以上只是提供几种较为常见的译法,仅供参考而已。

4. 动词的隐词法

动作有发出者也有承受者,因此在很多情况下,在英译汉当中,动词删掉观察主语和宾语间的关系即可。下面以几个简单的汉语句子为例:改革开放(提高了)人民的生活水平。大雨(阻碍了)交通。鲜花(美化了)环境。这三个中文句子中就算不给相应的动词,我们根据已经有的语文知识便可以填出相应的动词搭配,而英语中的动词隐词法正是运用了这种方法。

(1)动词处理"隐词法"概念

主要是指在具体语境下,有了主语和宾语,你可以完全推测添加适当的动词,如同本人写作一般,例如,"改革开放……了人们的生活水平",选择动词肯定是

"提高"，"改善"之类的词，英文与中文完全一样，如：The heavy snow disrupted fights and road traffic，你遮住 disrupt 看看自己能不能找到中文的动词呢？显然，"影响"非常合适，而你如果查字典，估计你是查不到这样概念的直接对等。所以，英译中运用"隐词"技巧，译者的翻译速度和行文质量都将大幅提高。牢记，用写作的角度去翻译。

（2）动词隐词法的应用

关于动词隐词法的应用，下面将用一个例子来具体说明。

【示例】Cars, motorcycles and bicycles（are banned）,making the island both quieter and safer than almost anywhere else in China.

误译：汽车、摩托车和自行车被禁止，这使得鼓浪屿比中国的其他任何地方都更加安静和安全。

改译：岛上禁止汽车、摩托车和自行车通行，这使得鼓浪屿比中国的其他任何地方都更加安静和安全。

Ban 本身具有禁止的含义，该词译者都会认识，属于常见的短小词语，在英文当中如果直接翻译为被禁止的含义的话，则会产生如下译文：汽车、摩托车和自行车被禁止，这使得鼓浪屿比中国的其他任何地方都更加安静和安全。

此时该译文的意思未免有些生硬，逻辑不合理。禁止的话是被谁禁止的，禁止哪方面的事情，这样的译文很明显是经不起推敲的。所以遇到这种情况我们不妨将原文中的动词先舍去不看，然后我们会发现译文中，宾语很明显应该是原文中对应被动语态中的主语汽车、摩托车和自行车，再根据上下文可知主语是鼓浪屿这座小岛，所以译文的主语为"该岛"，然后我们就考察该岛与汽车等的关系，在语文理解的视角可知为该岛禁止车辆同行，则补全了刚刚中文当中所缺失的含义。最后得到如上参考译文。

【示例】The country has sought to（burnish）its spiritual image by promoting itself as the birthplace of Buddhism and yoga.

误译：印度一直试图通过以佛教和瑜伽诞生地的名头来擦亮自己的精神特质。

改译：印度一直试图通过以佛教和瑜伽诞生地的名头来凸显自己的精神特质。

这里的 burnish 本意是擦光、擦亮的意思，很明显直接翻译成"印度一直试图通过以佛教和瑜伽诞生地的名头来擦亮自己的精神特质。"是不符合中文表达用语思路的，这时候我们便可以隐藏该动词，在心里问自己"……文化形象？"当然是 improve, enhance 这一类表示提高、加强的词语了，故可形成如上参考译文。

【示例】Facing slowing sales, global luxury brands are angling for a piece of China's ecommerce market。

面对销售放缓，全球奢侈品牌正在做准备，想在中国电商市场分一杯羹。

Angling for 是个不常见的词语，对于一些人来说可能是生词，所以采用刚才的方式，将 Angle for 隐藏后变成了"全国销售市场都想……一部分"，这时再从中文写作高度直接组织语言看主语和宾语关系可大致分析出"全国销售市场都想分到一部分好处"，再用一定的语言进行润色则会得到如上参考译文。

第二节 句子翻译教学

一、长难句的翻译

鉴于英语中各种功能词（连词、冠词、介词等）的使用，还有非谓语动词及谓语动词等结构形式间存在的问题，使修饰英语句子的成分也变得非常复杂，不仅单词、短语可以修饰句子成分，从句也可以，而且还可以将这些句子修饰成分套在一起来使用。加之英汉句子在语序方面存在的差异，例如，定状语修饰语位置的不同、句子的逻辑安排间的差异等，会使英语句子的结构变得更加复杂，从而存在很多长句，可能有时一段就是一句话。

对翻译初学者来说，长句确实会让人感到扑朔迷离，不知该从何下手翻译。事实上，只要采用适当的翻译方法，长句的翻译也就没有那么难了。翻译长句的关键是对其进行理解和分析。一般情况下，可以通过下面这几个步骤对长句进行理解分析。

首先，分析语法，判断句子是什么形式（简单句、并列句或是复合句）。

其次，对句子的结构成分进行分析。如果句子是简单句的结构，那就需要找到句子主干部分，还有句子当中的定语和状语；如果句子是并列句，那便要找到句子之间连接的并列连词，之后再分析各并列分句的结构成分；如果句子是复合句，则要找到其中的从属连接词，分清哪个是主句，哪个是从句，而后再分析主句和从句的结构成分。经过这样一层一层的解析，把长句化繁为简，化整为零。在翻译的时候，选择适合的方法，通过用符合译语表达方式的语言把长句表达出来。但是在表达的时候，还需注意英汉语言之间的不同，对于原文的结构可以通过不同的翻译方法来灵活处理。

（一）顺译法

英语长句中很多内容的讲述都和汉语的表达习惯一样，都是依据事件或动作在时间上发生的先后顺序，或是通过事件或动作的内在逻辑关系来进行排列的。在对其进行翻译的时候可以根据原句的顺序来进行。

【示例】When turtledove, who is called a summer elf, sends out soft and gentle voices from a distance, she always listens attentively. The essence of the voice falls into her great heart like silver blisters.

当被称作夏季精灵的斑鸠儿从远处发出阵阵柔婉呼声的时候，她总是会侧耳倾听，那声音中的全部精髓就如同银色的水泡，落进了她那颗伟大的心。

【示例】A poor child was so tired that he was out of breath, his facial expression was full of terror, his eyes over lowed with pain, large beads of sweat streamed down his face, and every nerve was stretched tightly in order to get rid of the pursuers.

一个可怜的孩子，感到非常累，他的神情中充满了恐怖，目光中溢出痛苦，大颗大颗从脸上淌下的汗珠，绷紧每一根神经，就为了摆脱追捕的人群。

（二）逆译法

在英语和汉语中，因为表达习惯不一样，一些句子的表达顺序也会不一样，甚至还可能会相反。特别是一些复合句，英语一般都会将它的主句放置于句首，也就是将它的重心放在前面。但是汉语一般就是根据时间或逻辑顺序，把句子的主要部分放在句尾，即尾重心。在翻译这些句子的时候，最好的办法就是运用从后向前翻译的逆译法。

【示例】Does it really help society, or the victim, or the victim's family, to put in jail a man, who drove a car while drunk, has injured or killed another person?

一个人喝酒之后开车撞伤或是撞死另一个人，就把这个人关进监牢，这样的做法是否对社会和受害者或受害者的家庭真的有益处呢？

【示例】You must fix in mind the symbols and formulae, definitions and laws of physics; no matter how complex they may be, when you come in contact with them, in order that you may understand the subject better and lay a solid foundation for further study.

为了能够学好物理学而且能够为进一步的学习打下坚实的基础，当你看到物理学当中的符号、公式.定义以及定律时，不管它们有多复杂，你都得牢牢地记住它们。

【示例】In reality, the lines of division between sciences are becoming blurred, and science again approaching the "unity" that it had two centuries ago although the accumulated knowledge is enormously greater now, and no one person can hope to comprehend more than a fraction of it.

虽然说现在积累起来了很多的知识，并且所有的人都只可能对其中的一小部分有所了解，但实际上，各种学科之间的界限是变得很模糊不清的，科学又一次相似于两百年之前的那样的一个"单一整体"。

（三）分译法

英语句子追求形式上的相同，汉语句子则重视意义上的一致，这是英语和汉语这两种语言句子结构的最本质差异。

英语句子的结构前后可以有各式各样的修饰词，在主语从句之间可以有连接词，短语之间还可以套短语，从句也能够套从句，所以英语句子长而复杂。

汉语使用意合来造句，很少使用甚至不使用连接成分，而是按照时间顺序或是逻辑顺序来叙事，所以语段的结构就比较流散，语义的层次也较为分明。这就使得汉语中存在很多的散句、松句、紧缩句、省略句和流水句，却很少有长句。

由此，在对英语进行翻译的时候，经常需要依据意合的原则，从而使句子的结构获得改变，化整为零，化繁为简，把原文翻译成并列存在的散句或分离的单句，来实现汉语的习惯表达，这就是所说的分译法。分译法不仅适合在翻译单个单词或是短语的时候应用，而且这种方法还适合用在简单的翻译句上，同样也可以用它来对长句或是难句进行翻译。

【示例】The number of the young people in the United States who cannot read is incredible about one in four.

美国大概有四分之一的年轻人没有阅读能力，这真是让人难以置信！（单词分译）

【示例】The ancients tried success fully to explain how a rainbow is formed.

曾经古代人尝试阐述彩虹是如何形成的，但是并没有成功。（单词分译）

【示例】Bad weather prevented us from staring.

天气很不好，我们根本没有办法动身。（短语分译）

（四）综合法

把重要的地方或概括的部分放置于句首，之后再对次要的部分进行分析和叙述常常是英语语言的表达习惯。但是汉语一般是根据时间顺序或逻辑顺序，然后由小至大，一层一层推进，之后再做出总结，将主题凸显出来。在对英汉进行翻译的过程中，前面的几种方法可以解决许多问题。但其实英语中存在许多长句，如果单纯地使用顺译法、逆译法或分译法，并不能够解决实际存在的问题。

因此，在面对这种问题时，需要的是依据具体的情况，联系上下文，然后再根据时间的先后或逻辑顺序，进行顺逆结合，最后综合整理长句，同时注意在梳理的过程中要主次分明，这就是综合翻译的方法。使用这种方法不仅能够灵活地变通长句的语序，还能够使译文句法变得通顺自然，更切合汉语的表达习惯，符合中国人的思维模式。

【示例】① People were afraid to leave their house。② for although the police had been ordered to stand by in case of emergency。③ they were just as confused and helpless as anybody else.

虽然警察已经得到了命令，做好了准备用来应对紧急的状况，但是人们还是不敢出门，这是由于警察同其他人一样也不知道该怎么办，也没有办法。

原文的例子中一共有三句，翻译的文章把第二句分别拆成了两个句子，这样译文就一共分成了四句。

二、让步句的翻译

（一）英汉让步句的类型划分

1. 事实让步句

看一下这几句话，①虽然他的一切努力都是枉费，可是他从不气馁。②他虽然是领导干部，但很谦虚。③ Although all his efforts were in vain, he was never discouraged. ④ He is quite modest though he is a leading cadre.

其中①是汉语中的事实让步句，这种让步句的从句陈述已然事实，读者主观产生心理预期，而主句又对预期产生一定偏离，从而造成相反的结果。①从句"努力都白费"带来的预期应该是消极的，与主句"他从不气馁"的结果相反。②主句结果"谦虚"，与一般大众印象中的领导形象进行的反差对比，具有转折意味。英语中典型的让步句指的是由 though、although 等引导的事实让步句。③与①意思相同，同样是从句与主句形成相反结果，不过通过对比我们可以发现，当关联词选择"although"时，英汉让步句的基本语序具有一致性，但由于"although"使用规则的限制，转折连词"可是"在英文中没有进行对应翻译。④的意思与②相对应，但语序则与汉语让步句不同，使用了倒装形式，在翻译时需要调整语序，将重心进行转移。

2. 假设让步句

假设让步句的前后小句所陈述的事件是说话人的一种主观假设或者虚拟陈述，属于未然的非真实性命题。举例如下：①即使他生气，蒂姆也不会伤害女人。（量级）②不管他是否生气，蒂姆也不会伤害女人。（选择）③无论他心情如何，蒂姆也不会伤害女人。（普适）④ Even if he was angry, Tim wouldn't hurt a woman.（量级）⑤ Whether he was angry or not, Tim wouldn't hurt a woman.（选择）⑥ Whatever his mood, Tim would never hurt a woman.（普适）

以小句蕴含条件数量为划分标准，将假设让步句划分为量级让步句、选择让步句和普适让步句。①从句只有"生气"一种情况，属于量级让步句；②从句有"不管是否生气""不管生气与否""不管生气还是不生气"等多种表达，都保证汉语让步句具有"生气""不生气"正反两方面的选择条件，属于汉语选择让步句。③普适让步句则包含了"开心""生气""愤怒"等多种心情的可能，可根据需要灵活选用"无论""不管""不论"等不同让步连词，从句可以看作多项条件组成的集合，主句是对从句多项条件的违逆，其意义独立性更强。量级让步句在进行对应翻译时，因为从句只有一种情况，所以英汉翻译基本形成对应，如④；但选择与普适则出现了多种表达方式，如例⑤的选择让步句，除了使用"Whether"引导，还可以转换为"No matter""Regardless of"等让步连词。普适让步句分句的条件更多，可选择的表达也更加丰富，例⑥的"Whatever"可用"Irrespective of""Regardless of""No matter"等进行替换，形成英汉让步句翻译的多种组合形式。

需要注意的是，在翻译英汉让步句时，除了要从整体结构上遵循单量、双量、普适的量级对应，在分句的词语选用上也要遵守主观量级差的一致性。级差是荷恩等级中的一个概念，指一个量级序列上的多个项，依次在信息或语义上递减，体现在让步句中，即前后小句所表达的主观量之间存在一定程度的差别。

（二）英汉让步句语义关系

我们可以将以上英汉事实让步句例句总结为"虽然 p, q"的格式，并用"……q，因为 p"来进行语义替换。这是因为，事实让步句的小句 p 和 q 具有真实性特征，描述的都是客观的事件或状态，因此当从句 p 与主句 q 产生相反的预期，那么置换为因果句，就变成了原因 p 产生了反预期的……q 结果。事实让步句从本质上来说可以看作一种逆反性因果关系，结合以上例句可得，英汉事实让步句的逻辑语义为反因果关系。同样的，假设让步句本应是从句的条件 p 对主句的结果进行限制，从而产生预期结果 q，但实际却产生了具有独立性与反预期的……q，因此英汉假设性让步句也可以由"……q，因为 p"进行置换。

让步句情况复杂，以上表述不能准确全面概括，因此可将二者合并为"反因果关系"，结合例句进行如下解释。

【示例】因为玛丽踏实能干，所以领导喜欢他。

The leader likes Mary because she is competent.

【示例】尽管玛丽踏实能干，领导却不喜欢她。

The leader does not like Mary despite her competence.

【示例】即使玛丽踏实能干，领导也不喜欢她。

The leader does not like Mary even if she is competent.

【示例】无论玛丽有多踏实能干，领导都不喜欢她。

The leader does not like Mary regardless of how/no matter how/whatever capable she is.

因果关系中预设本应该由"因为 p"推导出"所以 q"，如第一个例子；英汉事实性让步句属于现实因果逆转关系，主句承认从句的条件为现实情况，但事实与之相反，由"承认 p"推导出"……q"的结果，即"有此原因，但未出现预期结果"，如第二个例子；而英汉假设性让步句则是"假设的因果逆转关系"，由"实际事实……p，假设为 p"推导出"……q"的结果，即"无此原因，未出现预期结果"，如第三个例子；或由实际事实未明确表明，假设为 p，推导出"……q"结果，即"多重原因，未出现预期结果"，如第四个例子。英汉事实性让步句的主句结果与从句现实呈现违逆关系，通过让步对预期进行否认，而英汉假设性让步句的主句结果不因从句而改变，通过让步假设的方式，强化了主句结果的反预期性与独立性。

在翻译时，需要重视英汉让步句的分句间的因果关系。英语让步句一般将含有新信息的"结果"放在前面，而汉语则倾向于按照逻辑顺序先写原因。

（三）英汉让步句的翻译原则

1. 意义对等原则

美国翻译家尤金·A·奈达（Eugene A.Nida）指出，英汉让步复句的翻译必须遵循以"意义对等"为基础的翻译原则，翻译中形式的一致不是翻译的目标，更不是翻译的重点。英汉两种语言结构存在着一定的差别，因此，在进行英语让步复句的汉译过程中，应注意避免出现一味注重形式对应而忽略意义对等的"母语负迁移"情况与"翻译腔"现象。在翻译英语让步句时，不仅要熟悉汉语让步句关联词"虽然""即使""尽管""无论"与英语中"even if""even though""although""Whether...or..."等关联词在意义上的对应,更要根据语境、风格等因素,进行灵活的选择与使用。如将以"即使"为典型标记的汉语假设让步句翻译为英语让步句时,可以选择"Even if"或"Even though",但二者仍具有一定的差别,语势较弱时应选择前者,较强时选择后者。

2. 重心对应原则

一般来说,英文的句型结构往往把最重要的信息放在句子的前面,次要或不重要的信息放在靠后的位置。而汉语则围绕主题,将信息依序呈现,只有进行重点强调或突出时,才利用倒装句、被动句等特殊句式将重点提前。此外,汉语一般都是按照"大""小""重""轻""远""近"的规律来进行排序的,而英语则基本按照"次序"来进行排列。特别是英语中往往把因果关系和顺序关系中的"果"和"后"置于句首,汉语则倾向于将因果关系和顺序关系中的"因"和"先"置于句首。由于英汉让步句的逻辑语义正是反因果关系,前后逻辑语序十分重要,因此在翻译时,需要调整语序,将英汉让步句中的重心进行对应,在汉译英时,将"结果"置于靠前的位置;在英译汉时,则需要将"原因"由句末调至句首。

三、非限定型分句的翻译

(一)翻译非限定分句隐含逻辑主语的方法

1. 补充增译法

主语的缺失注定了译者如果机械地仿照源语翻译易造成译文语义不通的问题。因此,为了使译文忠实表达原文意思,再现原文风格,从而使译文合乎译入语表达习惯,必须灵活增补原文缺失项。因此,在处理出现的不定式逻辑主语隐藏的问题时,我们可以采取补充增译法。补充增译是指源语没有某些内容,而为使听众清楚理解讲者的意思在译文中增加这部分内容的方法。

【示例】To shed some light on the whole picture, this section closes in on translation quality from several different angles before, finally, suggesting definitions for good quality in translation as well as or translation quality assessment.

初译：纵观全局，这部分内容围绕着翻译质量问题从之前提到的不同角度切入，最终启发了我们对好的翻译质量抑或翻译质量评估进行定义。

改译：作者为了向读者解释整体情况，这部分内容围绕着翻译质量问题从前文提到的不同角度切入，最终启发我们对什么是一流的翻译质量抑或翻译质量评估进行定义。

句子开头处的不定式 to do 由于本身并没有主语而造成动作的发出者不明确。在改译时采取补充增译法，将原文没有的"作者为了向读者解释整体情况"补充出来，一方面体现出此处 to do 在英文中常用来表示目的的惯用法，另一方面也更好地完成了从力求简洁的英文向表达完整的汉语之间的转换。

【示例】In order to detect power in translated text, it is necessary to analyse the circumstances that gave rise to the translation in the first place and to examine any signs and traces of power in the wording of the final rendering.

初译：为了检测翻译文本的性能，有必要首先分析导致翻译的情况，并检查最终译文文字中的任何迹象和痕迹的性能。

改译：翻译评价者为了检测译文质量，首先分析导致翻译的情形是有必要的，同时在最终译稿的字里行间检测每一处标记也是有必要的。

这是一个包含了三处不定式的句子。翻译时要分清三处 to do 在句中的不同作用且注意与介词"to"的区分。第一处不定式是"目的"的固定表达；第二处不定式由"It is"充当形式主语，而句子的逻辑主语在不定式之后，且用"and"将其与第三处不定式并列连接。所以改译时将不定式"In order to"的动作发出者"翻译评价者"补充增加出来则有效地完整了语义。

【示例】Example of source text defects are: a wrong date given for an event that took place at some time in the past, a wrong term used to refer to a specific machine part, a style that fails to address the intended audience.

初译：源文本缺点的例子是：过去某一时间发生的错误数据，惯于指机器特定部分的错误术语，没有面向目标受众的风格。

改译：源文本中存在某些缺点，例如，过去某事件的错误日期，原作者写错了某机器的特定零部件名称，或原作者的文章中使用的风格没有吸引目标受众。

例句中的英文原文初看之下结构整齐，冒号后并列了三个结构相似的平行成分，整体营造出一种协调和谐的源语效果。但由于两处不定式形式非限定分句的逻辑主语并没有直接在英文中明示，若不加以补充增译，译文容易逻辑混乱。所以改译时，对隐含的不定式形式非限定分句的逻辑主语进行补充，同时因为汉语偏向动态的特性，补充增译了"原作者"后，将原文偏向静态的非限定分句并列形式改成了汉语的动态主谓并列形式。这样，确保了译文语义完整的同时，也更加符合译入语习惯。

2. 显化增译法

针对逻辑主语隐含问题采取显化增译法。显化增译是指，某些意义在源语中的方式表达相对隐约，但经译员显化增译后的表达则相对明显。显化增译与补充增译在译文中的呈现形式一致，即译文中出现某些源语中没有的字词。但两者之间也存在差异，即增加的部分在源语中的属性不同。若所增加的内容在源语中为暗示部分，则属于显化增译；若在源语中并非属于暗示的部分则属于补充增译。

【示例】Following this account of the overall translation setting with its various factors relating to translation quality and translation quality assessment, we are finally in a position to develop our own argumentative TQA theory.

初译：跟随着总体翻译设置及其与翻译质量和翻译质量评估相关的各种因素之后，我们终于开始发展属于我们自己的且具有论证性的翻译质量评估理论。

改译：我们了解到译员所面临的总体翻译背景，以及与翻译质量和翻译质量评价相关的各种因素后，终于发展出一套我们自己的论证性翻译质量评估理论。

分析：本句中 ing 形式的非限定分句充当句子的状语成分，但沿袭了英语非限定分句的习惯表达方式，将逻辑主语隐藏处理。虽然源语句子在结构上是典型的英文树状结构，但初译顺译下来由于主语缺失则稍显不通顺。所以改译时，考虑到主句部分已经出现了主语"we"，则暗示了分句的主语在翻译时若也能显化增译成"我们"，这样，一致的前后主语使得翻译效果更加好。

另外，改译时将分词形式非限定分句"Following this account of the overall translation setting"译成了"我们了解到……后"，并没有直译成"跟随着"。因为原文"following"能在语义上暗示出某事物的先后顺序，逻辑上的动作发出者是处于读者视角的"我们"，所以，将此处分词形式非限定分句做主语显化增译的处理，同时变通翻译"following"，则使改译效果更加完善。

【示例】To evaluate the quality of a translation, both overtly and covertly erroneous errors（or, for that matter, covert and overt errors）are listed, providing the basis of the final statement of quality.

初译：为了评估翻译质量，明显的和隐蔽的错误（或，就此而言，明显错误和隐蔽错误）都要被列举出来，为最终质量评述提供基础。

改译：为了评估翻译质量，我们列出了明显犯错之处和隐蔽出错之处（或者说，显性错误和隐性错误），这种做法为最终翻译质量评述奠定了基础。

本句中包含的两种不同种类非限定分句 to do 和 ing 分别在句首和句末充当目的状语"To evaluate the quality of a translation"和结果状语"providing the basis of the final statement of quality"，将句子主体"包裹"起来。

翻译时，一方面要照顾汉语习惯对不定式进行补充增译处理，另一方面，在对句尾的 ing 形式非限定分句进行翻译时，考虑到前面的状语和主体成分较长，且 ing 结构表述的结果暗指前文一系列动作，此处采用显化增译将上文种种复杂成分更好地承接下来。

【示例】The principle of charity demands that any dialectical components that have to be added should be selected in line with the most rational and sensible interpretation of the proponent's intentions, meaning that argument should be reconstructed with as few premises as are necessary to render the argument as strong as possible.

初译：宽容原则要求，任何一个附加上的辩证法成分在选择上需要符合理性且明智的对支持者意图的翻译，意味着在有前提的条件下争论被重建，目的是裁决争论，越有力度越好。

改译：宽容原则要求，必须对支持者的意图进行最合理、最明智的解释，并以此来选择添加任何一种辩证成分。这种原则意味着我们要重新构建论点，前提越少越好；最终裁决争论，力度越大越好。

这是一个同时包含了定语从句、宾语从句及非限定分句的复杂长句。其中，定语从句嵌套在宾语从句当中，共同为后半部分的 ing 形式非限定分句提供了隐藏的逻辑主语。同时，句中非限定分句"meaning that argument should be reconstructed with"在整个长句中充当状语，与前面的长主语是逻辑主语与逻辑谓

177

语的关系。即暗示了非限定分句的逻辑主语与整个句子的逻辑主语是相同的。ing 结构的逻辑主语此时显化增译出来，可保句子完整流畅。

（二）翻译非限定分句与其他从句混合的方法

翻译非限定分句与从句连用的复杂句子时，不必拘泥于句子结构或顺序的桎梏，可以适当改变语序或结构，使其适应译入语。由此，我们将其分为非限定分句与同一种类从句混合嵌套的包孕法和非限定分句与不同种类从句混合连用的综合法。

1. 包孕法

所谓包孕就是译成汉语时将英语后置修饰成分（包括各种从句）放在中心词之前，使修饰成分在汉语中形成前置包孕。包孕法也叫"内嵌法"，因为这种方法将英语后置修饰成分提到中心语前，修饰成分仿佛嵌在句子里。

【示例】While the power of a given poetics would seem to consist in the ability of a culture´s poetics to spread to other cultures by way of translation, the successful adaption of the poetics of a source culture to the requirements imposed by the poetics of the target culture might equally be considered indicative of a powerful poetics.

初译：尽管既定诗学的力量似乎存在于一种文化的诗学的能力当中去传播到其他文化，手段是通过翻译。源文化诗学的成功适应要求是目标文化诗学所强加的要求，同样可以被认为是强有力的诗学的指示。

改译：尽管诗学的力量似乎蕴藏在某种传播到其他文化的文化诗学力量中，并通过翻译使其完成。但是，源文化诗学成功适应目标文化诗学所强加的要求亦是强有力的诗学指示。

本句的难点在于如何处理混合嵌套于从句中的非限定分句及句子主干非限定结构构成的复杂定语部分。初译和改译对比，运用包孕法主要做出两处改动。第一处在句子的让步状语从句当中，初译时将非限定结构"to spread to other cultures"翻译成"to do"的常见用法"目的"：去传播到其他文化翻译效果较为机械。因为此处语义较为简明，且在句子逻辑上是修饰"in the ability of a culture´s poetics"的。因此，改译后将其处理成定语并运用包孕法将其提前，即"某种传播到其他文化的"达到简洁效果。

第二处改译在包孕法的关照下将主句的长定语做了较大改动。初译时由于定语部分较啰唆，所以处理成了两个分句。改译时遵循包孕法原则，将"the requirements imposed by the poetics of the target culture"后置非限定结构提到中心语前，这样处理不仅简化了主句的主语，也完整遵照了原文的形式。

【示例】And with respect to news gathering and dissemination, Jerry Palmer points out that an act of news translation undertaken at the ending stage is frequently—if not usually—based upon more than one 'original' text, with these texts commonly summarized and amalgamated in the same process as translation."

初译：关于新闻收集和传播，杰里·帕尔默指出，"新闻翻译的行为中在最后阶段进行，经常——如果不是通常——以多个源文本为基础，这些文本经常以与翻译相同的过程进行合并与汇总。"

改译：说到新闻收集和传播，杰里·帕尔默指出："在最后阶段进行翻译的行为，即便不是经常但也是很频繁地以多个源文本为基础。且这些合并汇总的文本通常与翻译过程相同。"

初译时"新闻翻译的行为中在最后阶段进行"简单流畅，初读之下没有问题。深入思考后会发现，原句中起强调作用的插入语"—if not usually—"极具欧化风格，较难找到合适的对应汉语惯用语。所以改译时变化了插入语的结构，并对其进行意译的解释处理。后面的"based upon more than one 'original' text"被插入语与be动词分隔，在初译时被当作非限定性结构处理，实则为句子的表语部分。此时则要我们将这个典型的主系表结构句子的主语简化，这种情况下将"an act of news translation undertaken at the ending stage"译为"新闻翻译的行为中在最后阶段进行"显然不符合汉语习惯。"汉语是语义型语言，语义的搭配是决定语序的最重要的手段"。

初译时的语义搭配弱化了主语效果，因此此处采取包孕法，将后置的"undertaken at the ending stage"部分提前，即在最后阶段进行翻译的行为，则更符合汉语表达习惯。同时，"with"引导的伴随状语运用包孕法处理，将后置的非限定性结构"summarized and amalgamated"提前，形成"……的"译文效果，则为汉语常见的定语处理法。

【示例】Here, the first argument that many expressions have been neutralized could be attacked on the grounds that the covert rendering called for by the overall translation situation leaves room for a translation which does not imitate the original in every detail.

初译：此处，第一个争论是许多被中立化的表达可能会被攻击，攻击的立场是隐性翻译在总体翻译状况为没有在每一处都模仿原文的翻译留下空间的情况下是被需要的。

改译：在此，可以驳斥第一个论点，即，许多表达已被中和。其理由是，整体翻译情况所要求的隐性翻译为没有在每个细节上都模仿原文的翻译留出了空间。

在这种非限定性结构嵌套在三个环环相扣的定语从句的复杂长句当中，为了明确逻辑便于理解，首先要分清句子层次。尤其是汉语造句注重意念连贯，不求结构齐整，句子以意役形，以神统法，因而流泻铺排，采用的是散点句法的特征下，初译的翻译结果显得尤其生硬冗长，乏善可陈。改译时，将"on the grounds that"引导的原因状语从句中混合嵌套的非限定结构"the covert rendering called for by the overall translation situation"采取包孕法提到被修饰词"the covert rendering"之前，即，"……的"，原本混乱句子便清晰起来。

2. 综合法

在翻译过程中遇到的非限定分句与不同种类从句混合连用的复杂状况，无法只用诸如拆译法、包孕法、增译法、重组法或转态法等单一方法。此时需要结合具体情况灵活使用不同方法进行翻译，顾名思义，综合法。

【示例】Poetic text, for example, where language is often used as an end in itself, would tend to be subjective to interpretation by the individual reader, thereby eliciting different responses, whereas texts that fulfil a referential function are likely to be written in such a way that their meaning is clear to whoever reads them.

初译：例如，在诗歌文本当中语言本身经常被当作目的，趋向于服从于个别读者的解释并因此引出了不同的反应。然而满足了一个参照功能的文本有可能以这样的方式被书写：它们的意思对任何一个读它的人都是明白易懂的。

改译：例如，语言本身经常被当作目的的诗歌文本趋向于服从个别读者的解释并能够引出读者的不同反应；然而满足参照功能的文本则有可能是这样的：文章的意思对任何一个读者都是明白易懂的。

分析：此处综合运用多种方法超越了原文语言组织上的束缚，适当做了一些改动。初译时相对僵硬地遵照了源语的结构将嵌入句中的地点状语从句"where language is often used as an end in itself"处理成译入语的状语，情态动词＋不定式结构"would tend to be subjective to interpretation"作为谓语。然而本句中"where"引导状语部分并不是很长，可以运用包孕法后置的状语提前，处理成定语，谓语保持不变"语言本身经常被当作目的的诗歌文本趋向于"，初看之下也许并不能发现这样译的好处，但继续翻译则会发现，这样齐整的主谓宾补设置会使整个并列句的前后分句保持结构对仗。如"whereas"引导的第二分句本身包含了一处镶嵌不定式非限定结构的定语从句"texts that fulfil a referential function are likely to be written"，翻译时将不定式之前的部分处理成主语的修饰语，整个第二分句则同样翻译为主谓宾结构。含有被动含义的不定式非限定结构"are likely to be written"则在改译时运用转态译法隐去被动痕迹。这样综合的处理使得全句的格局整齐且对等。

【示例】With the psycho-physiological component extending to concept as vogue as emotion, perception ,and rigour, the number of aspects which may come into play when analysing the translation progress and the result of that process, is almost infinite.

初译：随着心理－生理因素拓展到如情感，知觉及苛刻一般时髦的概念里，分析翻译进程和过程结果时可能发挥作用的方面几乎是无限的。

改译：随着心理－生理因素拓展到诸如情感，知觉及严格程度等时髦概念里，这些因素在分析翻译进程及过程结果时也许会发挥作用，且其作用是无限的。

分析：对比初译，在处理非限定结构"extending to concept as vogue as emotion""perception""and rigour"时增译法增加了"程度"，考虑到与其并列"emotion"和"perception"为抽象名词，但"严格，苛刻"在汉语中更具形容词倾向，所以增译"程度"使分词"extending"后的三个宾语达到词性对等。改译后句子主干的处理显化了主语"component"，即，前文提过的主语显化增译；此外，"analysing the translation progress"在初译时被提到了"come into play"之前，然而英语通常把时间和地点放在前面；而在汉语中，通常把两者放在后面。改译时采取调序译法，并遵照原文结构单独提出"is almost infinite"以示强调。这样增译及换序并存的综合改译使文本效果更加流畅。

【示例】Parameters 11 and 12 show that the number of successful solutions mentioned in the reports is significantly lower than the number of errors and that of the eight reports which make specific reference to achievements in the translation one half provides supportive arguments while the other does not.

初译：参数11和参数12显示了在报告中提到的成功解决方案的数量明显小于错误的数量，八份报告中在翻译上对成果进行详细参照的那些中又有一半提供了积极参数，然而其他的却没有。

改译：参数11和参数12表明，报告中成功解决方案明显小于错误解决方案。并且对翻译结果进行详细参照的八份报告有半数提供了支持性论据，另一半则没有。分析：初译时对混合连用在定语从句中的非限定性结构处理不灵活，导致修饰"the number of 数量"的译文定语过长，两个"……的"距离较近，这样的汉语读起来拗口生硬。针对以上初译缺点，可采取综合法分别对症下药：改译时将非限定结构采取删减法，直接译成"报告中"，这样，初译的两个定语变成了定语＋状语，避免重复。在对第二处定语从句"which make specific reference to achievements in the translation"的处理上，改译时采取换序译法将其提到"that of the eight reports"之前，这样，初译时两个叙述范围的状语"八份报告中在翻译上对成果进行详细参照的那些中"则共同合成了一个简洁的主语"对翻译结果进行详细参照的八份报告"。

四、结构特殊句子的翻译

（一）省略句

语言最重要的就是简洁，不管是在说话的时候，还是在写作和翻译的时候，出于对句法和修辞的需要，经常会省略掉一些不必要的成分，但是句子的意思还是完整的，这就是省略句。省略句在英语和汉语中都会存在。省略句有多种多样的省略形式，如省略主语，谓语或宾语，也可能是省略一个或是多个句子成分。不论是英译汉还是汉译英，在对省略句的翻译上面，最关键的还是准确理解省略成分。在翻译的时候，可以依据译文的语言表达习惯，对被省略的部分进行添加。若是不能弄清楚被省略掉的部分，就很有可能会产生一些误解，导致翻译的失误。以下是翻译省略句常用的办法。

1.原文中省略掉的部分，在译文中补出

省略是英语句子的一种习惯用法。在英语句子中会有一个或一些成分不是必须出现的。前面已经出现过的一些成分也可以省略掉，这是为了避免一些不必要的重复。英语句子中的各种成分，如主语，谓语、表语、宾语、定语和状语等，都可以视情况省略掉。但是如果要对其进行翻译，就需要准确地理解原句中被省略掉的部分，然后将其填补完整。

【示例】The symbol of hydrogen is H; the symbol of oxygen is O; the symbol of nitrogen is N.

H 是氢的符号；O 是氧的符号；面氮的符号则是 N。（增加主语）

2.原文中省略的部分，译文可继续省略

在英语中省略的部分，依据译文的需要，有时候在译文中也是能够省略的。诸如，如果省略掉了类似主语一样的部分，这时根据内容的需要，译文也就可以不翻译被省略的部分，尤其由 than 来引导的比较从句，在从句中被省掉的部分一般都不翻译。

【示例】What if the sun does not shine?

若是没有太阳的照射，那该怎么办呢？

（二）倒装句

一般情况下，英语陈述句的正常顺序是：主语＋语动词＋宾语（或表语）＋状语。但是由于英语的词序较为灵活，有时为了达到对句中某一成分的强调，从修辞的角度进行考虑，就可以把句子中的相关成分提到前面，组成倒装句。英语的倒装包括结构性倒装和修辞性倒装两大类。对倒装的理解是翻译倒装句的关键所在，而理解倒装的关键是能够对句子做出准确的语法分析，找到句子的主干，确定对什么成分进行倒装。一般情况下，翻译结构性倒装句，汉语可以采用正常的语序；翻译修辞性倒装，可依据译文的需要，选择是保留原文语序（在汉语中仍然使用倒装语序）。还是采用正常语序

1. 翻译结构性

倒装句结构性倒装是因为对语法的结构需要而引起的，它可以分为疑问倒装．结构倒装、虚拟倒装，以及将 there，then，thus，so，nor 和 neither 等副词放在句首而产生的倒装。结构性倒装的翻译一般可以使用日常的语序进行翻译。

【示例】Do you like listening to country music？
你喜欢听乡村音乐吗？

2. 翻译修辞性

倒装句使用修辞性倒装句可以加强语气，也能够避免头重脚轻。这类倒装句一般包含句首为表示地点的介词或者介词短语的倒装，否定和让步倒装。only 置于句首引起的倒装，为了方便叙述或为了描写出更加生动形象的情景而引起的倒装等。这种类型的倒装，能够依据需要，选择用正常语序或倒装语序进行翻译。

【示例】Little do we suspect that this district is rich in water resources.
这个地区有非常丰富的水资源，我们对此深信不疑。（正常语序）

（三）并列结构句

汉语动词不存在形态变化，因此，从表面形式上来看会存在较多的并列结构。而英语动词存在很多不一样的状态，如动词原形、动词的不定式以及分词。除此之外，在汉译英的过程中，还常常存在词性转换的情况。例如，可以将汉语动词转化成英语名词，或者转化成英语介词。因此，汉语中的并列结构通常会在进行英语翻译的时候转化为不并列的结构，这样就会使汉语失去了它原本的美感。在英译文中，翻译工作者一定要使词汇形态方面的一致性和结构上的平衡性保持好。如果在翻译的时候出现了形态不一致的情况，我们可以对英译文中词汇的词性和词形进行改变，或增添一些语义不明显的词汇对其进行改变，从而来达到形态上的一致。汉语句型的结构有些时候也会比较随意，如果在翻译的时候发现汉语的语义上是并列的，但它的结构却并不是并列的，翻译工作者就应该要调整词序，让它们都处在一个相应的结构上，这样能够增添译文的平衡感以及译文的可读性。

1. 将汉语的并列结构翻译成英语的并列结构

【示例】现在，我们社会主义市场经济的发展，和马克思主义的创始人在那时候面对和研究的情况存在着很大的不同。

译文1：Nowadays, we are putting in place a socialist market economy. But the conditions we are faced with are quite different from those the founders of Marxism were faced with and studied.

译文2：Nowadays, we are putting in place a socialist market economy. But the conditions we are faced with are quite different from those the founders of Marxism faced and studied.

一般大家都会觉得第二种翻译方法的质量较高，这是对文章的翻译使用了主动的 face. 既能做到和 study 平衡并列，又避免了和前面的 are faced with 重复。

2. 将汉语的非并列结构转换为英语的并列结构

【示例】鼓励、支持和规范社会力量办学、中外合作办学。

译　文：The government will encourage, support and standardize school management by non-governmental sectors or by Chinese foreign cooperation.

分析示例，具体的名词是"社会力量"，抽象名词是"中外合作"，如果将其翻译为 by non—governmental sectors or by Chinese foreign cooperation，就不能从中取得平衡，这是由于它的具体名词是 sectors. 而 cooperation 是抽象名词。如果将 cooperation 换作 undertakings. 这一问题便很容易解决了。

第三节　语篇翻译教学

一、语篇语法衔接的常用手段

英语语篇的连贯通常通过显性衔接手段实现，而汉语语篇更多采用隐性衔接手段来实现连贯。所以在翻译过程中译者需要对两种语篇的差异进行合适的转换处理。在这里以语言学家韩礼德（M.A.K.Halliday）和哈桑（Ruqaiya Hasan）的分类为理论指导，从照应、替代、省略和连接四种角度出发，结合译例对以上几种语法衔接手段进行对比分析。

（一）语篇翻译中的照应

照应是指语篇中一个成分与另一个成分之间相互解释的语义关系，通过对语篇中的某个指代成分及所指对象定位，读者便可以理解两个成分之间相互联系的语义关系。在翻译的过程中，译者也能明确源文本成分的内在联系，从而根据两种语言语法衔接手段的差异，采用适当的转换方法或翻译策略进行处理。根据韩礼德与哈桑的语篇分析理论，照应划分为人称照应、指示照应和比较照应三类。

1. 人称照应

人称照应运用语境中的功能、使用代词指代语篇中出现的名词，由此建立起上下文的语义联系并实现连贯。英汉语篇人称照应的差异首先表现在"前指"和"后指"两方面，英语语篇中常用后指来实现人称照应，即代词在前、所指对象在后。而汉语中这种现象非常少见，常用"前指"来形成照应。

【示例】When he arrived in Shanghai, Johnson was stunned by the fast growing city.

约翰逊到达上海时，这座快速发展的城市让他大吃一惊。

原文中，运用了最常见的"后指"手段，"he"指代"Johnson"，两者形成衔接。而在汉语表述中，主语一般放在句首，译文中译者对两者的位置进行转换，用代词"他"回指前文中的"约翰逊"形成"前指"关系，实现了语篇连贯。

对于英语语篇中的"后指"现象，还可以采用省略人称代词的方法实现自然的语篇连贯。【示例】Bringing his own food, an old peasant volunteered as guide for us.

一位老农自带干粮要给我们当向导。

在该译文中，译者将原文中做"后指"指代"old peasant"的代词"his"直接省略不译，即采用"零代词"指称的方式形成前后文的照应。不仅不会造成曲解或语义缺失，而且使译文更加自然，同样实现了有效衔接。

2. 指示照应

指示照应通过指示代词或者相应的限定词及冠词等实现照应关系。这种衔接手段在英语语篇中更加常见，通常采用 this, that, these, those, the 等形成前后文的衔接。而汉语中没有冠词,在翻译的过程中常用"这(些)"或"那(些)"来进行转换。英语是远指语言且有时态的变化。而汉语是近指语言,时态通常通过增词等手段表述,在指示照应上受心理影响较大。

【示例】Smart manufacturing is developing rapidly, and it takes creativity, not just a little courage, to grow in that industry.

智能制造发展迅速,在这个行业中发展需要的是创造力,而不仅仅是一点勇气。

原文例句中的"that"指代上文中的"smart manufacturing"这一行业。译者将其汉译为"这"而不是"那"来实现衔接。将"that"的与这个"industry"的距离拉近,逻辑清晰,读者能马上明确所指对象,不会造成歧义。这也体现出了两种语篇中指示代词的"距离"差异。在英语语篇中,"that"的使用频率要远高于"this",而汉语语篇中"这"的使用频率要高于"那"。

此外,在英语语篇的指示照应中,指示代词用来指代前文提到过的名词。而在汉语语篇中大多选择避免不必要的重复,译者可以在汉译过程中通过省略代词的方法进行处理。

【示例】Our performances, of course, can't compare with those of professionals.
我们的演出当然不能和职业演员的相比。

在该译例中,原文中的"those"指代的是上文中提到的"performances"。为避免重复,译者直接将其省略不译,使译文清晰明了,简洁自然。

3. 比较照应

比较照应是通过形容词、副词或其比较级来比较项目之间异同的照应关系。任何一组比较研究中都至少要包括两个项目,当某个语篇中出现具有比较性的词汇时,受话者就自然会在语篇的上下文中搜索与其建立比较关系的词语来做出解释,这时便实现了比较照应。英汉两种语言最明显的差异就是汉语中没有比较级,而是通过词汇、句法甚至语调等表达差异程度。

【示例】John studies very well in his class, and Bob is equally good.
约翰在班级里学习非常好,鲍勃也同样不错。

译例用副词"equally"来实现比较照应,将"John"和"Bob"的学习情况进行了前后比较。译文中译者用"同样"来体现两位学生的比较关系,实现比较照应，语篇合理。诸如此类的比较照应比较常见，翻译时比较容易进行转换，但也需要译者根据具体语境灵活处理。英汉两种语篇中出现照应手段的频率不尽相同。在汉语语篇的衔接中，尽量不采用照应的手段来粘连上下文，而英语语篇侧重显性表达，必须把语篇中的各种指代关系解释清楚。这种衔接手段的差异对于英汉翻译过程具有重要的提示作用。如果在汉译的过程中，把英语语篇中的全部照应形式都在汉语译文中体现出来，译文会显得尤为啰唆，语篇衔接不畅，可读性变弱，甚至有时会曲解原文含义。相反，在英译的过程中，如果译者不熟悉两种语篇中衔接手段的差异，便容易忽略英语语篇的照应形式，导致汉语中的名词重复或者指代关系在译文中无法体现或缺失。这就要求译者能够准确识别并理解照应衔接手段，掌握两种语篇的差异性，采用合适的翻译策略和方法。

（二）语篇翻译中的替代

替代指的是用替代词去替代语篇中一个或多个成分的代替关系。合理运用替代手段能够有效避免语篇中某些语义成分的重复和冗余。下文侧重名词性替代和动词性替代进行具体分析：

1. 名词性替代

名词性替代即通过替代词来取代语篇中出现的其他名词或名词词组。英语语篇中的名词替代词有 one, ones, the same 等。而汉语语篇通常用"……的"来表达。

【示例】Although I want both two apples, I finally picked the small one and left the big one for my brother.

尽管这两个苹果我都想要，但是我挑了个小的，把大的留给弟弟。

原文中用"one"替代了前文中的名词"apple"，上下文实现了有效衔接。译文中借助语境理解了替代关系，翻译时没有单纯地重复"苹果"一词，而是用"大的""小的"这种"……的"字结构实现替代，既清楚地明确了所指对象，又符合汉语的表达习惯，使读者的阅读感受更加流畅。

2. 动词性替代

动词性替代使用替代词来代替动词或动词词组。英语语篇中常用其特有的辅助动词来实现替代，例如，do/does, shall, can 等。而汉语语言中缺少发达的辅助动词系统，很少能有明确的词语来表达这一意思。因此在汉译过程中，译者需要明确替代成分，采用恰当的译法进行转换处理。

【示例】I heard that the Greens are moving to Texas, right? —Yes, they will do it next weekend.

听说格林一家要搬到德州去，是吗？—对，他们下周末走。

就该译例而言，原文用"do"代替了问句中的动词词组"move to Texas"，实现了动词替代。如果译者在汉译时单纯重复其所指的全部内容，译文会显得比较累赘。汉语中常用"弄""走""干"等动词来实现替代。所以这里用"搬走"这个简单动词来复现上文提到的动词成分，更加符合汉语语篇的表达习惯，也自然实现了上下文的有效衔接。

根据以上译例的对比来看，英语语篇的名词和动词替代分别有数和时态的变化。英汉语篇中的替代成分并不是全部对应的，而且汉语语篇中发生的替代现象并不像英语语篇中那么常见，汉语更常用的手段是通过重复某些语义成分以实现语篇内的衔接。因此译者在翻译的过程中要着重考虑两种语篇在内容重复方面的处理方式。

（三）语篇翻译中的省略

省略，是把语篇中的某个或某些重复的成分省去。合理的省略不会影响读者对语篇的理解，而且能够使文章更加简练易读、清晰流畅，重要信息更加突出。在英汉互译的过程中，译者一般需要将省略的内容增补完整，以便读者理解。下面就名词性省略、动词性省略两方面进行具体分析。

1. 名词性省略

名词性省略是指名词词组内的省略，可以包括中心词、修饰成分或整个词组的省略。英语语篇和汉语语篇名词性省略中差异最明显的是主语省略。英语是主语显著语言，且语法规则较为严格，主语通常不能省略。汉语则为主题显著语言，语义基本围绕一个主题，所以很多时候省略句子的主语并不影响读者理解。

【示例】围绕缩小城乡、区域差距和产业结构不合理等问题，以结构改革推动结构调整。

We will narrow urban rural and regional development gaps and address the unreasonable industrial structure to push forward structural adjustment through structural reform.

该译例中，这种主语上的差异非常明显。原文中并没有使用主语，但对于汉语读者来说完全不影响对内容的理解。而译者在英译的过程中则需要考虑到这种差异，对译文增补主语"We"来实现语篇衔接，否则将造成语义的缺失，无法构成完整的句子。

2. 动词性省略

动词性省略是指省略语篇中某些动词或动词词组。因为英语是形合语言，通过语法手段能够省略实义动词。而汉语是意合语言，必须有谓语才能称之为语言，所以汉语语篇中动词的省略现象十分罕见。译者在汉译时通常将英语语篇中省略的动词表达出来。

【示例】The national income was being spent on education than on defense.

国家收入花在教育事业上的比花在国防事业上的要多。

在该译例中，通过"than"可以看出，原文省略了"spend"，使语篇更加简洁、紧凑。因为英语是多静态语言，汉语是多动态语言，所以译者在汉译时重复了"花（在）"，将省略的动词补充完整，使前后文的语义更加明确，语篇衔接更加连贯。对于省略而言，英语语篇中的动词性省略居多，而汉语语篇中的名词性省略居多，若是将汉语语篇中的动词省略则会使语篇失去含义。所以，译者在互译时更需要考虑两种语篇的动静差异，应该省略的成分可以果断省略，应该增补的成分也必不可少，以此实现语篇的有效衔接。

（四）语篇翻译中的连接

连接指通过连接成分将上下文粘连在一起并合理体现语篇逻辑的衔接手段。与其他三类衔接手段有所不同，连接通过明显的连接标志将语篇逻辑紧紧联系起来，以增强语篇的流畅度和可读性。虽然英语中的连接成分在汉语中基本有对应的词，但汉语语篇中更多依靠语义来衔接上下文，这种连接现象更具隐性特征，尤其是在口语对话中连接成分的使用大大减少，在达意的同时整个语篇更加简洁易懂，避免了很多不必要的冗余成分。而英语语篇中连接成分的使用非常普遍，这种连接现象更具显性特征，有效利用这种衔接手段能使语篇逻辑清晰连贯，结构更加紧凑。

【示例】Planning to find a suitable place to sleep, he stood up and staggered out the door without eating anything, because he hadn't drunk so much for a long time and felt a little dizzy now.

他站起来,跟跟跄跄地出了门,什么也没吃,打算找个合适地方睡一觉,太久不喝这么多酒了,觉得有些头昏。

该译例中,英语原文运用了"and, because"来连接上下文,使语义更加连贯,逻辑也很清晰。而在汉语译文中可以发现,并没有任何明显的连接成分出现,而是通过一连串动作将上下文语义表达出来,并不影响读者对语义的理解,逻辑同样清晰,联系依然紧密。

综上所述,在所有语法衔接手段中,英汉语篇之间差异最大、最明显的就是连接。英语重形合、汉语重意合,对两种语篇的衔接手段影响很大,正是因为两种语言的传递语义的方式不同,语篇构成的方式也自然受到影响。但是不能绝对地说汉语语篇中没有形合现象存在,同样不能绝对地说英语语篇中不存在意合结构,二者只是在程度上有着明显的差异,所以译者在翻译的过程中也要全面考虑语篇的构成形式,根据具体语境灵活处理。

二、语篇的翻译方法

翻译是两种不同语言之间的转换过程。但由于不同语言在语篇结构、文化背景以及语法规则等方面的差异,会给译者转码、解码的过程增添很多难题,这就需要译者综合考虑两种不同语言的构成形式,以使译入语与源文本实现动态对等,既阐明源文本的含义,又保证译入文本的可接受性。衔接手段是不可避免的影响因素之一,英汉两种语篇在衔接方面各有特点。下文结合包含多种衔接手段的例证进行对比分析,总结出以下几种翻译策略:

(一)遵循源文本衔接手段

在英译汉的过程中,有些英语语篇中的衔接手段在汉语中同样存在,译者可以采用对等译法,遵循源文本中的衔接手段进行处理。

【示例】Adults should not say improper words and do improper things in front of children, because these behaviors may lead children to develop bad habits and it is difficult to get rid of them. However, many adults and even parents do not care about that, so guidance in this area is still meaningful. Adults must always pay attention to their words and deeds in front of the children, lest setting a bad example for them.

成年人不应在孩子面前说不正当的话，做不正当的事，因为这些行为可能会让孩子养成不好的习惯并且很难改掉。然而，很多成年人甚至是父母并不在乎这些，所以对于这方面的引导依旧重要。成年人在孩子面前一定要时刻注意自己的行为举止，以免给他们树立不好的榜样。

上述译例中，不难看出英语语篇中运用了多种衔接手段，如"their""them"构成的人称照应，"that"实现的指示照应，以及"and, however, so, lest"等连接成分实现的语篇衔接。而译文中，译者遵循了源文本中的衔接手段，将这些衔接手段都一一对应地体现了出来。因为在汉语中存在着基本对等的衔接手段，而且经常在语篇中使用，也是构成汉语语篇的重要核心。所以在这种情况下，可以采用和源文本相对应的衔接手段来进行转换。

（二）顺应目标文本衔接手段

英汉两种语言在语篇结构和语义等方面存在诸多差异，所以两种语篇之间必然存在衔接手段缺省的现象，为译者的翻译过程带来诸多影响。译者产出的译文须符合其语言特点及语篇结构，因此需要对某些衔接手段进行合理转换，改变源文本中的衔接方式，更多地采用归化翻译策略进行动态转化，顺应目标文本的语篇结构及含义，建立起有效衔接。

【示例】David bought a sports car, and Brown did the same. Blake looked at them enviously and occasionally smiled, dreaming that he would own one too. He was determined to work hard for his first car, for his beloved girl, for his desired life.

大卫买了一辆跑车，布朗手里也买了一辆。布莱克羡慕地看着他们，不时地微笑着，幻想自己也能拥有一辆。于是下定决心要为了自己第一辆车而努力奋斗，为了挚爱的姑娘努力奋斗，为了向往的生活努力奋斗。

在该译例中，英语语篇中"did"替代动词"bought""same"和"one"替代名词性短语"a sports car"，最后两个"for"前实际上省略了动词"work"，运用两种替代手段和一种省略手段实现了语篇衔接。而译文中译者只采用一种手段即词汇的重复来衔接上下文，将英语语篇中被替代的成分"一辆车"重现了出来，使语义更加严谨、明确。译者顺应了汉语语篇多动词的特点，将最后的三个"for"全部译为相同的汉语动词词组"为……努力奋斗"，使译文的感情色彩更加强烈，读者的体验感也随之增强。

（三）省略源文本衔接手段

英汉语篇的构成形式各有特点，衔接手段当然不是完全对应，在英译汉的过程中也并不是一定要把源文本中的衔接手段全部译入汉语语篇，译者在翻译过程中完全可以合理省略英语语篇中的衔接成分，使目标文本更符合汉语语篇的特点。

【示例】That man is filial and diligent and even steady, but what impresses most is that he is aggressive in his career and kind to his friends and considerate to his families.

这个男人孝顺、勤劳、非常可靠。最令人印象深刻的是他在事业上的进取心，对朋友的和善，而且体贴家庭。

上述译例非常明显，英语语篇中运用四个"and"和一个"but"做连接成分实现衔接，反复运用"his"与"that man"形成人称照应来衔接上下文。而在汉语译文中译者将这些衔接手段全部省略，只靠语义来实现语篇衔接，结构简洁紧凑，逻辑清晰，符合汉语重意合的特点。

第六章
英语翻译教学的未来

  作为国际性语言的英语能够为各个国家、民族间的沟通交流提供重要渠道，在日常生活中的作用也越来越大，为当代英语翻译教学带来了机遇和挑战，传统英语翻译教学难以满足学生的学习需求和社会需求，要从深层研究翻译教学的有效性，这也成为当代英语翻译教学亟待解决的问题。本章分为当代英语翻译教学改革与发展、当代英语翻译教学中的文化差异、多维度视域下的英语翻译教学、当代英语翻译教学有效探索四个部分。主要包括当代英语翻译教学中的语言文化、价值观、礼仪文化、禁忌文化差异，网络环境下的英语翻译教学体系、教学内容和教学机制等。

第一节 当代英语翻译教学改革与发展

一、当代英语翻译教学改革

当代英语翻译教学中语言知识、文化知识已经得到高度重视，值得更深入讨论的议题是在教与学的实践中改变现有与教学相关的各种结构。唯有教与学双方的语言结构、知识结构发生了根本性变革，方能实现英语翻译教学目标。

（一）课程结构的改革

当代英语翻译教学改革首先要解决"汉语失语症"的课程设置，有针对性地增加汉语言文化知识的教学内容，尤其在翻译教学实践中，专门设置中国文化相关课程，凸显民族文化的重要性。课程结构改革必须突出服务于英语翻译教学，课程结构应关注英语翻译教学的需要，还要遵循英语教学本身所特有的规律。

（二）知识结构改革

在英语学习中，汉语言文化凸显重要作用，因此当代英语翻译教学改革中要引入中国文化知识，改变翻译教学的专业知识结构和文化知识结构，当下和语言专业知识联系比较紧密的、尽快予以解决的问题是增加汉语知识，或通过其他渠道强化汉语言知识技能。英语翻译教学在课程结构改革的基础上，必须有以文化知识为核心的知识结构改革。英语翻译教学过程中的文化导入一部分为"英语所承载的西方文化"，另一部分则是"需要对西方文化加以评判、分析、理解的中国文化"。

（三）阅读结构改革

阅读是任何一门语言学习不可替代的路径，是提升语言水平的必由之路。因此，当代英语翻译教学倡导课程结构改革、知识结构改革时，还应倡导阅读结构的改革，既要求学生大量阅读专业书籍、文本，也应主动阅读英语、汉语文本，不仅丰富学生的知识储备，也是提升文化素养特别是提升汉语言文化素养的捷径。在制定教学计划过程中，应增加阅读书目内容，强化汉语言文化知识讨论、倡导与英语翻译教学相关的各种结构改革，提升英语翻译教学水平，强化学生对汉语言文化的认知，从文化内涵层面深化英语翻译的教与学。

二、当代英语翻译教学的发展

语言翻译和文化交流是密不可分的，一名优秀的翻译人才必须具备基本的跨文化翻译意识和能力，当代英语翻译教学从文化视角切入开展翻译教学，重视翻译教学中的文化导入是英语翻译教学的必然选择，也是培养实用型翻译人才的基本保障。

①加强对英语翻译教学的重视。任何语言的翻译教学都无法脱离其文化背景，有效的翻译活动需要在语言文化环境下进行。所以，英语教师需要提高对英语翻译教学的重视程度，有针对性地培养学生的跨文化意识和翻译能力。

②促进英语跨文化知识的积累。英语翻译教学的知识面非常广，知识点比较零散，其中涉及的文化元素也纷繁复杂，这就需要学生在平时的英语翻译学习中重视对英语跨文化知识的不断积累，提升跨文化翻译素养。

③科学运用中西文化对比开展翻译教学。翻译的目的是交际与文化交流，引导学生加强对中西方文化的对比性学习，充分尊重中西方文化，认真看待中西方文化存在的差异，并科学运用到翻译实践中。

④为学生创造良好的翻译学习环境。学校和教师要尽可能多地为学生创造翻译交流与学习的平台，提供与社会翻译人才的需求更加接近的跨文化学习环境，保证翻译过程的规范性和有效性，将学到的知识与技能应用于跨文化翻译的具体实践。

⑤提升英语教师的跨文化素质与能力。英语翻译教学要注重对英语教师跨文化素质与能力的提升。教师应转变思维方式，通过各种途径学习英语文化知识，充实和完善跨文化知识结构，提升跨文化修养，便于在教学中为学生提供更加丰富的翻译教学和文化学习资源。

第二节　英语翻译教学的全面转型

英语翻译教学旨在教师向学生讲解英语翻译的基本操作流程与翻译技巧，并且通过实施英语翻译的自主训练过程来促进学生的实践业务素养提升。在现阶段，英语翻译的单一授课方法正在逐步获得转变，英语教师针对网络信息化的翻译教学辅助手段能够渗透贯穿于英语翻译课堂。从根本上来讲，多维度视域下的英语翻译教学在网络环境下应当表现为教学体系、教学内容以及教学机制的全面转型特征，引导学生针对英语翻译的相关要点展开深入的思索探讨。

网络技术的发展推动着英语翻译教学的改革，使原本枯燥、乏味的教学工作变得更加生动形象。我国各地教育部门也开始关注英语翻译教学工作，为了实现加快现代化教育工作，发挥出现代化网络技术利用优势，促进教学工作有序开展，在英语翻译教学工作中应抓住网络环境的契机，以网络信息技术为基础来构建英语翻译教学体系，丰富英语翻译课程的教学内容，制定完善的英语翻译教学机制。

一、构建现代化英语翻译教学体系

在网络环境下，为了促进英语翻译教学工作的开展，要求构建现代化英语翻译教学体系。网络技术在英语翻译中的合理采用会促使翻译教学工作更加具备个性化、自主化。而且教师也能依据学生专业水平、学习特点因材施教，确保教学工作突破时间和空间上的限制，为学生创设轻松愉悦的学习氛围，提供丰富的学习资源，确保信息传送更加方便快捷。在结合网络环境来对，英语翻译教学工作设计时，要求教师结合学生个体实际情况、专业水平差异性来开展合理筛选和提取资料，并为学生提供合理化学习手段，制定专业教学策略。因为学生存在差异性，对英语翻译课程的内容掌握程度不同，所以多种教学手段都应在英语翻译教学工作中融合兼用。

在网络环境下，英语翻译教学工作更加注重提升学生的专业能力和自主学习能力，所以在规划和设计教程上要综合考虑学生的学习能力，掌握学生所存在的普遍性问题，具有针对性地开展专业性技能培养工作，采用网络开发全方位、立体化教学体系，为学生提供广阔的学习空间，利用业余时间探索和补充英语翻译的技能知识，促进对专业知识的拓展。现代网络技术和英语翻译课程的整合会对传统英语翻译教学体系产生各种影响，促使英语翻译课堂从原本语言知识和专业技能传授转变为提升学生的英语翻译掌握和运用能力。

二、丰富英语翻译课程的教学内容

翻译教学内容以各单元的基本结构为中心，由科学知识的基本概念、基本原理所构成的。在教学设计上，应根据学生不同阶段的发展特点及学生专业特点安排学科的基本学习内容。教学内容要适合学生基础水平和已有的生活经验。因此，翻译课堂教学内容要精选，要结合专业，理论与实践相结合，易于举一反三，触类旁通。当然，翻译教学的内容要面向全体学生，要有必要的难度，要重视理论知识在教材中的作用，把规律性的知识教给学生。因为，教材的内容与真实社交需求的关联性也影响了学生的学习兴趣。英语翻译教学内容需与岗位需求联系起来，以此在教学过程中吸引学生的注意力。教师应该结合学生特点，在选择合适的教材同时，要整合英语翻译教学内容，自己配用相关讲义也是很重要的，可以此来激发他们的英语翻译学习兴趣并培养他们的翻译意识。

教师可以合理利用传统授课模式为学生传授理论知识点，但同时在网络环境下，教师应不断丰富英语翻译教学手段，激发学生的英语翻译学习兴趣。教师应充分利用互联网资源，为学生设计一套更专业和系统的翻译流程，以此来提高学生的自主翻译能力，不断加深学生对英语翻译知识的理解。教师可以将学生分成若干学习小组，让学生以小组为单位讨论翻译作业，然后教师再对各组的完成情况进行针对性的点评和指导。这一措施不仅可以提高学生的翻译能力，还能增强学生的语言交流能力。

在英语翻译教学评价体系中，教师应当更多关注判断学生的基础知识灵活运用能力，而不要局限在简单判断学生的学科测试成绩。教师对于学生目前呈现出来的英语翻译自主学习兴趣、人际沟通与交流能力、自主运用实践能力等各个层面指标应当展开综合性的判断评估，充分保证学生的英语综合实践素养能够得到客观的判断，教师应当给予学生全面的翻译课堂学习的指导。

三、制定完善的英语翻译教学机制

在英语翻译教学工作中需要学生具备正确学习态度，熟练掌握和运用基础语句，并且掌握中西方存在的语言文化差异、思维差异等。而教师要善于引导学生，加强对语言文化背景的认识，在翻译中不仅能传递其中所包含的语言文化、文学背景，还要让学生形成良好文学素养。教师应积极筛选，和学生交流沟通，从而帮助学生掌握中西方文化背景差，促进其形成跨文化意识，提升英语翻译水平。教师也要具备学习意识，加强学习，提升计算机应用能力，处理传统英语翻译教学模式存在的问题，把丰富多样的网络资源合理应用在英语翻译教学工作中，指导学生在网上获取丰富信息，并科学筛选和汇总，获得更多有益的英语翻译信息，推动英语翻译教学工作实施。

网络信息化平台目前应当成为英语翻译教学的必要辅助手段，进而确保英语教师能够运用更加简便快捷的方式来完成英语翻译的授课任务，启发学生融入充满乐趣的英语翻译课堂。教师应当积极调整英语翻译教学实施模式，将网络化的手段融入贯穿于英语翻译教学过程。教师与全班学生之间应当形成紧密的互动联系，启发学生深入思考更多的英语翻译内容要点。

结合当代大学生的特点，发挥在线课程优势，注重"线上+线下"的学习，这对于提升学生自主学习能力具有十分重要的作用。在线平台上的课程不仅提供了优质的学习资源，还提供了完整的自主学习体验，其效果远大于网络公开课。网络公开课的本质是资源建设，教学提供者并不组织教学，自然也实现不了对学生的评价。而在线课程则不仅提供了免费资源而且实现了学习者的全程参与。在这个平台上，学习者可以自主学习内容、分享交流观点、自主完成任务、自主参加测试。由此可见，在线平台学习为学生发展英语自主学习能力提供了帮助。再者，在线课程可以促进学生交流并获得积极的反馈，学生在平台学习过程中可与同伴进行互相学习，从而促使学生的自我反思、调整自己的学习观念和方式，养成良好的语言学习自我管理、自我规划的能力。同时，平台学习上的教师及时评价可以帮助学生树立学习活动的信心，提高自我效能感。更重要的是在线平台交流不受时间、空间和次数的限制，任何人都可以通过互联网连接到各种各样的学习资源，做到了"人人皆学、处处能学、时时可学。"教师成为在线课堂的引导者，从长期以来自成体系的以"教"为主的角色转化为以"辅导"为主，教学艺术的关注点也要从关注策略、方法与技巧转变到更加关注人的发展。

总之，英语翻译教学工作应实现利用网络来构建新型教学机制，尝试采用网络在线的手段开展语言和翻译学习，把较为便捷的现代化网络技术和英语翻译教学相互融合，以此提升翻译教学质量。英语翻译教学工作在当前网络环境下正在不断创新，教师遵循以现代化教学理念作为指导，体现网络学习的人性化特点，把网络环境的利用优势展现出来，并将其和传统英语翻译教学相结合，提升整体翻译教学质量，确保学生的英语翻译技能能够得到质的飞跃，而且在网络环境的英语教学背景下，会促使学生对英语翻译学习产生浓烈兴趣。

第三节　英语翻译教学的实现途径

英语翻译人才承载着文化、经济等外交活动中沟通的重任，需要有知识、技能的储备，在此基础上还要有熟练运用英语进行交流的能力。作为跨语言转换教学，英语翻译教学不应只对英语基本理论知识和技能的教学，还应该包括对跨文化逻辑、审美等方面的深刻认知。就翻译能力和对语言知识认知、积累的关系来看，两者是紧密相连的，学生必须有一定的知识储备量和认知深度，才可能获得翻译能力的有效提升。而翻译教学也应该将其作为提高教学有效性的基本立足点，帮助学生积累丰富的学习经验，加深对英语语言的认知。教师通过有效翻译教学，转换学生的翻译思维，让他们掌握足够多的翻译技巧，选择有利于提高翻译能力的学习方式，进而提高自身跨文化交际能力，在交流中传播我国优秀文化。本节从英语翻译课堂教师话语的有效教学、跨文化移情能力有效培养和英语翻译教学的有效创新三个方面探索当代英语翻译教学的有效途径，从而提高英语翻译教学质量，提高英语翻译教学的效率。

一、提高英语翻译课堂教学的效果

对英语翻译课堂教学中教师话语在语码转换、教师提问、教师反馈、元话语的特征及其功能进行探讨，为英语教师在翻译课堂有效教学方面提出以下几点启示：

（一）正确且有效的教学语言

只有当学生接触到语言，才能够正确地使用语言。克拉申（Krashen）所提出的语言输入假说（Input Hypothesis）回答了语言学习中"怎样习得语言"这一关键问题，在第二语言习得过程中学生主要通过了解信息以及接受"可理解性输入"（comprehensible input）来学习。教师话语是学生二语习得最直接、最有效的途径，错误或无效的教师话语对于翻译课堂教学是有害的。

因此，英语教师可以通过自我学习不断提升自我的英语话语水平，避免语法失误：在课前积极备课，做到了解学生实际水平和熟悉授课内容，根据学生现有水平使用学生可以听懂的词汇和语法，即"可理解性输入"语言的使用，避免学生信息接收失败；课前预演说课，模拟实际课堂反复说课，熟练教学话术和教具的使用，在一定程度上可以规避无意义重复、停顿等失误，做到充分利用课堂时间实施翻译教学。

教师课堂元话语在课堂教学中发挥着重要作用。元话语手段通过相互协调和相互作用，形成连贯的机制，贯穿于教师的课堂话语中，服务于教学目的和任务，为学生提供"可理解性输入"，潜移默化地培养其语用能力。因此，英语教师要掌握元话语策略，优化教师话语质量。

英语教师应更多地采用"互动式元话语"，特别是介入标记的使用，用"you can see, consider, you"将学生引入课堂互动过程中，能够增加师生间的互动，增强师生情感，在一定程度上能吸引学生的注意力，使教学顺畅地进行。并且英语教师应恰当使用"引导式元话语"，根据上下语素、语句、语篇的关系，合理分布过渡标记、结构标记、内指标记等引导式元话语，以增强教师话语的衔接性、连贯性、逻辑性。

总之，针对英语翻译课堂的教师话语研究，确实为翻译课堂教学提供了一定的思路。翻译教师可以在课堂教学中参考上述建议，以确保实施高质量的、有效的教师话语开展翻译教学活动。

（二）平衡教师和学生占有课堂的时间

教师是课堂的"引导者"，通过话语组织开展教学，学生是课堂教学的"主体"，教师的课堂教学目标是使学生在知识、能力、情感等方面有所增长，学生的课堂参与程度直接影响教学目标的实现。在实际翻译教学课堂中，教师应鼓励学生转变自身被动接受信息的身份，能够成为问题的发展者以及课堂活动的实际参与者。

关于课堂话语量，在实际的英语翻译教学中，教师应该减少本身的话语量，为学生创造一个表达思想的环境与机会，让学生最大限度地融入翻译教学中。教师可以通过多种形式的话语鼓励或话语诱导，引导学生积极思考、踊跃发言。

（三）恰当使用语码转换

教师语码转换在执行教学计划、组织课堂教学和学习者目标语习得过程中，有着非常重要的作用，是教师实施教学计划的主要手段，其适切度会直接影响教学效果和学生的认知发展。在英语翻译课堂教学中，英语教师尽可能使用英语进行教学，在少数情况下所采的汉语则具有教学意义。英语翻译教师应合理运用语码转换，结合实际教学需求，实现课堂语码转换教学功能、元语言功能和交际功能三大功能，用以解释语法、组织课堂、翻译生词、帮助学生理解难点、拉近和学生的距离等。

（四）巧妙提问

英语教师应根据实际翻译教学情况，选取提问形式、提问类型以及提问指向。

①采取多种提问形式相组合，引导学生作答，以及重复提问，采取同义转换的形式，减轻学生的理解负担以及给予较长的思考时间。

②在完成翻译教学知识目标的情况下，尽可能多使用参考性问题，为学生创设出语境，鼓励学生话语输出，从而实现真实的语言交流，强化语言习得，提升翻译教学的有效性。

③贯彻"以学生为中心"的教育理念,尽可能采取各种方式让学生回答问题,而不是教师公布答案,给学生足够的机会锻炼目标语的输出;并且根据实际情况选择"学生自愿回答""指定学生回答""学生共同回答"等其他问题指向。

(五)恰当纠正错误

在翻译教学中,教师的反馈话语对于学生翻译学习的自信心和兴趣都有着直接的影响。积极反馈比消极反馈更有利于学生行为,积极反馈能够帮助学生提升完成任务的自信心,强化学习动机,有利于拓展学生的思维角度。

建议教师避免采用"简单表扬",如"very good""ok""well done""all right"等机械反馈,多采取"表扬加重复"的方式帮助学生增强对正确答案的记忆;"表扬加评论"的方式以拓展更多相关知识点,使学生对问题有更全面、更深刻的理解;"重复并进一步提问"的方式进一步深入探究问题,使学生积极思考并加强话语输出。在教师指出学生的错误时,也要注意时机和语言的妥当。很多学生的回答错误在翻译教学中经常是被动地去纠正,但是教师可以采用"引导学生自我纠正"的方式,通过给予学生一定的提示,鼓励学生再次思考,从而开展自纠。

二、跨文化移情能力的培养

移情能力虽然是人们先天具备的技能之一,但跨文化移情能力却需要后天的培养才能逐渐提高。跨文化移情能力的构成中,对文化差异的积极态度是产生跨文化移情的基础,其中包含文化平等的观念,而文化基础知识则能帮助人们转换文化立场与文化框架。另外,跨文化沟通与情感表达能力也是培养与提升跨文化移情能力的一项重要技能。

(一)提高文化差异的感知能力

文化差异感知能力是指人们进入跨文化情境后,感知与识别异文化的能力。跨文化传播中,由于受到自身文化以及刻板印象的影响,传播主体容易形成对信息错误的选择性理解,产生文化误解。文化差异感知能力是人们识别与尊重文化差异的前提条件。文化差异的存在是普遍的、合理的,每种文化的价值判断标准在自身的文化体系之内都有其合理性。因此，认可他者文化与自身文化的不同首先要提高对文化差异的敏感性。

提高文化差异感知能力，需要学习者关注与本文化以及其他文化相关的信息，多了解其他文化的风俗习惯，从而在跨文化交往中敏锐地察觉到对方文化与自己文化的差异，通过对方的言谈举止捕捉对方文化的特点。如今国家间经济与文化的交流愈加频繁，学习与工作都不免出现异文化的因素与跨文化现象。通过对跨文化与文化对比现象的有意识注意，提高自身的文化差异感知能力。尤其对于英语专业学生来讲，跨文化移情能力的培养尤其重要，在翻译教学中，可以依托教材内容主题，适当引入各个国家或地区的文化习俗与习惯，拓宽学生的文化视界，培养学生的文化差异感知能力。在生活中锻炼自身的文化差异对比意识也是提高文化差异感知能力，培养跨文化移情能力的方法。文化差异对比意识并不是要求人们对两种或几种文化分出高低胜负之分，而是在感受一种文化时，多去思考同一事物在其他文化的差异表现。

（二）提高文化学习能力

文化学习能力是促进跨文化移情发展与深化的有利条件。文化学习能力是人们在日常生活中以及在以往的跨文化传播经验中了解其他文化习俗，学习其他文化知识的能力。一方面提高文化学习能力可以改变人们对异文化的刻板印象与偏见，另一方面，跨文化移情是文化与心理层面相融合的心理活动，认知移情中的观点不仅在于人们心理作用的加持，也需要人们对异文化的了解。只有对他者的适当了解才能在跨文化移情中准确识别与判断对方的感受与思想。

文化学习能力的提高需要学习者从两个方面齐头并进，第一个方面是语言的学习。语言是文化的载体，与文化息息相关，语言不仅是展现一种文化的重要窗口，同时也体现着一个民族、国家的思维方式。外语的学习能够促进人们对某种文化的认识与了解。在日常生活中，人们可以利用如今发达的多媒体与电子产品学习外语知识，增加外语语言储备。对于外语专业学生来讲，外语语言知识的储备能够助力学生培养跨文化移情能力。因此，学校及教师可以在翻译教学中，适当引入各个国家或地区的文化习俗与习惯等，开展相关文化教学，增进学生对异文化的了解。另一方面，学习者也要重视对非言语的关注与学习。例如时间、空间观念,手势与动作等在不同文化中所表达的含义等。

文化的学习并不一定强调学习者进行专门学习、训练,对异文化的了解与掌握也并不能一蹴而就,而是需要一点一滴地积累。在学校中,学习者可以通过阅读、文字资料,观察体会其他文化中的文化习俗,还可以通过观看影视剧的方式,积累各国家地区的文化习俗和习惯等知识。文化的学习能力离不开人们在生活中对异文化的充分留意与有意识的学习,通过对文化知识的积累,提升自身文化素养。

(三)提高文化平等意识

文化平等观念的培养与提高需要人们在日常生活中对异文化保持客观与尊重。文化平等观念不仅仅包含对外文化的公正与客观的评价,也包含对自身文化的不卑不亢,保持文化自信心,既不歧视外文化,也不一味地追随与屈服外文化。换言之,就是文化间交流活动中始终保持一种文化相对主义的态度,既不偏袒,也不歧视。

文化平等意识的提高建立在人们对他者文化的包容与本土文化认同的基础上。一方面,对他者文化包容需要人们保持客观的心态,通过对各种文化多加了解来打破对陌生文化的思维定式,摒弃文化刻板印象,锻炼自己用全新、平等的眼光看待其他文化。另一方面,加强对本土文化的认同感也是文化平等意识的基础,相关媒体可以加强对中华传统文化的宣传,传播正能量文化,让国民充分认识和理解本国优秀文化,树立本民族文化的自尊心与自信心。

文化平等意识是跨文化移情的重要原则之一,不仅仅体现在个体观念上文化地位的无差别,同时也体现在传播模式上的平等,信息流动的平衡中,是建立平等、和谐的跨文化传播关系的标志。

(四)提高沟通与情感表达能力

沟通与情感表达能力是人与人交流、传达信息与思想的工具,在跨文化传播情境中发挥传播媒介、信息与思想载体等不可替代的作用。沟通能力与情感表达能力可以通过后天的训练与学习获得。

沟通能力提高首先需要人们克服胆怯、羞涩,养成敢于并善于同外界交流,传递思想、表达情感的习惯。尤其在跨文化传播情境中，更要敢于表达自我，才能向对方传达更多信息。对于学生来说，可以通过多参加学校活动与社会实践锻炼自己。充分利用学校中物质与人力资源，在课堂上、课下生活中增加自己与留学生的交流机会，不仅能够提升自身的外语水平，培养良好的心理素质，也能够提高自身与他者的沟通能力。另外，沟通能力的提高还需要人们在日常的学习与工作中多倾听来自他者的语言信息。沟通能力的提高要求人们在生活中多去倾听别人的故事、感受，这是通过提高对他人的理解能力间接达到提高自我沟通能力的目的。

情感表达能力是人们在跨文化交流时，通过言语与非言语的方式向他者表露自己情绪、情感的能力。情感表达能力的提高需要个体在与人交流时加强积极情感信息的输出，情感信息包括自己的感受、情绪与对某件事物的态度等，进行语言交流的同时配合表情与手势等非语言信息的传递，在充分了解对方的文化习俗与禁忌的情况下，适度运用时间与空间语言，在交流过程中把握好与对方的距离、目光接触以及面部表情等，使他者能够感受到积极的情绪与情感，为移情的培养与提高奠定坚实基础。

跨文化移情能力需要人们在当今多元文化背景下，不断提高自身素养与文化知识水平。移情能力并不是一朝一夕养成的，而是长期心理适应与思想乃至行为转变的过程，需要人们在点滴积累中努力并坚持，以此达到培养与提升跨文化移情的目的。

三、英语翻译教学的创新

学生英语水平的提高不仅可以促进我国国际交流与合作，提高我国国际化的竞争力，而且可以加强英语专业人才的自身发展。目前，教育界着力推进素质教育和创新教育，在这样的时代背景下，基于核心素养的教育创新必将成为教育教学改革的一个重要方向。英语学科核心素养主要包括：语言能力、文化品格、思维品质和学习能力四个方面。因此，基于核心素养的理念与目标下，英语翻译教学也逐渐要从以前的关注"教"改为关注"学"，学生的学科思维、学习能力和文化修为将成为老师教学的重点，并结合学生特点，创新教学内容与手段，激发学生学习兴趣，提高翻译教学课堂效果。

（一）增强英语翻译教学的实践

翻译教学课程的设置与课程内容的重构都应以目标为中心，注重"效用和充分性"。课堂教学中教师在注重翻译的基本理论的同时还应注重实践能力的培养。在学生掌握了基本的翻译理论知识后，教师可以向学生介绍一些实用的翻译技巧，让学生利用翻译技巧完成各种翻译任务进行锻炼。因为，再多的理论依据也需要大量的具体实践来印证并修正，在课堂活动中，教师可以设计出多种让学生进行模拟训练的职业场景，角色扮演的方式可以使学生对于将来进入职场时要身处的英语环境不再感到陌生，因此，这种练习方法对于学生是相当重要的，而学生的翻译水平在这种教学方式的不断锤炼下将会得到显著的提升。

在设计每个英语翻译场景时，教师可以把学生分为若干组，其中翻译的角色可以安排两名学生扮演，然后让学生去尝试其他人的不同角色，角色扮演结束后，让学生之间进行小组互评，学生只有通过认真准备，才能扮演好自己的角色并完成任务，同时可以在别的小组发言分享时用心汲取其他人的经验。"小组＋互评"的方式不仅让学生感受到课堂氛围的轻松愉悦，而且能在这种趣味性十足的教学环境下潜移默化地提升自己的翻译水平。

除了对课堂活动的创新外，教师可多开展丰富多彩的课外活动，加强学生英语翻译能力的创新氛围。例如，英语演讲比赛，猜词比赛，翻译接力比赛等，让学生在创新实践活动中潜移默化地学习。教师还可增强学生与环境的互动，即让学生走出学校小课堂，融入社会大课堂中。通过到外贸公司、企业进行参观、访问、考察、服务等社会实践、实习的方式对学生进行翻译职业能力的培养，这是课堂和社会的互动与结合，从而提高学生发现问题、分析问题和解决问题的能力。要提高学生的素质翻译能力，实践教学是必不可少的，它使得学生能够将在学校学习到的理论知识运用到实际生活中，因此，应该为学生提供足够多的实习机会，使他们在实际工作中更好地掌握翻译技巧。

（二）加强中英文化的相互渗透

扎实的母语功底有助于译者理解表达英语原文的内涵，从而更好地译介中外文化。在翻译时，如果对汉语知识和文化掌握不牢固，就会大大地降低译文的质量，因此有必要同时精通英语、汉语两门语言。只有精通原作语言，才能彻底理解待译文章，也只有精通目的语言，才能实现待译文章的准确表达，任何一方面的能力不足都会对论文质量产生极大的影响，因此，在设置翻译教学课程时，应该将学生的汉语能力考虑在内，适当开设一些有助于提高学生母语修养的课程，学生本身在学习过程中也应该时刻注重提升自己的汉语水平及文化素养，这也是学生能够充分集母语、外语两家之所长来解决自身母语水平有限的唯一途径，更好地理解原文，从而翻译出高质量的译文。

地域特点、信仰及文化背景等因素的差异使得学生缺乏对西方文化的理解，这样的差异性，很多学生在翻译时会把握不好，往往会不得已而以直译弄之，简单地将两种语言转化一下，而以这种方式得到的译文并不会让旁人理解。其实这往往是由于学生对当地的风俗人文的了解程度有限而导致的，因此，在日常教学中，教师可以在翻译教学中穿插一些与之相关的文化教学，让学生也能够体会到东西方文化背景的差异性，从学生的角度出发，这样不仅有助于他们了解更多的课外知识，也让他们对翻译学习的内容掌握得更加扎实，再加上教师传授的翻译方法，通过课下的不断训练和应用，学生的翻译水准和语言掌握程度就会逐渐得到提升。语言是文化的载体，在很大程度上促进了文化的传播和交流。因此，译者必须了解其蕴含的人文精神，才能做出最美的翻译。

（三）创设激活思维的情境

教学情境，从广义来说，是指作用于学习者，并能使学习者产生一定情感反应的客观环境；从狭义来说，则指作用于学生而引起学生积极学习的情感反应的课堂环境。在传统的翻译教学中，课堂教学注重死扣教学大纲，依托教材，课堂教学环节基本按教材的内容与顺序进行，学生为被动授课者，教师基本不需要或很少创设与教材不同的教学情境。然而，新形势教学改革下，传统的翻译教学模式已不适应社会新的要求，翻译教学的有效创新势在必行。教学的创新要求从以人为本、回归生活、注重发展的教育理念出发，大大丰富了情境的内涵，并对情境创设提出了新的要求，情境创设因此成为翻译教学改革的一个热门话题。

教学过程中学习者抽象的知识可以通过直观的情景展示而变得具体化和形象

化，从而形成了学生的感性认识，也促进了学习者理性认识的发展，最终激活了学生的思维活动。语言的学习离不开创造性思维，语言的教学抛不开反思研究。只有在不断的反思中积累宝贵的教学经验，摒弃陈旧的教学指导思想才会有创新。因此，在实际教学中，教师要课前充分备课，挖掘合适的教学情境才会让其真正发挥作用。

（四）创新英语翻译教学方式

在翻译教学过程中，教师要改变固有的教学思维，把学生看作课堂主体，在教学中发挥创新思维，为学生营造一个轻松、愉快且趣味性十足的学习氛围，采取多样化的教学方式，例如，采用多媒体教学、双语教学和开展第二课堂等多种方式来促使学生萌生学习兴趣并提高其自主学习能力。信息技术的快速发展，使得多媒体教学的优势充分地凸显出来。让学生依靠多媒体设备及丰富的多媒体教学软件，利用课余时间自学，同时又能够培养自己的自学能力。在此期间，教师可利用课堂教学检查学生的自学成果，解决他们在自学中没法解决的问题，提高学生的参与意识和积极性。当今社会是互联网高度快速发展的时代，教师要学会借助现代化的教学手段来巧妙地提升学生的学习兴趣，更新教学观念，牢牢把握现代化的教育观念，并使之融入各阶段教学过程的每一步中，同时将学生未来的工作场景考虑在其中，灵活运用现代化的教学设施，如 PPT 课件、视频、音频、图片、游戏等来增强翻译课程的图文观赏性、趣味性及视觉效果等，让他们从中获得更直观的效果与印象，也同时将英文翻译融入其中，通过游戏或竞赛环节让学生愉快地参与进来，这样才会产生更好的教学效果。

在英语翻译教学中，教师尽量采取全英文教学，为学生创造一个全英文氛围，这样学生在全英语环境中，不断使自己适应英语环境，提高听力水平，培养并提升英语语感，从而提升翻译能力。因此，英语翻译教学方法的实施要考虑学生的特点，不仅要符合教学要求，也要能激发学生的积极性，以及对英语学习的兴趣及热情。教师应以学生为教学中心，充分调动学生的积极性，使学生能够参与到教学过程中，且应首先重视学生学习特点和教学方法的调整。

采取多种形式的第二课堂活动既可以激发学生学习英语的兴趣，为他们运用语言提供更多的机会，又可以丰富他们的业余生活。在翻译教学过程中，教师应当引导学生从课内学习向课外学习发展、由单学科向多学科渗透。作为教师需明确，仅靠课堂教学来培养学生的英语综合语言运用能力及创新意识与实践能力是远远不够的，教师可以通过引导学生参加课外活动使其获得新的知识，以及提升自豪感和成就感，而且可以让学生在活动中对所学知识和技能进行复习和巩固。

参 考 文 献

[1]陈望道. 修辞学发凡[M]. 上海：大江书铺，1932.

[2]王希杰. 汉语修辞学[M]. 北京：北京出版社，1983.

[3]陈原. 社会语言学[M]. 北京：商务印书馆，2000.

[4]金惠康. 跨文化交际翻译[M]. 北京：中国对外翻译出版公司，2003.

[5]李军华. 汉语委婉语研究[M]. 北京：中国社会科学出版社，2010.

[6]康春杰，陈萌，吕春敏. 基于错误分析理论的英语翻译教学研究[M]. 长春：吉林文史出版社，2016.

[7]黄俐，胡蓉艳，吴可佳. 英语翻译与教学实践创新研究[M]. 成都：电子科技大学出版社，2017.

[8]仇桂珍，张娜. 英汉翻译与英语教学[M]. 成都：电子科技大学出版社，2017.

[9]马予华，陈梅影，林桂红. 英语翻译与文化交融[M]. 长春：吉林人民出版社，2017.

[10]周兴华. 翻译教学的创新性与前瞻性体系研究[M]. 长沙：湖南师范大学出版社，2017.

[11]徐晓飞，房国铮. 翻译与文化：翻译中的文化建构[M]. 上海：上海交通大学出版社，2018.

[12]王静. 跨文化视角下的英语翻译理论与实践探究[M]. 长春：吉林人民出版社，2018.

[13]陈秀春. 英语翻译理论与应用型翻译人才培养研究[M]. 北京：北京工业大学出版社，2018.

[14]彭宁. 跨文化交际语境下的英语教学与翻译策略探究[M]. 北京：九州出版

社，2018．

[15]曹旺儒．英语翻译教学的创新研究[M]．北京：中国纺织出版社，2018．

[16]罗海燕，王湛，宋玉芳．英语翻译理论与教学研究[M]．长春：吉林出版集团股份有限公司，2019．

[17]卢璨璨．英语翻译教学方法理论研究[M]．天津：天津人民出版社，2019．

[18]陈定刚．翻译教改实践与创新[M]．长春：东北师范大学出版社，2019．

[19]佟丽莉．语言学与英语翻译教学的多维度探析[M]．西安：陕西科学技术出版社，2020．

[20]束定芳．委婉语新探[J]．外国语（上海外国语学院学报），1989（03）：30-36．

[21]张柏然．翻译本体论的断想[J]．外语与外语教学，1998（04）：45-48，56．

[22]王理行．忠实是文学翻译的目标和标准——谈文学翻译和文学翻译批评[J]．外国文学，2003（02）：99-104．

[23]李军华．关于委婉语的定义[J]．湘潭大学学报（哲学社会科学版），2004（04）：162-165．

[24]顾维勇．商务英语词语翻译的术语对等[J]．南京晓庄学院学报，2006，（01）：60-64．

[25]谭载喜．翻译比喻中西探幽[J]．外国语（上海外国语大学学报），2006（04）：73-80．

[26]陈大亮．翻译本质的形而上反思[J]．天津外国语学院学报，2007（01）：24-30．

[27]李先进．关联理论视角下的文化缺省及翻译策略[J]．外国语文，2013，29（03）：112-116．

[28]王宁．走出"语言中心主义"囚笼的翻译学[J]．外国语（上海外国语大学报），2014，37（04）：2-3．

[29]蓝红军．翻译本质的追寻与发现——"何为翻译？——翻译的重新定位与定

义"高层论坛综述[J]. 东方翻译,2015(02):92-95.

[30]王宁. 重新界定翻译:跨学科和视觉文化的视角[J]. 中国翻译,2015,36(03):12-13.

[31]谢天振. 翻译巨变与翻译的重新定位与定义——从2015年国际翻译日主题谈起[J]. 东方翻译,2015(06):4-8.

[32]许钧. 关于新时期翻译与翻译问题的思考[J]. 中国翻译,2015,36(03):8-9.

[33]蓝红军. 何为翻译:定义翻译的第三维思考[J]. 中国翻译,2015,36(03):25-30,128.

[34]黄忠廉. "翻译"定位及其名实谈[J]. 东方翻译,2015(03):14-17.

[35]李瑞林. 关于翻译终极解释的知识论探索[J]. 东方翻译,2015(03):9-11.

[36]彭利元. 零翻译非翻译——兼与译界同仁商榷[J]. 中国翻译,2017,38(05):86-91.

[37]贾洪伟. 论翻译符号学的符号分类与转换[J]. 山东外语教学,2018,39(01):111-118.

[38]郭婉婉. 基于功能翻译理论的英语翻译技巧[J]. 现代英语,2021(17):80-82.

[39]叶婧. 功能翻译理论指导下的英语翻译技巧探讨[J]. 校园英语,2021(33):255-256.

[40]薛海滨. 翻译理论在大学英语翻译教学中的应用与思考[J]. 英语教师,2021,21(10):50-52.

[41]王克非. 关于翻译理论及其发展史研究[J]. 上海翻译,2021(06):13-16.

[42]邓秋峰. "互联网+"背景下的英语翻译教学分析[J]. 英语广场,2021(22):97-100.

[43]史斐越. 基于关联理论的英语翻译教学探索[J]. 湖北开放职业学院学报,

2021，34（13）：184-185.

[44]刘聪伟. 基于中西文化差异下的英语翻译教学的策略分析[J]. 湖北开放职业学院学报，2021，34（09）：171-172.

[45]杨枫. 知识翻译学宣言[J]. 当代外语研究，2021（05）：2，27.

[46]冯全功. 原型理论观照下的翻译单位辨析[J]. 中国翻译，2021，42（01）：21-29，190.